KB182287

왜 공부해도 중국어는 그대로일까?

제대로 공부하기 위한 중국어 학습법

왜 공부해도 중국어는 그대로일까?

정미선 지음

이담
Books

세계는 좁아지고 경쟁은 치열해진다. 영어는 물론이요, 중국어까지
할 줄 알아야 하는 세상이 되었다. 유럽뿐만 아니라 싱가포르, 홍콩 등
우리와 경쟁하는 아시아국가의 인재들은 영어는 물론 서너 개 정도의
외국어를 유창하게 구사한다. 세계를 무대로 그들과 경쟁해야 하는 우
리로서는 좋으나 싫으나 외국어 능력을 키우지 않을 수가 없다. 세계
10위권의 경제 강국이 된 우리나라가 지금까지 성공했던 추격자 전략
을 벗어나 선도자로 변신하기 위해서는 기술 개발과 함께 외국어 소통
능력 향상이 절실하다.

중국어 공부를 시작한 건 외국계 기업의 북아시아지역 책임자로 중
화권 동료들과 일하면서부터였다. 업무는 영어로 해도 됐지만, 현지
직원들과 마음을 통하고 신뢰를 쌓는 데는 중국어보다 좋은 방법이 없
었기 때문이다. 당시 초급 과정을 마치고 중급 과정을 하던 중이었는
데 학생의 입장으로 저자를 처음 만나게 되었다. 저자는 교재 내용에
함몰되지 않고 단어의 배경에서 시작해 단어의 활용법과 유의어, 반의
어, 나아가 문화적 배경까지 꼬리에 꼬리를 물고 학습자를 이끌었다.
강의를 따라가기가 만만치 않았지만 저자를 통해 단순히 외국어를 배
우는 단계를 넘어 중국의 역사와 문화까지 들어가지 않으면 진정한 학
습이 어려움을 알게 되었다.

대만과 홍콩 사무실을 방문했을 때 이렇게 배운 중국어로 말을 건
네자 직원들은 놀라워하며 기뻐했고, 서툴더라도 중국어로 회사의 정

책과 비전을 설명하자 현지 직원들이 이전과는 비교할 수 없을 정도로 깊은 관심을 갖고 경청해주었다. 저자가 말한 대로 외국어 하나를 더 알게 되면 새로운 세상이 열리고 새로운 인생을 즐기게 된다.

저자의 강의를 혼자만 듣기에는 아까워 책을 써달라고 부탁했다. 중국어와 씨름하는 많은 사람들에게 중국어에 어떻게 접근해야 하는지, 시행착오를 겪지 않을 중국어 공부의 큰 그림을 펼쳐줄 거라 믿었기 때문이다.

이 책에는 중국어뿐만 아니라 다른 외국어를 배울 때도 얼마든지 적용할 수 있는 외국어 공부의 경험과 비법이 담겼다. 책을 읽으면서 그동안 외국계 회사에서 일하면서 고통스럽게 영어를 익혔던 경험이 떠올라 무릎을 쳤다. 우리말과 중국어, 러시아어에 영어까지 4개 언어를 구사하는 저자가 중국어뿐만 아니라 다양한 언어를 어떻게 공부해왔는지 그 경험과 비법을 진작 알았으면 얼마나 좋았을까 싶다. 요긴한 도서 소개와 참고 자료는 중국 문화와 더 깊은 수준의 중국어를 필요로 하는 사람들에게 큰 도움이 될 것이다.

중국어를 통해 새로운 세계로 들어가고자 하는 사람에게 강력 추천한다. 저자의 다음 책이 벌써 기다려진다.

김광호(제넥신 COO)

중국어 강의를 해온 지 어언 10년이라는 세월이 흘렀다. 길다면 길고 짧다면 짧은 이 시간 동안 '가르치는 것'과 '끊임없는 자기 학습'을 동시에 하면서, 현장에서만큼은 "내가 최고의 강사다."라는 자부심 하나로 오늘날까지 달려왔다. 비싼 수강료를 내며 수업을 듣는 학생들에게 하나라도 더 설명해주고 가르쳐주고 싶은 마음에 열심히 하지 않을 마음이 없었다.

'10년이면 강산도 변한다.'라는 속담이 있다. 그러나 중국어에 대한 학습자들의 관심은 날이 갈수록 높아지고 있다. 그러다 보니 예나 지금이나 변함없이 현장에서 가장 많이 받는 질문 중 하나가 바로 "어떻게 하면 중국어를 잘할 수 있나요?"이다.

호기롭게 중국어 공부를 시작한 학습자들은 결코 만만치 않은 중국어에 마음의 문을 닫고 숨어버리는 경우가 많다. 이것은 중국어에 대한 이해도가 부족한 상황에서 성급하게 앞서나갔기 때문이라고 생각한다. 또한 중국어 어학 교재가 기하급수적으로 늘어났지만, 중국어에 대한 궁금증을 해소해주기에는 양적으로나 질적으로나 턱없이 부족하며 대부분이 자격증 시험을 위한 문제 풀이 교재이다. 중국어를 공부하기에 앞서 정확한 개념과 방향을 제시해주는 책은 보기 드물다. 그래서 나의 강의 경험과 노하우라면 중국어 공부에 대한 궁금증을 풀어주고, 정석의 방법으로 중국어를 제대로 공부할 수 있게 도움을 줄 수 있다는 생각이 강하게 들었다.

이 책은 "어떻게 하면 학습자들이 중국어를 올바른 방법으로 제대로 공부할 수 있을까?"라는 가장 기본적인 질문에서 시작되었다. 때문에 화려한 미사여구로 독자들을 유혹하지 않는다. 그저 중국어를 공부하기에 앞서 갖춰야 할 마음가짐과 태도가 무엇인지부터 시작해서 중국어는 어떤 특징이 있으며 중국어를 왜, 어떻게, 무엇을 공부해야 하는지 솔직담백하게 적었다.

나는 학습자분들이 소중한 시간과 막대한 돈을 들였지만, 결과가 만족스럽지 못한 이유가 무엇인지 알려주고 싶었다. 잘못된 정보로 혼란스러워하는 학습자들에게 도움을 주고 싶었다. 시험을 위한 공부 또한 진정한 중국어 공부가 아님을 알려주고 싶었다. 중국어 공부는 어떻게 해야 하는지 그 방법에 대해 알려주고 싶었다. 중국어 학습자분들의 시행착오를 줄여주고 싶었다.

중국어를 공부하는 방법을 제대로 알려주는 실용도서이기 때문에 때로는 따끔한 충고가 독설처럼 느껴질 수도 있다. "좋은 약은 입에 쓰다."라는 말이 있듯이 듣기 싫은 말일지라도 참고하면 언젠가는 도움이 될 것이다.

나는 이 책을 통해 그동안 현장에서 보고 듣고 느꼈던 점을 아낌없이 여러분들께 털어놓고 함께 나눠보려고 한다. 미약하지만 이 책이 중국어 공부에 목마름을 느끼고 있던 모든 분들께 가뭄의 단비가 될 수 있기를 희망한다.

목차

 ## 중국어, 배움을 위한 첫걸음 내딛기

 ## 중국어 공부 기본자세 잡기

学汉语

3장 중국어의 특징 제대로 알기

4장 중국어 공부법, 영역별로 쌓기

중국어 공부, 일단 따라 해보기

1장

중국어, 배움을 위한
첫걸음 내딛기

01

중국어를 공부하면 좋은 점이 많다

한국에서 외국어 공부에 대한 열기는 여전히 식을 줄을 모른다. 영어 공부는 기본이고 이제는 중국어가 선택이 아닌 필수로 확실히 자리매김했다. 남녀노소 불문하고 중국어를 공부하는 세상이 왔다고 해도 지나침이 없다.

현장에서 10년 넘게 중국어를 가르치면서 참으로 다양한 학습자들을 봐왔다. 중국어로 태교를 한다는 임산부들, 한국어 말문이 트이지도 않은 아이에게 중국어 원서 동화책을 읽어주라는 학부모들, 중국어 특기생으로 대학교 진학을 꿈꾸는 중고등학생들, 중국 어학연수와 단기유학을 계획 중인 대학생들, 이력서에 스펙 한 줄이라도 추가하기 위해 중국어 자격증을 따려는 취업준비생들, 승진과 인사고과에 중국어 성적이 반영되어 울며 겨자 먹기로 공부하는 직장인들, 중국 드라마의 매력에 푹 빠져 중국어 공부를 원하는 중장년 여성들, 심지어 제2의 인생을 맞이하기 위해 중국어를 새롭게 시작하는 백발이 성성한 어르신들까지……

이렇듯 중국어를 공부하는 목적은 제각각이었다. 학습자들이 중국어를 공부하는 목적은 천차만별이지만 한 가지 짚고 넘어가고 싶은 부분은 바로 이들이 '왜 중국어를 선택했나?'라는 것이다. 고민할 필요가 없다. 답은 이미 나와 있다. 그것은 바로 중국어를 공부하면 좋은 점이 많기 때문이다.

그렇다면 좋은 점은 과연 무엇일까? 나는 크게 세 가지로 요약하고 싶다.

1. 시대의 흐름에 뒤떨어지지 않을 수 있다.

시대의 흐름에 뒤떨어지지 않을 수 있다니 이게 도대체 무슨 말인가? 2014년, 중국을 대표하는 일간신문 『인민일보해외판(人民日報海外版)』에는 "중국어 공부 삼매경에 빠진 3명의 외국인"이라는 제목의 기사문이 실렸다. 관심 있게 기사문을 읽다가 나의 두 눈을 사로잡는 내용을 보게 되었다. 바로 "전 세계에서 중국어를 공부하는 외국인 수가 2004년의 3천만 명에서 2014년 3월까지 1억 명을 넘어섰다."라는 통계였다. 불과 10년 사이에 1억 명을 넘다니? 1억은 한국 5천만 명 인구수의 2배나 되는 숫자가 아니던가?

지금은 2019년이다. 단언컨대 5년이라는 시간 동안 중국어 학습자 수는 늘면 늘었지 절대 줄지 않았을 것이다. 게다가 중국어 학습자 수의 증가 폭도 기하급수적이다. 이런 추세대로라면 "전 세계의 중국어 학습자 수가 2억 명을 돌파했다."라는 기사문을 접하게 될 날이 머지않아 보인다. 현재 중국어를 공부하고 있는 당신이라면 그대는 이미 1~2억 명 중 한 명일 수 있겠다. 만약 아직 중국어를 시작하지 못했다면 그대는 이 '억!' 소리 나는 '중국어 열풍'의 대열에 합류하고 싶지 않은가?

이러한 '중국어 열풍'의 배경으로 중국의 경제 발전을 빼놓을 수 없다. 세계 제1의 인구 대국이자 미국과 나란히 G2로 부상한 중국의 국제적 위상은 '중국어 열풍'에 큰 힘이 되고 있다. 그 구체적인 표현은 전 세계 곳곳에서 찾아볼 수 있다.

뉴욕타임스는 2005년 미국에서 중국어 과목을 개설한 중학교는 겨우 200여 개이며 중국어를 공부하는 아이들이 겨우 2만 명에 불과했다고 전했다. 그러나 오늘날 비공식적인 통계에 따르면 미국에서 중국어를 공부하는 학습자 수는 이미 40만 명에 육박했다. 40만 명이라는 숫자도 중요하지만, 나는 2005년부터 미국 중학교에 이미 중국어 과목이 개설되어 있었다는 것 자체가 더욱더 놀랍고 신기할 뿐이다.

그렇다면 한국은 어떤가? 미국과 다소 비교가 되긴 하지만 2007년에 이르러서야 국공립초등학교의 방과후학교에서 중국어를 다루기 시작했다. 그렇지만 비공식 통계로는 현재 5천만 한국인 중에서 1천만 명 이상의 사람들이 중국어 또는 한자를 공부하고 있다. 비율로 따지면 세계 1위라고 한다.

프랑스에서는 중국어가 스페인어, 독일어, 이탈리아어 다음으로 인기 있는 제2외국어로 급부상했다. 또한, 150여 개의 대학교와 700여 곳의 초중학교에 중국어 교육 과정을 개설했다. 아일랜드 정부는 2020년부터 고등학생들이 선택과목으로 중국어를 공부할 수 있고 2022년부터 고등학교 졸업시험에서 중국어를 선택할 수 있다고 발표했다. 러시아 정부는 중국어를 대학입학시험인 통합국가시험에 편입시킬 계획이고 2020년부터 실행에 옮길 것으로 내다봤다. 독일 정부 역시 대학입학시험에서 중국어를 졸업시험 선택과목으로 지정했다.

그렇다면 여기서 퀴즈 하나! 4월 20일이 무슨 날인지 알고 있는가? 바로 '유엔 중국어의 날'이다. 현재 매년 600여 명의 유엔 직원들은 유엔사무국에서 주관하는 중국어 연수원에서 중국어를 배우고 있다고 한다.

이렇게만 놓고 보더라도 중국어 공부는 더 이상 거스를 수 없는 흐름이자 현실이 되었다. 당신도 중국어 공부라는 시대의 흐름에 편승하여 그 오묘한 매력이 가져다주는 즐거움을 만끽했으면 좋겠다.

2. 운신의 폭이 넓어지고 선택의 방향이 많아진다.

중국인들이 즐겨 쓰는 격언 중에 '외국어 하나를 더 알게 되면 또 다른 세상이 열리고 새로운 인생을 즐기게 된다(多一门外语, 多一个世界, 多一种人生).'라는 말이 있다. 그만큼 외국어 공부가 한 사람에게 미치는 영향이 크다는 것을 의미한다.

여기서는 내 경험을 바탕으로 학습자를 연령대별로 나누어 이야기해보려고 한다.

영유아(미취학) 단계

내가 가르쳤던 가장 어린 학습자는 5살이었다. 그것도 한두 명이 아니라 여러 명. 놀라셨는가? 중국어로 태교를 하는 예비 학부모들도 있는데 이 정도쯤이야 애교라고 봐도 무방하다. 그렇다면 영유아 단계에서 중국어를 공부하면 어떤 좋은 점이 있을까? 나는 영유아 교육 전문가도 아니요, 언어학자도 아니지만 현장에서 가르치는 입장에서 내가 느낀 점은 이렇다.

이 연령대 아이들은 그냥 생존을 위해 온몸으로 뭔가를 보고 듣고 느끼면서 익히고 있다고 생각하면 마음이 편하다. 그러니 중국어도 마찬가지다. 큰 기대를 하지 말고 중국어에 '노출'해 준다는 생각으로 교육의 기회를 제공해주면 부모로서의 역할은 끝이다. 가랑비에 옷 젖고 떨어지는 물방울이 돌에 구멍을 내듯이 아무리 사소한 10분, 15분일지라도 중국어 환경에 반복 노출된 아이라면 언젠가는 입에서 중국어가 무의식중에 자동반사적으로 튀어나올 확률이 높다.

나이도 어리고, 집중력도 떨어지고, 심지어 한국어가 아직 서툰 아이에게 중국어를 공부시키는 이유는 '자연스러운 입력(인풋)과 출력(아웃풋)'을 기대할 수 있다는 점 때문이 아닐까 생각한다.

초등학교 단계

통계에 따르면 2008년을 기준으로 어린이 중국어 교육 시장이 한국 전체 중국어 교육 시장의 17%를 넘어섰고 점점 증가

추세를 보인다고 한다. 특히 방과후학교가 늘어남에 따라 국공립초등학교에서 중국어 교육이 활성화되기 시작했고 원어민 강사까지 투입하는 학교들도 생겨났다. 사립초등학교의 경우 중국어를 정규 교과과정으로 개설한 비중은 70%에 육박한다.

초등학생은 집중력, 어휘력, 창의력 등 모든 영역에서 폭발적인 성장을 보인다. 그리고 학업이 막 시작되는 단계인 만큼 공부에 대한 스트레스도 중고등 학생들보다 덜하다. 이 시기에 아이들의 수준에 맞게 매일 30분씩 또는 1시간씩 중국어 공부를 꾸준히 이어간다면 정확한 발음은 기본이요, 어휘는 덤이며, 일상적인 대화에 문제없을 정도로 실력을 키울 수 있다.

미국 트럼프 대통령의 외손녀, KBS '명견만리'에 출연한 투자의 귀재 짐 로저스의 늦둥이 딸, 오바마 전 미국 대통령의 둘째 딸, 러시아 푸틴 대통령의 딸 모두 어린 시절부터 중국어를 배워 비록 나이는 어리지만 실력은 수준급이라고 하니 말이 더 필요 없다.

중고등학교 단계

요즘 중고등학생들에게 제2외국어로 어떤 외국어를 공부하냐고 물어보면 '중국어'라고 대답하는 학생들이 압도적으로 많다. 더 나아가 요즘은 중국 조기유학도 대세다. 큰 물고기는 큰물에서 자란다는 말이 있다. 한국의 정·재계 인사들은 일찌감치 자녀를 중국으로 보내고 있다. 그러나 많은 학부모는 아직도 중국 유학에 걱정이 태산이다. 그래도 영어가 먼저가 아니냐면서 중국보다는 미국 어학연수나 미국 유학을 생각하고 있다. 오히려 미국에서는, 전·현직 대통령을 비롯한 정·재계 인사들이 앞다투어 자녀를 중국에 보내고 있는데도 말이다. 『왜 리더들은 자녀를 중국으로 보낼까』라는 책도 출간되지 않았던가? 그렇다고 무작정 중국으로 유학 가라고 부추기는 것이 아니다. 현실이 이렇다는 것을 다시 한번 강조할 뿐이다. 판단과 선택은 어디까지나 본인의 몫이다.

"중국이 기침하면 전 세계가 몸살을 앓고 한국은 폐렴에 걸린다."라고 직설하는 전문가들도 많다. 지정학적으로 중국과 가까운 나라에서 살아가야 하는 한국 아이들이 학교와 독서실, 학원을 맴돌며 대학입시만을 위해 경쟁하는 모습이 너무 안타깝게 느껴진다. 중국의 무궁무진한 가능성을 알아보고 중국어뿐만 아니라 중국이라는 나라와 중국인의 삶과 문화를 이해하게 된다면 더 넓은 세상이 펼쳐질 것은 자명한 일이다.

국내 명문대학 입학이라는 목표도 중요하지만, 자신의 미래를 잘 설계하려면 나무만 보고 숲을 보지 못하는 오류를 범하지 않았으면 한다. 국내에서만 공부하라는 법은 없다. 세계 어디든 상관없다. 굳이 선택한다면 가깝고 대세인 중국에서 공부해보고 싶지 않은가?

중국어를 공부하는 데 나이는 문제가 되지 않는다. 맞는 말이다. 그러나 최적의 시간은 언제나 있는 법이다. 영유아·초등학교 단계에서의 중국어 공부는 근심걱정이 없다. 이 단계가 시간,

돈, 환경 모든 것이 마련되어 있어 마치 초호화 크루즈에 탑승한 VIP 여행객의 입장이라면, 중고등 단계에서의 중국어 공부는 좀 다르다. 자신의 목표와 꿈이 생겨나면서 동기부여가 되고 욕심이 생기기 때문이다. 관심 분야와 관련된 중국어 공부는 탄력을 받게 되고 언어 실력은 일취월장하게 될 것이다.

성인 단계

성인들의 경우 중국어를 공부하면 선택의 폭이 더 넓어지고 중국어를 활용할 기회도 더 많아지는 것 같다. 학창 시절에는 중국어를 열심히 배워도 중국 유학을 가지 않는 이상 당장 현실 생활에서 적용할 수 없다. 고작 몇 시간의 시험만으로 몇 년 동안의 노력을 평가받는 느낌이 들기도 한다. 그러나 대학생이 되고 나서부터 이야기는 달라진다. "중국어 할 줄 알아?"라는 질문은 이제는 명함을 내밀 자리가 없다. "중국어 자격증 땄어?", "중국 어학연수 갔다 왔어?", "중국에서 몇 년 살다 온 거야?", "전화 중국어는 잘돼가?"라는 한층 업그레이드된 질문들이 쏟아지니 말이다.

요즘은 졸업 시즌에 맞춰 대·중·소기업들의 채용공고가 뜨면 어김없이 등장하는 문구들이 있다. '중국어 가능자 우대', '중국어 특기자 가산점 부여', '원어민 수준의 중국어 가능자 지원 바람' 등이다. 낙타가 바늘구멍 통과하는 것보다 어렵다는 취업의 문을 뚫으려면 1차 서류전형의 관문을 넘어야 한다. 1점이라도 더 받아야 하는 상황에서 중국어 자격증은 선택이 아닌 필수다. 요즘 취업준비생들은 자격증을 따기 위해 전공 불문하고 학원가로 뛰어가거나 인터넷 강의를 듣는다. 중국어 학원은 그래서 늘 문전성시를 이룬다. 그러니 직업을 구할 때 당신은 중국어로 인해 웃을 수도 있고 울 수도 있다는 점을 명심하라. 중국어는 이제 필수로 배워야 하는 언어가 되었다.

이 외에도 중국어 통역병이라는 틈새시장을 노리는 예비군인, 중국어를 특기로 경찰공무원 시험을 대비하는 예비공무원, 중국 파견과 진출을 목적으로 주경야독하는 기업 임직원, 한국 문화를 알리는 관광통역안내사, 국제회의 무대에서 입과 귀가 되어주는 국제회의통역사, 자체 개발한 온라인 게임을 중국에 로컬라이징(현지화)하는 총괄 매니저, 국제의료 코디네이터, 국제 중국어 교사 등 다양한 직업군에서 중국어를 할 수 있는 인재가 필요하다. 따라서 미리미리 중국어를 배워두고 준비하면 얼마든지 기회를 잡을 수 있다. 때가 닥쳐서 후회하지 말고 한발 먼저 중국어를 공부해서 유리한 고지를 선점하라.

3. 아는 만큼 보이고 보이는 만큼 느낀다.

젊은이들이 중국어를 공부하는 가장 큰 이유는 아무래도 중국어가 자신의 경력에 플러스가 되는 꼭 필요한 능력이기 때문일 것이다. 그러나 비즈니스 자리에서 중국인과 유창한 중국어로 대화를 이어가는 젊은이들과 달리 중장년층이 중국어를 공부하는 이유는 좀 다른 듯싶다.

중국 드라마, 영화, 소설, 역사책, 다큐멘터리 등을 중국어로 직접 보고 읽으며 이해를 하고 싶다는 중장년층 어르신들을 심심찮게 봐왔다. "중국어 발음도 안 좋은데 이 나이에 젊은이들과 어찌 경쟁할 수 있겠나? 나는 중국어로 큰일을 하겠다는 게 아니라 그냥 취미로 삼국지를 중국어로 한번 완독하고 싶을 뿐이네. 한국어로 아무리 잘된 번역이라고 해도 분명 제대로 살려내지 못한 부분들이 있지 않겠나? 그런 것들을 찾아보는 재미로 노후를 보내야지. 시간도 많은데……."

"저는 요즘 중국 드라마에 빠졌어요. 너무 재밌어요. 지금 몇 번 돌려보는지 모르겠네요. 제가 좋아하는 대사는 다 외울 거예요. 선생님, 괜찮은 중국 드라마 추천 좀 해주세요."

"중국어 간체자를 하나씩 필사하면서 써보고 있는데 참 재밌는 것 같아요. 시간 가는 줄 모르겠네요. 그리고 쓰다 보니 어떤 한자는 막 저절로 외워져요. 저 스스로가 유식해지는 기분이에요."

"중국어 관광통역안내사가 되고 싶어서 선생님의 강의를 들었는데, 서울의 4대 궁궐과 종묘를 이해하는 데 정말로 많은 도움이 되었습니다. 경복궁의 이름을 중국 유교 5경 중 하나인 시경(诗经)에서 따왔다는 것에 놀랐습니다. 그날 이후로 갑자기 중국어 원서를 읽고 싶어졌습니다."

동아시아문화권에 있는 한국과 중국은 역사적으로나 지정학적으로나 불가분의 관계가 분명하다. 한국의 유교 사상, 불교문화, 한자(번체자), 24절기 등 많은 것이 중국으로부터 기원되고 영향을 받았다. 이런 점을 고려할 때 중국어는 물론 중국 문화와 역사에 대한 이해는 그 자체만으로도 훌륭하겠지만 한국의 문화와 역사, 더 나아가 한중관계를 이해하는 데 있어서 더할 나위 없이 중요한 디딤돌이 될 것이다.

체코 격언 한마디로 이쯤에서 마무리하려고 한다.

> 언어를 많이 알면 알수록 그만큼 인간은 성장한다.[1] 한 언어를 알아간다는 것은 그 나라의 역사와 전통, 국민의 삶이 통째로 나에게 오는 것이기 때문이다.

---

[1] 지노 에이이치 저, 김수희 역, 『외국어 잘 하는 법』 (서울: 에이케이커뮤니케이션즈, 2016), p.181.

언어는 정복할 수 없으므로 즐겨야 한다

한국 사람들은 외국어 공부에 대한 욕심이 과하다. 언어를 정복하려고 하고 공부 기간이 길어서는 안 되기에 무조건 단기간에 끝내려 한다. 마지막으로 별도의 공식과 비법을 배워야 한다. 듣기도 싫고 믿고 싶지도 않겠지만 이 세 가지 욕심은 일찌감치 버리는 게 심신 건강에 좋다. 왜 이런 욕심을 가지면 안 되는지 하나씩 친절하게 풀어 이야기하겠다.

1. 언어는 정복할 수 있는 대상이 아니다.

외국어 공부와 관련해서 개인적으로 가장 싫어하는 말 중 하나가 바로 '정복(征服)'이다. '3개월 안에 정복하기', '6개월이면 정복 가능', '100일이면 완전 정복'한다는 간덩이가 부은 책들이 꼬리에 꼬리를 물고 서점가에 등장한다.

솔직하게 묻고 싶다. '정복'이라는 단어의 정확한 의미가 무엇인가? 정벌하여 상대방을 복종시킴을 의미한다. 언제부터 언어가 무작정 달려들면 손쉽게 정복당하는 그런 하찮은 존재가 되었단 말인가? 언어가 이렇게 몇 달 만에 쉽게 정복되는 거였으면 하나님을 만나기 위해 짓기 시작했던 구약성서 창세기의 바벨탑은 이미 하늘을 뚫은 지 옛날일 것이다.

물이 흐르지 않으면 썩듯이 언어는 변화하지 않으면 역사의 뒤안길로 사라진다. 그래서 언어는 고정되기를 거부하며 시대의 흐름에 맞춰 끊임없이 변화를 꾀해왔다. 소설가이자 자타가 공인하는 한국 최고의 번역문학가 안정효는 언어를 '생활필수품'에 비유했다. 참으로 적절한 단어 선택이다. 생필품도 시대에 따라 변화하고 진화하는데 하물며 언어는 더 말해 무엇 할까?

언어가 변한다는 것은 언어를 구성하는 기본 단위인 단어(어휘)가 변한다는 것을 의미한다. '주민등록증'을 '민증'으로 줄여 말하는 것, '소학교'가 맞던 것이 이제는 '초등학교'로 쓰이는 것, '식량'이라는 단어가 점점 사라지고 언제부터인가 '먹거리'라는 표현으로 바뀌어 사용되는 것을 예로 들 수 있다. 자꾸 변화하는 언어가 얄미울지라도 언어를 탓하면 안 된다. 언어를 만드는 것도, 언어를 바꾸는 것도 결국 우리 사람이다.

> 본래 세상에는 길이 없었다. 걸어가는 사람이 많아지면 그것이 곧 길이 되는 것이다.
>
> — 루쉰(鲁迅)

나는 언어도 이 땅 위의 길과 같은 것으로 생각한다. 있다가도 사라지고, 없다가도 생기는 그런 존재 말이다. 그러니 애당초 중국어를 정복하겠다는 생각은 하지도 않는 편이 좋다. 하물며 중국에서 태어나고 자란 중국인들조차도 중국어를 정복하겠다고 생각하는 사람은 아무도 없다. "우리도 한자를 다 배우지 못하고 죽어요."라는 말을 하는 중국인이야말로 진짜 중국인이다.

희망이 크면 실망도 큰 법이다. 욕심을 부리지 말자. 나는 중국어 공부를 종종 신혼집 꾸미기에 비유한다. 빚내고 무리해서 큰 집과 혼수 등을 한 번에 장만하는 것보다 발품 팔며 나에게 꼭 필요한 것들로 하나씩 채워나가는 것이 백배 좋기 때문이다. 평생 빚지고 사는 하우스푸어가 되느니 차라리 마음 편하게 형편껏 준비하는 것이 바람직하다고 생각한다.

중국어 공부도 마찬가지다. 짧고 굵게 공부를 해서 얻는 것도 있다. 그러나 기초가 튼튼하지 않으면 언젠가는 학원가를 맴도는 '평생 수강회원'으로 전락할 가능성이 크다. 반대로 확실한 목표를 세우고 자신의 수준에 맞춰 착실하고 꾸준하게 공부한다면 중국어라는 큰 집에 자신만의 보금자리를 만들 수 있을 것이다.

2. 언어는 단기간에 마스터할 수 없다.

요즘에는 많은 학원이 '시험대비 2달 족집게 강의', '단기간 합격 보장', '전액환급' 등 화려한 미사여구로 홍보하면서 언젠가 찾아오게 될 잠재적 고객들을 향해 유혹의 손짓을 한다. 사실 중국어 학습자들도 단지 몇 개월 만에 중국어가 마법처럼 유창하게 되지 않는다는 것을 분명 알고 있다. 어디 한두 번 속아

봤나? 그런데도 정신을 차리고 보면 어느새 수강증을 끊고 학원에 앉아 있는 모습이라니, 참으로 귀신 곡할 노릇이다.

실제 내 경험으로 봐도 그렇다. 강의실에 들어가면 수강생들이 강사인 나를 구세주처럼 바라본다. 그리고 꼭 이런 질문을 너무 당당하게 하는 수강생들이 있다. "선생님, 질문 있습니다. 어떻게 하면 중국어를 단기간에 잘할 수 있습니까?" 이런 수강생들을 볼 때마다 나는 안타깝기 그지없다. "사전을 찢어서 먹으면 잘됩니다."라고 면박을 주고 싶지만, 꾹 참고 그냥 형식적인 대답으로 마무리한다. "열심히 하면 됩니다." 나의 대답을 들은 후 김빠진 콜라처럼 앉아서 수업을 듣는 둥 마는 둥 하던 수강생은 결국에는 한 달도 버티지 못한 채 조용히 사라지고 만다.

시간과 공을 들이지 않고 날로 중국어를 배우려는 것은 어불성설이다. 5천 년 중국 역사와 맥을 같이하는 이 방대한 중국어를 쉽게 뛰어 넘어서려는 것부터가 잘못된 생각이다. 학습자들의 급한 마음은 충분히 이해하지만 중국어는 절대 단기간에 익힐 수 없다. 중국어뿐만 아니라 이 세상의 모든 언어는 평생 교육이자 평생 공부이다.

평소 즐겨 보는 프로그램이 있다. 바로 KBS1 시사교양 프로그램인 '우리말 겨루기'다. 여러분들에게 질문하고 싶다. '우리말 겨루기' 프로그램에서 다루는 문제 중 과연 몇 문제를 맞힐 수 있는가? 한국에서 태어나 매일 사용해왔고 또 앞으로도 평생 사용해야 할 한국어도 사실 깊이 파고들면 모르는 것투성이다. 하물며 중국어는 어떠하랴?

도대체 무엇이 문제일까? 나는 한국인의 '빨리빨리 주의'가 주범이라고 생각한다. 산업화 시대를 겪은 부모 세대의 '빨리빨리' 유전자가 요즘 젊은이들의 삶에서 환생한 듯하다. 우리 생활 곳곳에 스며들어 알면서도 고치기가 쉽지 않다. 그때 그 시절의 '빨리빨리'는 벗어버리고 '느림의 미학'을 배우고 실천해 보자. 참살이지역(슬로시티), 여유식(슬로푸드)을 대표로 하는 느린 생활방식이 주목받고 있지 않은가? 언어 공부에서도 자신을 시간이라는 틀에 맞춰 몰아붙이지 말고 조금 천천히 가더라도 제대로 갈 수 있게 마음을 다잡아보자.

　당장 중국어 시험점수와 자격증 취득이 필요한 학습자들에게는 지금 내가 하는 말이 전혀 가슴에 와 닿지 않을 것이다. 그렇다면 조용히 이 책을 덮고 비법을 알려준다는 다른 책을 보면 된다. 그러나 이것만은 꼭 기억했으면 좋겠다. 점수와 자격증을 위한 중국어 공부는 되도록 피하는 게 좋다. 생각 외로 상당한 시간과 비용이 들어가고, 에너지 소모나 스트레스도 만만치 않다. 소통으로서의 중국어를 제대로 공부하다 보면 실력뿐만 아니라 시험 점수도 오르게 된다. 장기적으로 보면 결국, 이 방법이 실패 없는 가장 빠른 길이다.

3. 중국어 공부에 공식이나 비법은 없다.

　중국어는 수학이 아니다. 중국어는 언어다. 언어는 더하고 빼고 곱하기를 했더니 정확한 답이 나오는 그런 공식 같은 건 있을 수 없다. 요령이나 지름길도 통하지 않는다. 뿌린 대로 거둘 수 있는 언어야말로 꼼수도 안 통하니 참으로 공평하고 정직하다.

언어는 쓰는 사람들의 습성에 의해 결정되기 때문에 공식에 따라 작위적으로 만들어지지 않는다. 따라서 중국어도 중국인의 습성을 반영하는 용법을 익혀서 체화시켜야지 얄팍한 공식을 몇 개 외워서는 제대로 된 언어를 구사할 수 없다. 중국어 실력을 단기간에 획기적으로 향상해줄 수 있는 학습프로그램과 비법은 절대 있을 수 없다. 하지만 정확한 방향을 제시해주고 언어를 공부하는 과정을 쉽게 해주는 효과적인 학습법(비결)은 있을 수 있다.

일본의 언어학자 지노 에이이치가 『외국어 잘 하는 법』이라는 책에서 인용한 문구가 인상 깊어 여러분들에게 소개한다.

> "대다수 사람들이 평생 한 가지 혹은 두 가지 외국어를 긴 시간에 걸쳐 배우는데, 그럼에도 불구하고 외국어를 완벽하게 구사하기란 실질적으로 불가능합니다. 그러나 한편에서는 설령 전체의 1%에도 채 미치지 못한다 해도 네, 다섯 가지 혹은 그 이상의 언어로 읽거나 말할 수 있고 더욱이 다른 외국어도 너무나 간단히 배우는 사람들이 있습니다. 이런 현실에 대해 무슨 영문인지 생각해보신 적은 없으신지요? 도대체 어찌 된 일일까요. 아마도 재능 때문이라고 말씀하시겠지요. 그러나 그렇지 않습니다. 그 사람들은 외국어를 빨리 배우기 위해 어떻게 해야 하는지 알아차린 사람들입니다."[2]

---

2) 지노 에이이치 저, 김수희 역, 외국어 잘 하는 법 (서울: 에이케이커뮤니케이션즈, 2016).

물론 재능의 차이는 분명히 존재한다. 이것은 부정할 수가 없다. 그러나 어떤 언어를 공부할 때 타고난 재능보다는 학습 방법이 더 중요하다. 그리고 다수의 외국어를 잘하는 사람들은 한가지 공통점이 있다. 그것은 바로 언어를 정복할 대상으로 여기는 것이 아닌 친구라고 생각한다는 것이다.

누군가는 언어를 하인이라고 비유하고 또 누군가는 언어를 인간의 순종적인 어린 양이라고 했는데 이런 자세와 마음가짐으로 외국어를 바라본다면 결국 제대로 배워낼 수가 없다. 언어를 무서워할 필요도 없고, 동경할 필요도 없으며 더군다나 정복할 필요도 없다. 그냥 새로운 외국인 친구 한 명을 사귄다 생각하고 먼저 다가가면 언어는 언제든지 우리를 받아줄 준비가 되어 있다. 하루빨리 언어의 바닷속으로 자신을 던져보자.

아무리 어려운 언어라 할지라도 그 나라 아이들은 중국인이 중국어를, 한국인이 한국어를 익히는 것과 비슷한 속도로 모국어를 익힌다. 그렇다고 그 사람들의 머리가 우리보다 더 큰 것도 아니다. 결국, 핵심은 배우고자 하는 외국어가 얼마나 어렵고 얼마나 다른가가 아니라, 어디가 어떻게 다른지 이해하는 점에 있다. 언어의 차이점을 빨리 알아채고 그 부분을 해결할 수 있는 학습법을 제대로 익힌다면 생각보다 쉽게 새로운 언어에 접근할 수 있다.

언어는 즐기면서 습득하는 것이다. 수학 공식 외우듯 공부하면 지속하기 힘들다. 그리고 3개월, 6개월, 1년 이렇게 기간을 정해놓고 언어를 공부하지 말자. 어차피 평생을 같이할 동반자이기 때문이다. 쉽지 않겠지만 모든 것은 마음먹기에 달려 있다.

언어 공부의 매력을 로마의 변호사 키케로가 쓴 "시인 아르키아스를 변호하며"의 한 구절로 묘사하면 제법 잘 어울릴 것 같다.

> "……이 공부는 젊은이를 기르고 노인을 즐겁게 하며, 좋은 시절을 더욱 빛내고 역경이 닥치면 안식처와 위안이 되며, 집에서는 기쁨이 되고 밖에 나가면 거리낌이 없으며, 밤을 지새우거나 나그넷길에 오르거나 시골에 내려가도 우리와 함께한다."[3]

---

3) 롬브 커토 저, 신견식 역, 『언어 공부』 (서울: 바다출판사, 2017), p.274.

우리의 목표는
중국 원어민 되기가 아니다

이 세상에 완벽한 것은 없다. 그저 완벽에 가까워지려고 노력할 뿐이다. 이럴 때 우리는 보통 최선이라는 표현을 사용한다. 그러나 최선이 꼭 최선이 아닐 수도 있다. 때로는 차선이 최선이 될 수도 있지만 우리는 매사에 최선을 다해야 한다는 강박관념에 시달리고 있다. 1등을 못 하면 왠지 죄송하고 '최선의 결과'를 얻어내지 못하면 행복하지 않다고 여긴다. 대부분의 사람은 열심히 최선을 다했지만 성취감보다는 '탈진 증후군(번아웃 신드롬)'에 빠지기 십상이다.

중국어 공부도 마찬가지다. 초반에는 항상 잘해보겠다는 의지를 활활 불태운다. 심지어 중국어를 끝장내버릴 기세로 덤벼든다. 결과는 안 봐도 뻔하다. 십중팔구는 용두사미로 끝난다. 중국어 공부가 생각했던 것과 너무나도 달라 겁을 먹거나 질려버린다. 원어민급 중국어에 가까워지기는커녕 입문과 기초에서 이미 두 손 두 발 다 들어버린다.

도대체 이유가 뭘까? <u>첫 번째 원인은 바로 애당초 "왜 중국어를</u>

공부해야 하는가?"에 대해 신중하게 고민하지 않았기 때문이다. 다시 말해 중국어 공부에 대한 목적의식이 분명하지 못했다는 뜻이다. 왜 중국어를 공부해야 하는지 그 이유를 모르는 사람에게 중국어를 가르친다는 것은 실로 어려운 일이다. 중국어 학습자라면 왜 내가 중국어를 배워야만 하는가에 대해 한 번쯤은 명확하게 생각해볼 필요가 있다.

요즘 웬만한 학원과 교육 시설은 실력파 선생님들을 보유하고 있고 시간과 상황에 맞춘 다양한 커리큘럼도 제공한다. 공부하기에 좋은 환경은 더 말할 것도 없으며 주변에는 수강증을 들고 오면 할인까지 해준다는 카페까지 즐비하다. 수강생들은 편하게 자리에 앉아 커피를 마시면서 수업을 듣고 선생님들은 1~2시간을 꼬박 서서 강의한다. 그런데도 중국어와 좀처럼 친해지지 못한 사람들은 목적의식의 부재 또는 부족이 그 원인이라 할 수 있다.

실제로 현장에서 강의하면서 겪었던 사례를 들려주고 싶다. 목적의식 없이 중국어 공부를 한 가장 대표적인 수강생이다. 그에 앞서 이해를 돕기 위해 간단히 HSK 시험에 대해 소개하고자 한다. HSK 시험은 '중국어 능력 평가 시험'의 약자이다. 모국어가 중국어가 아닌 학습자의 중국어 능력을 평가하기 위해 만들어졌다. 시험은 1급부터 6급까지 나누어져 있고 6급이 가장 높다. 그렇다면 6급을 딴 사람의 중국어 실력은 어느 정도일까? HSK 시험센터 공식 홈페이지에 따르면 6급 실력은 '중국어로 되어 있는 정보를 듣거나 읽을 수 있으며, 자기 생각을 글 또는 말로 유창하게 표현할 수 있다.'4)고 나와 있다. 그럼 이제, 그 수강생과 나의 대화를 간단히 들려주겠다.

수강생: 선생님, 저 HSK 5급 턱걸이로 땄습니다.

선생님(나): 축하드립니다. 학부 전공이 중국어인가요?

수강생: 아닙니다. 그냥 왠지 주변 친구들이 다 중국어를 공부하기에 저도 한번 해봤어요.

선생님(나): 아~, 네……. 아무튼 다시 한번 축하드립니다.

수강생: 그런데 저는 중국어를 전혀 읽지 못합니다. 그냥 선생님이 주시는 자료에 병음을 달고 달달 외우면 중국어 면접 합격할까요?

선생님(나): 기출문제가 있다고는 하나 중국어 면접시험에서 어떤 질문이 나올지는 그 누구도 모릅니다. 어떻게 모든 답을 다 준비하고 외울 수 있겠습니까?

수강생: 그럼 전 어쩌죠?

선생님(나): 한 가지만 물어볼게요. 중국어 자격증을 딴 목적이 무엇입니까? 아무리 친구 따라 강남 간다고 해도 이렇게 절박하게 제 수업을 신청한 이유는 무엇인가요?

수강생: 사실 HSK 5급 유효기간이 거의 다 끝나갑니다. 이 기간이 끝나기 전에 뭐라도 해야 할 것 같아서요. 저더러 다시 HSK 5급 시험을 보라고 하면 전 합격 못 합니다. 그때는 운 좋게 그냥 찍었거든요.

선생님(나): 그럼 한 가지만 더 물어보고 싶어요. 만약 자격증 유효기간이 끝난다고 하면 다시 중국어 공부를 제대로 시작해볼 의향은 있나요?

수강생: 잘 모르겠습니다. 할 수도 있고 그냥 안 할 수도 있고요.

선생님(나): …….

---

4) http://www.hsk-korea.co.kr

여러분들도 이 대화를 보면서 나와 마찬가지로 답답함을 느꼈을 것 같다. 도대체 뭘 어떻게 하라는 건가? 자신이 중국어 공부를 해야 하는 목적을 나더러 정해달라는 건가? 게다가 또 동기부여까지 해달라는 말인가? 중국어를 공부해야 할 확실한 목적이 생기기 전까지는 섣불리 시도하지 말라고 당부의 말씀을 드린다. 중국어 공부를 해야만 하는 목적이 생겼다면 공부하는 도중에 쉽게 포기하지 말라고도 조언하고 싶다.

쉽게 포기하고 흐지부지 끝나게 되는 두 번째 원인은 바로 "중국어를 얼마만큼 배울 것인가?"에 대해 전혀 생각해보지 않기 때문이다. 이는 마치 전쟁터로 나가는 군인이 평소 훈련도 하지 않고 작전도 없는 상태에서 무모하게 총칼을 들고 적진으로 돌격하는 것과 같다. 열심히 해보려고 했으나 중국어는 역시 나랑 맞지 않는 것 같다며 스스로에게 화풀이하고 머리를 쥐어뜯게 된다.

일단 명확한 목적의식을 갖고 많고 많은 외국어 중에 중국어를 선택한 것은 칭찬받아 마땅하다. 그러나 중국어 공부를 결심한 후에는 양적으로 얼마만큼 공부해야 하느냐는 현실적인 상황을 마주하게 된다. 사실은 이 부분이 중국어를 공부하겠다고 큰 결심을 내리는 것보다 훨씬 중요하다. 그런데 대부분은 이 점을 거의 고려조차 하지 않고 다짜고짜 "얼마나 공부하면 중국어를 잘합니까?"라는 기대에 사로잡혀 있다. 중국어는 원어민처럼 완벽하게 구사해서 우쭐거리며 뽐내기 위한 사치품이 아니다. 중국 문화를 이해하고 중국인들과 원활하게 소통하기 위한 도구일 뿐이다. 인간의 기억력과 능력에는 한계가 있다. 자신의 레벨에 맞춰 필요한 양의 중국어만 할 수 있다면 그것으로 이미 충분하다.

* 1~2주간의 중국 여행을 위함이라면 지극히 일상적인 인사말과 1~10까지의 숫자만 알아도 충분하다. 여행이 끝나고 돌아오면 이런 생각이 들 수도 있다. "이번에는 몇 마디밖에 못 해봤지만 다음번에는 중국어를 한두 마디라도 더 해봐야지."라는 생각 말이다.
* 만약 당신이 박사학위 논문을 써야 하는데 중국어 원서로 된 문헌을 읽어야 한다고 치자. 듣고 쓰고 말하는 능력은 필요 없는 상황이다. 중국어를 읽고 해석만 가능하면 된다. 이렇게 목적의식이 분명하고, 학습대상인 중국어 독해 영역을 얼마만큼 공부해야 하는지 알고 있는 사람의 실력 향상 속도는 굳이 말이 필요 없다.
* 당신은 중국 명문대학교에서 공부하는 것이 꿈이다. 입학원서를 넣기 위해서 HSK 6급 자격증이 꼭 필요하다. 이런 당신은 회화보다는 듣기, 쓰기, 독해를 먼저 공부할 수밖에 없다. 자격증을 취득한 후 중국 유학길에 오르기 전까지 집중적으로 회화만 공부해도 늦지 않다. 중국 문화는 중국에 유학 가고 나서 매일 배우고 느끼게 될 것이다.
* 중국어 공부가 그냥 취미인 사람들도 있다. 이들에겐 시간

과 돈의 제약이 없다. 사실 나도 가끔 공부는 이렇게 해야 맞는 것이 아닌가 하는 생각을 한다. 중국어 자격증과 시험 때문에 발등에 불 떨어진 학습자들이 가장 부러워하는 선망의 대상이기도 하다. 이런 수강생들은 자기가 좋아하는 중국어 수업을 듣는다는 자체만으로 행복감을 느끼기 때문에 별도로 해 드릴 말이 없다.

"중국어가 가능하다."에도 여러 단계가 있다. 정말로 중국어를 유창하게 말하고 읽고 쓰고 하려면 어림잡아 5~6년은 족히 걸린다. 만약 당신의 목표가 원어민 수준의 중국어를 구사하는 것이라면 개인의 능력에 따라 다르겠지만 아마 10년이라는 시간도 부족할 수 있다. 설령 그렇게 공부하더라도 중국어 원어민은 될 수 없다. 그러니 목표와 방향을 터무니없이 높게 잡을 필요 없다. <u>다시 말하자면, 우리의 목표는 중국 원어민이 되는 것이 아니다.</u> 중국어 공부를 할 때 '최고', '완벽', '원어민' 이런 단어들은 잊어버리자. 그 대신 자신의 목적과 목표를 정하고 효율적인 학습법으로 중국어를 공부하자. 중국어에 대한 감이 잡힐 때까지 이 방법, 저 방법 기웃거리지 말고 꾸준히 밀고 나가야 한다.

<u>마지막 원인은 바로 "중국어로 무엇을 말할 것인가?", 즉 콘텐츠와 주제가 부족하기 때문이다.</u> 이 부분은 중국어 입문, 초급자보다는 중·고급 단계의 학습자들에게 해당한다. 우선 구체적인 예를 들어보자. 이 또한 내가 현장에서 직접 겪은 사례이다.

영어와 일본어 관광통역 안내사 자격증을 이미 취득한 수강생이 있었다. 이 자타공인 '실력자'는 중국어가 대세라면서 중국어 관광통역 안내사 자격증을 따고자 내 면접대비반 수업을 들으러 온 것이었다. 낮에는 일하고 저녁반과 주말반을 번갈아 오가면서 그야말로 주경야독의 모범을 보여주었다. 같은 반 수강생들은 이 학생의 화려한 공인자격(스펙)에 놀라움을 금치 못했다. 마음 한편으로는 무슨 언어가 됐든 자격증 하나라도 따지 못한 자신이 한심하게 느껴졌을지도 모른다. 수강생들은 중국어, 영어, 일본어를 자유롭게 구사하는 이 '실력자'를 보면서 이 사람은 세 나라 말을 "자유롭게 할 줄 안다."라는 착각에 빠진다. 그러나 이 '실력자'는 관광 및 가이드 업무와 관련된 전문용어나 일상적인 회화 패턴을 알고 있는 것에 불과하다. 자기 일과 관련 없는 우주과학 분야 또는 바이오 의약품과 관련해서 물어본다면 꿀 먹은 벙어리가 될 것이다.

즉, 이 '실력자'는 자신의 직업에 필요한 콘텐츠와 주제를 가지고 있다. 그것은 바로 한국의 관광명소, 전통문화, 역사와 정치 등 관광 안내에 필요한 내용이었다. 이 수강생은 이런 순서로 공부했을 것이다. 우선 수업 중에 나눠주는 중국어 자료를 정리해서 자신의 내용으로 만든다. 다음은 플레이 버튼만 누르면 입에서 자동으로 튀어나올 정도로 무한 반복 연습을 통해 외운다. 마지막으로 현장에 투입되기 전까지 피드백과 첨삭을 통해 부족한 부분을 채우고 또 채운다. 통번역대학원을 목표로 하는 학습자들의 공부 방법도 마찬가지다. 대학원에 들어가서 중국어를 배우는 것이 아니다. 중국어 실력은 이미 어느 정도 갖추고 있어야 한다. 이런 상태에서 어떻게 통역과 번역을 할지 스킬을 배우는 것이고 인맥을 쌓으며 실전과 같은 연습을 하는 것이다. 통번역대학원 입시를 준비하는 학습자들은 다양한 텍스트를 접하면서 전문용어와 패턴을 정리하고 요약하는 연습을 한다. 너무 어렵게 생각할 필요도 없다.

우리는 정보 홍수 시대에 살고 있다. 하룻밤만 자고 일어나도 새롭게 배워야 할 것들 천지다. 이 많은 것들을 다 익히고 배울 수 없다. 취사선택이 필요하다. 자신에게 필요한 정보와 지식을 어떻게 중국어로 활용할 것인가를 고민해야 한다. 『공부철칙 실전편』에 등장하는 이 문단이 가슴에 와 닿는다.

> "콘텐츠가 있고 나서 어학이지, 어학만 갖고는 성공하기 힘들다. (중략) 어학은 무기일 뿐이지 실제 돈벌이가 되는 건 콘텐츠다. 콘텐츠 없이 어학만 잘하는 사람은 아무 소용이 없다. 이렇게 자신을 시대에 맞춰 그때그때 재포지셔닝해야 살아남을 수 있다."[5]

---

5) 이승훈, 변가영, 이서연, 『공부철칙 실전편』.

다시금 정리하자면 중국어 공부는 완벽하지 않아도 된다. 사실 한국어조차도 완벽하게 구사하려면 어려운 건 매한가지다. 중국어는 모국어가 아니지 않은가? 어려운 게 당연하고 못하는 것도 당연하다. 틀리는 것을 두려워하지도 말자. 많이 틀려야 정확한 표현을 많이 배워갈 수 있다. 소위 외국어 공부에 있어서 최고의 경지에 이르렀다고 자부하는 통·번역사나 말로 먹고사는 아나운서들조차도 틀리고 실수할 때가 있다.

어떤 공부가 됐든 스스로가 하고 싶어서 할 때 가장 잘되는 법이다. 그러니 이 세 가지만 기억하라.

첫째, 중국어를 선택했다면 중국어가 자신한테 어떤 의미가 있는지 잘 생각해봐야 한다.

둘째, 중국어를 선택했다면 어느 정도로 배울지 목표를 세운다. 중장기적인 목표도 중요하지만 공부하는 과정에서 쉽게 지칠 수 있으니 단기 목표도 꼭 세워야 한다.

셋째, 중국어라는 언어공부 자체에만 집착하지 말고 자신의 전문 분야에 중국어를 어떻게 접목할지 고민해봐야 한다.

04

영어는 영어처럼,
중국어는 중국어처럼 공부하라

딱딱한 이론으로 글을 시작해서 미안하지만, 외국어 공부와 관련해서 빼놓을 수 없는 이야기이기 때문에 여러분들의 양해를 부탁드린다. 현대 언어학의 아버지로 불리는 노암 촘스키는 인간은 태어날 때 언어습득 장치(LAD, Language Acquisition Device)를 가지고 태어난다고 주장했다. 이 언어습득 장치를 통해 인간은 특정 모국어에 노출되면 별다른 노력 없이도 자동으로 그 언어를 신속하게 습득할 수 있다고 한다. 이러한 천부적인 능력은 12세까지 가장 활발하게 발달하다가 13세 이후에는 기능이 퇴화한다고 전해진다. 결론적으로 노암 촘스키의 주장에 따르면 13세 이후 학습자들은 습득이 아닌 학습의 과정을 통해 외국어를 배우게 된다. 여기서의 학습은 피나는 노력과 상당한 시간이 수반되어야 한다는 것을 의미한다.

이런 사실을 알고 나면 왠지 힘이 빠지고 막막할 수 있다. 나는 왜 12살 전에 한국어를 제외한 2~3개의 언어를 접하지 못했는지 부모님을 원망하게 되고 자신이 처한 언어적 환경에 대해서도 많은 불만을 품게 된다. 어쩌면 자신의 못다 이룬 꿈을 자녀를 통해 이루고자 많은 부모가 외국어 사교육에 열을 올리고 있는 것 같기도 하다.

그렇다면 언어 공부의 결정적 시기(12~13세)가 지난 학습자들은 중국어를 유창하게 구사하는 것이 불가능할까? 답은 "절대 아니다."이다. 그 흔한 학원 한번 다닌 적도 없고 중국 유학을 다녀온 적도 없는 순수 토종 한국인 학습자 중에서도 유창한 중국어를 구사하는 사람이 적지 않다. 중국 원어민 수준은 아니더라도 이렇게나 중국어를 막힘없이 잘할 수 있었던 가장 중요한 이유는 무엇이었을까? 그것은 바로 자기 자신을 끊임없이 중국어 환경에 노출했다는 것이다. 삼시 세끼 밥 먹는 시간과 잠자는 시간을 제외하고 남는 거의 모든 시간을 중국어로 채웠다는 점이 놀랍지 않은가?

다시 본론으로 돌아오자면 중국어는 중국어처럼 공부하자는 것이 이 글의 주제다. 영어 같은 경우는 외국어로서의 교육 역사가 길어서 공부방법도 다양하고 구할 수 있는 자료도 방대하다. 한마디로 선택의 폭이 넓어서 학습자들은 자유롭게 영어에 다가갈 수 있다. 반대로 중국어는 좀 다르다. 비록 지금 대세라고는 하나 제2외국어로서 교육 역사가 그렇게 길지 않기 때문에 방법론과 공부에 필요한 제대로 된 교재나 자료가 영어에 비해 많지 않다. 미국 초등교과서와 원서는 한국에서도 손쉽게 구할 수 있지만 중국 초등교과서는 구하기 쉽지 않고, 미국과 영국 유명한 작가들의 원작은 시중에서 많이 팔리고 있으나 중국 원서는 전혀 그렇지 않다. 중국에서 최초로 노벨문학상을 받은 작가 모옌(莫言)의 원서조차 찾아보기 힘들다. 중국인들의 삶에 자연스럽게 녹아들어 있는 '4대 명작'[6]도 번역본만 많을 뿐 제대로 된 원서는 구하기 쉽지 않다. 인터넷에서 개인적으로 거래하지 않는다면 대학교 도서관에나 가야 구할 수 있을지도 모르겠다.

실정이 이러하다 보니 한국에서 중국어를 공부하는 대부분의 학습자는 중국어를 중국어처럼 받아들이기가 쉽지 않다. 우선 따끔하게 짚고 넘어가고 싶은 부분이 바로 학습서이다. 모든 외국어 공부에 있어서 마찬가지겠지만 교과서나 참고서가 가지는 의미는 상상 그 이상으로 크다. 중국어도 예외는 아니다. 사람들은 가방, 옷, 신발, 심지어 화장품이나 향수를 살 때는 그렇게 신중하게 브랜드와 인지도를 따지면서 왜 중국어 교재와 관련 도서를 살 때는 그리도 무심할 수가 있는지, 참으로 안타깝다.

중국어 교재 제목의 이름들은 또 하나같이 왜 그렇게 거창한 것인지, 왠지 다 싹쓸이하지 않고는 못 배길 지경이다. 책 표지 디자인도 예쁘고 그야말로 상업적으로는 대성공이다. 그러나 많은 중국어 교재들은 거창한 제목과 디자인에 비해 내용이 너무 부실하다. 글자가 너무 많으면 학습자들이 스트레스를 받을까 봐 그랬는지는 몰라도 값비싸고 질 좋은 종이를 너무 성의 없이 꾸며놓는다. 무슨 동양화에서 강조하는 여백의 미라도 추구하듯

---

6) 책이 만들어진 순서로 정리하면 수호전, 삼국지연의, 서유기, 홍루몽이다.

이 텅텅 비어 있다. 한마디로 내용이 없다는 것이다.

심지어 어떤 중국어 교재는 한자를 빼기도 한다. 처음부터 한자를 보면 거부감이 들기 때문이라나? '각인효과'라는 말을 들어보았을 것이다. 새끼 오리 또는 새들이 알에서 부화하면 가장 먼저 본 상대를 어미로 인식하고 따라간다는 이야기 말이다. 성인은 그렇다 치고 어린아이들도 어렸을 때 보고 경험한 것들이 각인된다고 한다. 나는 중국어 공부에도 똑같이 이런 각인효과가 적용된다고 믿는다. 한자 없는 중국어는 시체에 불과하다. 학습자들을 배려하는 마음은 이해하나 그 마음이 과하면 오히려 학습자들을 망칠 수 있다.

나는 외국어 공부에 관심이 많다. 예전에도 그랬고 지금도 그렇다. 영어, 중국어, 러시아어를 공부하면서 훌륭한 스승을 만나는 것도 좋지만 그에 못지않게 제대로 된 교재와 보조 자료를 구하는 것도 대단히 중요하다는 사실을 알게 되었다. 내가 외국어를 공부할 때 항상 주장하는 원칙 하나가 있다. 그것은 바로 외국어는 외국어답게 공부하자는 것이다. 영어는 영어답게, 중국어는 중국어답게, 러시아어는 러시아어답게.

대학교에서 러시아어를 공부할 때는 어쩔 수 없이 학교에서 지정해준 교재로 공부를 했다. 그러나 학부를 졸업하고 나서 지금까지도 손에서 러시아어를 놓지 않을 수 있었던 이유 중 하나는 바로 교재와 자료이다. 러시아의 대문호들은 수많은 걸작을 남겨놓았다. 그것을 혼자서 탐독해보려는 욕심이 지금까지도 나를 거북이처럼 꾸준히 그 목표로 이끄는 것 같다.

중국어를 중국어처럼 공부하는 것이 좀 더 원어민에 가까워질 수 있는 지름길이라고 생각한다. 그래서 나는 이 책을 선택한 당신에게 한 가지 방법을 알려 드리려고 한다. 중국어에 대해 일자무식이라면 중국 초등교과서로 공부해보는 것을 추천한다. 중국인들도 한자를 읽기 위해 어릴 적부터 자음과 모음을 공부한다. 중국인들이 어떻게 공부하는지 알 수 있을 뿐만 아니라 중국인들처럼 똑같이 배울 수 있다. <u>중국인들은 병음(발음)을 배우지 않는다고 하는 사람들이 있는데 이런 잘못된 상식에서 하루 빨리 벗어나길 바랄 뿐이다.</u>

중국은 교육을 백년지대계 또는 천년지대계라고 생각한다. 따라서 요즘 중국 정부는 교육을 나라 전체의 중요한 계획으로 간주하고 있다. 중국에서 가장 영향력 있는 인민교육출판사가 영유아, 초, 중, 고 교과서와 참고서뿐만 아니라 그 외 다양한 교재와 교육도서들을 연구하고 출판하고 있다. 중국어부터 시작해서 수학, 영어, 지리, 역사, 물리 등 모든 교과과정을 국가에서 책임지고 만들어낸다. 인민교육출판사는 중국 교육부 직속 산하 기관이기 때문에 중국인들이 믿고 사용한다. 한국에서 출판된 중국어 교재 중에도 분명 훌륭한 교재가 존재한다. 그렇다 하더라도 개인이 자신의 이름을 걸고 만든 교재나 민간 기업이 만든 교재보다는 그래도 한 나라의 교육부에서 체계적으로 만든 교재가 훨씬 믿음직스럽지 않은가? 디자인이나 색채(컬러) 선택에 있어서 한국 디자인보다 못할 수는 있지만 그건 중국어를 공부하는 학습자에게는 전혀 지장을 주지 않는다.

인터넷이 발달한 요즘, 클릭 몇 번만으로 중국에서 교과서와 참고서를 구하는 것은 일도 아니다. 중국어 원서라고 겁먹을 필요 없다. 처음이 어렵지 적응만 되면 오히려 더 쉽게 이해될 수도 있다. 10년, 20년 중국어를 공부했음에도 중국어를 잘하지 못한다면 이젠 방법과 교재를 바꿔볼 필요가 있다.

중국에도 원어민을 위한 교과서와 중국어를 제2외국어로 배우는 외국인을 위한 대외 한어 교과서가 따로 팔리고 있다. 중국어 원어민이 보는 교재가 부담스럽다면 중국어로 된 대외 한어 교과서를 보는 것도 차선책으로 생각할 수 있다. 나의 취지는 어디까지나 중국어는 중국어답게 배워보자는 것이기 때문이다.

또 한 가지 이야기하고 싶은 것은 바로 중국어를 공부할 때 수학 공식 암기하듯 문법을 외우지 말라는 점이다. 가장 흔한 예로는 '了'를 들 수 있다. 중국어를 좀 공부해본 사람들이라면 "아~, 이거 쉬운데. 그냥 문장 뒤에 쓰면 '~했다'라는 과거를 나타낸다고 배웠는데."라고 생각할 것이다. 그래서 중국어 문장을 보다가 '了'가 나오면 앞뒤 가리지 않고 무작정 과거로 해석해버리기 일쑤다.

중국인들은 절대 이렇게 '了'를 설명하지도 배우지도 않는다. 왜 한국에서는 이렇게 잘못 전수가 됐는지 안타까울 뿐이다. 요즘도 강의하면서 '了'의 용법을 잘못 배운 학습자들의 문법을 고쳐주느라 그게 오히려 더 힘들다. 백지장처럼 모르는 게 오히려 더 낫다. 잘못 배운 것을 다시 바로잡는 게 몇 곱절 힘든 일이라는 것을 알아두고 처음부터 제대로 배워야 한다.

강의를 하다 보면 학생들이 한국어를 공부하는 것인지 중국어를 공부하는 건지 헷갈릴 때가 있다. 가끔은 한중언어 비교 박사학위 논문을 쓰고 있는 건 아닌지 의문이 들기도 한다. "한국어는 어순이 이런데 왜 중국어는 어순이 이럴까요?", "중국은 왜 사자성어를 이렇게 많이 써요?", "이 단어는 한국어와 발음도 뜻도 비슷하네요?"……. 학습자분들께 부탁이 하나 있다. 중국어를 공부할 때 제발 한국어를 우선순위에 두지 말자. 다시 말하면 한국어와 중국어를 하나하나 비교하면서 공부하지 말자는 말이다. 한글이 아무리 과학적으로 만들어졌고 한국어가 아무리 뛰어난 언어일지라도 중국어의 뉘앙스와 뜻을 100% 정확하게 전달할 수는 없다. 한국어는 어디까지나 한국어이고, 중국어는 어디까지나 중국어일 뿐이다. 나는 외국어를 배울 때 어느 정도 뜻만 이해가 되면 굳이 한국어로 해석하지 않는다. 번역은 예외가 되겠다. 나는 최대한 영어와 러시아어의 특징에 맞게 언어 그 자체를 받아들이려고 노력한다. 중국어도 계속 한국어 사고에 끼워 맞추다 보면 중국어를 배우는 속도가 느려진다. 심지어 중국어를 구사할 때 한국어 해석에 발목을 잡혀 입을 열지도 못한다.

중국어는 그냥 중국어로 받아들여라. 모르는 한자가 많고 사자성어가 홍수처럼 밀려와도 한국어로 생각하지 말고 문맥을 타고 흐름과 분위기를 읽어내려고 노력해라. 정말로 사전을 찾지 않으면 안 될 지경에 이른 경우 중중 사전을 먼저 참고하고 나서 중한 사전을 검색해라. 한입에 배부를 수 없다. 처음에는

30분 동안 두 줄밖에 못 읽다가 시간이 흐르고 나면 5분 동안에 1~2페이지 읽을 수 있는 날이 오고야 말 것이다.

언어라는 기술을 제대로 배우려면 꼭 그에 맞는 대가를 지급해야 한다. 그게 바로 돈과 시간이다. 내가 말하는 시간에는 열정과 노력이 포함되어 있다. 열정과 노력이 많으면 많을수록 공부 시간이 길어질 것이기 때문이다. 마지막으로 한마디 하고 싶은 말이 있다. 중국어를 중국어답게 공부해야 자기 생각도 최대한 중국어답게 표현할 수 있게 될 것이다.

> "어떤 생각이든 모국어로는 다 표현할 수 있지만 외국어로는 자신의 외국어 실력 정도밖에 표현할 수 없다."
>
> ─통·번역계 거장 다니카 셀레스코비치[7)]

---

7) 아시아 최초로 통·번역계 노벨상이라 불리는 '다니카 셀레스코비치'상을 받은 한국 1호 국제회의 통역사 최정화 교수의 글 "내가 소통하는 법"에서 발췌함.

05

중국어를 공부하려면
중국 문화를 이해해야 한다

　많은 사람이 중국 문화를 제대로 알아야 한다는 말을 아끼지 않는다. 중국어 공부를 떠나서 중국과 지정학적으로 가까이에 있는 한국은 자의든 타의든 중국 문화를 공부하고 제대로 이해해야 한다. 그렇다면 문화란 무엇인가? 나의 얕은 지식으로는 도저히 정의를 내릴 수 없어서 중국 작가 위치우위(余秋雨)의 저서 『문화란 무엇인가(何谓文化)』에서 그 정의를 빌려왔다. 그는 '현대판 루쉰'으로도 불리는 중국에서 영향력이 큰 문화사학자이기도 하다.

> "문화는 정신적 가치와 생활 방식을 포함한 생태 공동체이다."[8]

　그의 말대로라면 한국인들은 중국인들의 정신적 가치와 생활

---

8) 중국어 원문은 다음과 같다. 文化到底是什么? 文化, 是一种包含精神价值和生活方式的生态共同体。

방식을 포함한 모든 것을 이해해야 한다는 말이 되겠다. 어린아이들을 중국 문화에 많이 노출하는 것은 좀 이르다. 대학생은 공부하고 싶은 열정도 있고 시간적 여유도 충분하지만 돈이 없는 사람이고, 직장인은 대학생들보다는 여유 자금이 있지만 시간에 늘 쫓기는 사람이다. 시간은 돈이라는 말이 괜히 있는 게 아닌 것 같다.

중국 문화를 이해하기 위해 학습자들이 많이 선택하는 방법이 바로 중국 단기 유학 또는 여행이다. 있는 돈 없는 돈 다 모았다가 학교도 휴학하고 회사도 그만둔 채 유학길에 오른다. 이런 과정은 물론 좋은 경험이 될 수도 있다. 그런데 단기적이라는 시간적 제약 때문에 이와 같은 경험은 단지 중국 문화에 발만 살짝 담갔다가 돌아오는 격이 될 수 있다. 5년, 10년, 20년 중국에서 살다 온 사람들이 봤을 때는 별것 아닌 것처럼 느껴질 수도 있다. 그럼 돈도 적게 들고 시간도 아끼면서 중국 문화를 공부할 방법은 무엇이란 말인가? 바로 책과 드라마이다. 가장 쉬운 것이 가장 어려운 것이라는 말도 있다. 우리는 어려운 것들은 잘 해결하면서 정작 가장 쉬운 것은 어렵게 생각하거나 손도 대지 못하는 경우가 많다.

자신의 서재 또는 책장에 중국 문화와 관련된 책이 몇 권이나 되는지 한번 훑어보기 바란다. 한국어 번역본도 없다면 중국어 원서는 있을 리 만무하겠다. 그래도 중국과 중국어에 관심을 두고 책 몇 권이라도 꽂혀 있다면 일단 합격점을 드리고 싶다. 아무것도 없는 학습자에 비해서는 그래도 기본자세가 갖춰졌기 때문이다.

책과 드라마를 추천하는 가장 큰 이유는 바로 재미있게 공부할 수 있다는 이유 때문이다. 성인도 아이와 마찬가지로 일단 재밌어야 계속해서 공부할 맛이 난다. 자신의 관심 분야가 뭔지를 정하고 나서 중국어 원서나 중국 드라마를 선택하라. 중국 드라마는 늘 자막이 따라 나온다. 외국인들이 공부하기에는 안성맞춤이다. 한국에서 만들어진 중국어 교과서 뒤쪽 또는 본문 텍스트 뒤편에는 꼭 작은 글자로 중국 문화를 제공하는 코너가 있다. 그것만 읽어서는 부족하다. 책은 중국인들의 필독서부터 공략해라. 언어 천재로 불리는 조승연 작가에 따르면 유럽인들이 영어를 배울 때 그 영어권 사람들의 문화를 이해하기 위해 영어 원서를 읽는 것이 첫 번째 단계라고 한다. 그다음 순서가 영어를 들어보고 대화를 나누면서 그 언어에 친숙해지는 것이다. 문법과 표현은 맨 나중에 배운다고 한다.

영화나 드라마는 책보다 좀 더 쉽게 다가갈 수 있다. 최근 들어 중국 드라마와 영화가 호평을 받고 있다. 더는 "중국 스타일은 촌스럽다", "심미관이 한국보다 떨어진다." 등의 말을 하고 있을 때가 아니다. 책과 드라마를 통해서 언어와 문화를 동시에 배울 수 있다. 새로운 중국어 표현을 배운 후에는 왜 중국인들은 저런 표현을 쓰게 됐을까를 고민할 필요가 있다. 한국적 사고와 시각만 고집하지 말고 중국인들의 입장이 되어서 생각해보면 좋겠다.

책과 드라마가 부담스러우면 신문 매체를 활용하는 방법도 있다. 이것은 중국어 실력이 중·고급 또는 통번역대학원을 준비하는 학습자들이 많이 사용하는 방법이다. 한국의 중요한 이슈들을 중국에서는 어떻게 바라보고 이해하며 평가하는지를 공부할 좋은 기회가 된다. 단순히 정치적 사실만 비판적으로 보도하는 기사만 접하다 보면 다소 지루하고 재미없을 수 있다. 이럴 때는 정보통신, 여행, 생활, 영화, 국제 등 코너에 접속하여 다양한 소재의 기사문을 접하는 것이 좋다.

화제를 잠깐 돌려서 음식문화로 넘어가 보려고 한다. 몇 년 전 중국인 친구가 한국에 출장을 왔다가 자신이 겪었던 일을 내게 하소연했다. 그는 한국이 처음인지라 음식을 잘 몰라서 그냥 업체 직원한테 한국 전통 음식을 맛보고 싶다고 했다. 그러나 큰 기대를 안고 음식점에 들어간 그는 깜짝 놀랐다고 한다. 그 친구는 음식을 이렇게 설명했다. "누구 국그릇에는 핏덩어리 조각이 있었고, 내 국그릇에는 걸레가 들어 있었다." 나는 듣자마자 "그거 선짓국 아니면 내장탕일 텐데……."라고 생각했다. 솔직히 나조차 한 번도 먹어본 적이 없다. 출장 온 그 친구는 그냥 쫄쫄 굶었는데 업체 측 한국인은 한 그릇을 뚝딱 비웠다. 한국인 직원은 입맛에 맞지 않는 것 같으니 저녁에는 삼겹살 파티를 해준다고 고깃집으로 친구를 초대했단다. 고기 맛은 좋았는데 또 한 번 친구를 난감하게 한 것은 바로 '깻잎'이었다. 처음 본 채소에 고기를 싸서 먹으라고 주니 안 받을 수도 없는 상황이라 코를 막고 억지로 삼켰다고 한다. 처지 바꿔 말하면 특유의 향 때문에 '고수'를 극도로 싫어하는 한 한국인에게 억지로 고수를 먹게 한 격이다.

이것보다 더한 일도 있었다. 노량진 수산시장에서 장을 보다가 우연히 홍콩 관광객을 만난 적이 있다. 한국의 회가 싱싱하다는 소문을 듣고 직접 회를 맛보고 싶어 했다. 가게 주인과 서로 소통이 안 되는 상황에서도 손짓과 발짓 다 해가며 성공적으로 회 한 접시를 들고 가게 안으로 들어갔다. 나는 그 홍콩 관광객들이 회를 먹고 난 후의 반응이 무척이나 궁금했다. 그래서 염치 불고하고 일단 가게 입구에서 서성거리면서 그들을 관찰했다. 그런데 갑자기 한 홍콩 여자가 큰 소리로 "이 생선 썩었어요. 냄새나요. 못 먹겠어요." 이러면서 바로 뱉어내는 것이었다. 아뿔싸, 이 가게 주인이 관광객들에게 홍어를 팔았던 것이다. 결국 홍콩 관광객들은 얼굴을 찌푸리더니 곧장 자리에서 일어나 결제하고 현장을 빠져나갔다. 가게 아주머니는 신이 난 듯 그 홍어 접시를 잽싸게 챙기시더니 "이 맛있는 걸 먹을 줄도 몰라. 내가 다 먹어야지."라고 말했다.

결국 서로의 문화 차이로 인해 아주 웃지 못할 상황들이 벌어지곤 한다. 한 번의 불쾌한 경험으로 한국에 대한 이미지가 나빠질 수도 있다. 만약 중국에 간 한국 손님을 이런 식으로 대접한다면 한국인 또한 중국에 대한 이미지가 나빠질 수밖에 없다.

단군 이래 한국은 오랜 세월 동안 단일민족임을 강조해왔다. 그렇지만 설마 아직도 단일민족이라고 생각한다면 큰 오산이다. 법무부 2016년 기준 통계에 따르면 2020년에 이르러서 국내 체류 외국인 수는 300만 명에 이를 것이라고 한다. 이런 통계는 한국이 이제 다문화사회가 되었음을 시사한다. 사회는 이렇게 빨리 변하는데 아직도 일부에서는 인종편견이 심하고 외국인이 우리 것을 빼앗는다는 위협 인식에 사로잡혀 있기도 하다. 중국 문화뿐만 아니라 다양한 문화를 포용하는 자세가 필요한 시점이다. 또한 개개인의 마음가짐과 노력도 중요하지만, 국가 정부 차원에서의 대책 마련도 시급해 보인다.

2015년 12월, 여시재(與時齋)라는 공익법인이 출범했다. 여시재는 한자어인데 공식 홈페이지에서는 그 뜻을 이렇게 설명하고 있다.

> "여시재(與時齋)는 '시대와 함께하는 집', '시대를 어깨에 짊어진다.'라는 뜻으로 '시대와 함께 가면(與時偕行) 이롭지 않은 것이 없다.'고 했던 〈주역〉의 풀이에서 비롯되었습니다. 미래를 만든다는 뜻입니다. 영문명 Future Consensus Institute는 동시대인들의 지혜와 협력을 통해 미래를 만든다는 뜻입니다."[9]

공익법인 이름에서부터 중국 유교 경전 중 하나인 『주역』의 내용이 등장한다. 그야말로 중국 문화의 향기가 그득하다. 여시재는 '국가 미래 전략을 위한 싱크탱크'를 표방한다고 한다. 현재 원장을 맡은 이광재 원장은 '오마이뉴스' 기자에게 이런 말

---

9) 여시재 공식 홈페이지(https://www.yeosijae.org/vision).

을 전했다.

> "중국에서 1년 살면 박사가 되고, 5년 살면 석사, 10년 살면 학사, 20년 살면 중국을 잘 모르겠다는 농담이 있다. 우리가 보고 싶은 중국만을 봐서는 안 되고 중국을 제대로 이해해야 한다."[10]

참으로 맞는 말이다. 실제로 우리는 뉴스나 TV를 통해서 소위 중국통이라 불리는 유명 인사들을 종종 보곤 한다. 나는 항상 궁금했다. 도대체 중국통이라고 부르는 그 기준은 뭘까? 중국인들도 종종 중국에 대해서 다 알지 못한다고 하는데, 한국에는 왜 이렇게 중국통들이 많이 사는지 모르겠다. 미국 의회 내에 중국만 전문적으로 연구하는 기관이 2개나 있다고 여시재 이광재 원장은 말한다. 그렇다면 한국 정부나 국회는 어떠한가? 중국의 역할이 이렇게 막강해졌음에도 말로만 중요하다고 하고 실제 행동으로는 옮기지 못하고 있다.

조선 후기의 실학자 연암 박지원은 명나라를 멸망시킨 청나라에 유학을 다녀와서 『열하일기』를 펴냈다. 그런데 그때까지만 해도 조선 지배층들은 임진왜란 때 명나라가 우리를 도와줬으니 명을 멸망시킨 청을 공격해서 복수하자고 주장했다. 그러나 연암은 청나라의 무엇이 조선 백성들의 삶을 윤택하게 할 수 있

---

10) 오마이뉴스(http://www.ohmynews.com/NWS_Web/View/at_pg.aspx?CNTN_CD=A0002457
664&CMPT_CD=P0010&utm_source=naver&utm_medium=newsearch&utm_campaign=n
aver_news).

고 이롭게 할 수 있는지를 고민해야 한다고 말한다. 이와 관련해 이욱연 서강대 중국연구소장의 글을 읽다가 감명 깊어서 인용한다.

"지금 우리에게 필요한 것은 연암이 청나라를 보던 이용후생의 눈이다. 오직 백성의 삶을 기준으로 삼아서 백성의 삶을 이롭게 하고 두텁게 하는 눈으로 중국을 보고, 우리 주변 강국을 보아야 한다. 과거의 눈이 아니라 미래의 눈으로 동아시아를 보고, 일본의 눈과 미국의 눈을 우리의 눈이라고 여기는 습관적 사고에서 벗어나서, 우리의 눈, 특정 정치 세력이나 특정 이념의 눈이 아니라 국민 대다수의 삶을 위한 눈으로 중국을 비롯한 동아시아를 성찰할 때다."

-이욱연, "중국을 때리는 우리의 불편한 진실, 역사에서 배우자."

2장

중국어 공부
기본자세 잡기

중국어가 쉬운 이유는 시제와 품사에 따른 형태 변화가 없기 때문이다

흔히들 중국어 어순은 영어와 같다고 말한다. 중국어와 영어는 언어체계가 완전히 다른데 어떻게 어순이 똑같을 수가 있겠는가? 어떤 경우에는 영어와 비슷해 보이지만 또 어떤 경우에는 한국어와도 비슷해 보인다. 그래서 중국어를 제대로 좀 공부해 봤다는 사람들은 이렇게 말한다. "중국어의 어순은 딱히 뭐라고 말을 못 하겠어요. 주어+술어+목적어가 기본 어순이라고는 하는데 공부하면 할수록 잘 모르겠어요. 한마디로 정리가 안 돼요." 나는 이 말이 맞는다고 생각한다. 중국어의 어순은 수학 공식처럼 정리할 수 없다. 문장 구조가 다양한 중국어는 어순보다 문장 구조를 공부해야 한다. 그렇다면 중국어는 왜 이렇게 문장 구조가 다양할까? 바로 중국어는 시제와 품사에 따른 형태 변화가 없기 때문이다. 이해를 돕기 위해 영어와 중국어를 비교해 설명하겠다.

영어의 가장 눈에 띄는 점은 바로 "형태 변화가 다양하다."라는 것이다. 영어 단어는 형태의 변화를 통해 문법적 의미를 전달한다. 명사에는 수의 변화(book-books), 인칭대명사에는 격의 변화(he-him), 형용사에는 비교급 및 최상급 변화(good-better-best), 수사에는 양수사와 서수사의 변화(one-first), 동사에는 심지어 시제의 변화(do-did-done-doing)까지 존재한다. 그래서 일반적인 규칙도 외워야 하고 불규칙 변화도 외워야 한다. 그러나 중국어 단어는 영어처럼 복잡한 형태 변화가 없을뿐더러 복잡한 시제 변화도 없다. 그냥 그 원래의 형태만 잘 외워두면 된다. 예를 들어 영어의 경우, 형용사 '아름답다'는 'beautiful'이고, 명사로 바꾸면 'beauty'가 된다. 즉, 형태에 변화가 생겼다. 중국어를 한번 살펴보자.

1) 这件事做起来很**困难**。　　　　이 일은 처리하기가 <u>**어렵다**</u>.
2) 我们一定能克服眼前的**困难**。　　우리는 눈앞의 <u>**어려움**</u>을 반드시 극복할 수 있을 것이다.

첫번째 문장에서 '困难'은 형용사이고 두번째 문장에서 '困难'은 명사이다. 위 두 문장을 비교해보면 '困难'은 형용사가 될 수도 있고 명사가 될 수도 있지만, 그 형태에는 변화가 없다.

영어에서 품사별 단어는 문장에서 서로 다른 문장성분으로 자기의 몫을 다 한다. 즉, 분업이 명확하다. 명사는 주어와 목적어가 되고, 동사는 핵심 술어가 되며 형용사는 관형어 또는 술어 구문에 들어갈 수 있고 부사는 부사어 역할을 한다. 그러나 중국어의 경우 품사와 문장성분 간의 대응 관계는 다소 복잡하다. 동사가 문장에서 주어가 될 수도 있고 명사는 직접 술어가 될 수도 있다. "그녀는 아름답다."라는 문장을 영어와 중국어로 비교해보면 바로 알 수 있다.

영어	She is <u>beautiful</u>.
중국어	她很<u>漂亮</u>。

영어에서 형용사 'beautiful'은 문장에서 직접 술어로 쓰일 수 없다. 꼭 앞에 be 동사를 넣어 'is beautiful'이라는 형태로 만들어줘야 문장의 뜻이 통한다. 바로 이런 영어의 간섭으로 인해 많은 학습자가 중국어를 배울 때 공통으로 범하는 실수가 있다. 바로 모든 중국어 형용사 앞에 영어 be 동사의 뜻이 있는 '是'를 붙인다는 것이다.

틀린 문장 예시:

1) 날씨가 덥다. 天气是热。(X) 天气很热。(O)
2) 그는 바쁘다. 他是忙。 (X) 他很忙。 (O)
3) 나는 기쁘다. 我是开心。(X) 我很开心 (O)

'덥다, 바쁘다, 기쁘다'의 형용사 '热, 忙, 开心'은 단어 그 자체로 문장에서 술어 역할을 할 수 있다.

중국어에 형태 변화가 없다는 것은 이 정도로 설명하고 시제 이야기로 넘어가 보자. 한마디로 중국어 시제는 영어 시제보다 쉽다. 영어는 동사의 형태 변화로 시제를 나타낼 수 있지만, 형태 변화가 없는 중국어는 동사 그 자체만으로 시제를 나타낼 수 없다. 중국어 시제는 특이한 방식으로 표현된다. 결론적으로 말하자면 시제는 크게 두 가지 방식으로 나타낼 수 있다. 하나는 시간을 나타내는 부사나 명사를 쓰는 방법이다. 시간을 나타내는 단어는 주어 뒤 또는 문장 맨 앞에 오는 게 일반적이다. 동사 뒤에 조사를 붙여 시제를 나타내기도 한다.

시간을 나타내는 부사나 명사를 활용한 시제 표현:

1) 我**今天**去北京。 나는 **오늘** 베이징에 간다.

2) 我**昨天**没看书。 나는 **어제** 책을 보지 않았다.

3) **明天**我学英语。 나는 **내일** 영어를 공부한다.

4) **大学毕业后**, 我们结婚了。 **대학을 졸업하고 나서** 우리는 결혼했다.

동사 뒤에 조사를 붙인 시제 표현:

1) 我没看**过**这部电影。 나는 이 영화를 본 **적이** 없다.

2) 我买**了**一本书。 나는 책 한 권을 **샀다.**

3) 妈妈抱**着**我哭了。 어머니는 나를 끌어안**고**(끌어안은 채) 울었다.

이렇듯 가장 기본적인 시제 표현 방법을 익히면 중국어 문법을 이해하는 데 큰 어려움이 없다.

이 밖에도 중국어는 한국어나 일본어처럼 존칭이 발달하지 않았다. 한국어는 자신을 낮추고 상대방을 높이는 높임말, 즉 존칭이 발달했다. 외국인들이 한국어를 배울 때 가장 어렵게 느끼는 부분 중 하나가 바로 높임말이라고 한다. 중국어는 영어 'please'와 비슷하게 문장 앞이나 뒤에 '请'을 붙이면 된다. 그리고 '너'를 높여서 '당신'이라고 표현할 때 '你(너)' 한자 밑에 마음 '심(心)'자를 넣어 '您(당신)'이라고 표현하는 정도이다.

중국어의 이러한 특징 때문에 학습자들은 중국어 문법이 생각보다 쉽다고 느끼기도 한다. 그렇다고 중국어 문법이 식은 죽 먹기라는 것은 아니다. 그 대신 중국어는 단어의 조합, 순서배열과 허사(虛词)[11]를 통해 문법적 의미를 전달한다.

따라서 중국어가 쉬운 이유를 종합해보면 아래와 같다.

첫째, 중국어 단어는 영어보다 기계적으로 외워야 할 형태의 변화가 거의 없다.

둘째, 중국어는 시제를 표현하는 명사와 부사, 그리고 조사만 몇 개 잘 알아둬도 시제를 충분히 구분해낼 수 있다.

셋째, 상대방을 높이는 존칭이 한국어처럼 다양하지 않다.

---

11) 허사는 단독으로 쓰일 수도 없고, 혼자서는 완벽한 의미를 전달할 수도 없다. 반드시 실질적인 개념을 나타내는 단어나 구절에 의존하여 문법적 의미와 문법 기능을 담당하는 중요한 품사 중 하나이다.

천자문을 알면 중국어를 잘한다고?

"하늘 천, 따 지(땅 지), 검을 현, 누를 황~, 집 우, 집 주, 넓을 홍, 거칠 황~" 어디선가 많이 들어본 익숙한 한자 멜로디가 아니던가? 그렇다, 바로 '천자문'이다. 한자 공부가 옛날보다 인기가 많이 없어지긴 했지만 그래도 집마다 한자표 하나씩은 붙어 있을 것이다.

게다가 중국어 열풍이 불면서 한자를 공부하는 사람들도 많이 늘었다. 흔히들 한국에서도 한자를 사용하기 때문에 천자문과 같은 획수도 많고 외우기도 어려운 번체자를 공부하면 중국어를 잘할 수 있다고 믿는다. 안타깝지만 천자문을 안다고 중국어를 잘하는 것은 아니다. 왜냐하면, 중국인들이 사용하는 실용한자는 따로 있기 때문이다. "아니, 옛날에 조상님들이 중국에서 빌려서 쓴 번체자를 열심히 공부했더니 이젠 또 다른 한자를 공부하라고?"라는 불만이 있을 수 있다. 그러나 중국어를 공부하려면 오늘날 중국인들이 사용하는 실용한자, 즉 간체자(簡体字)를 배워야 한다. 그러지 않으면 중국인과의 소통이 쉽지 않다.

천자문은 비록 중국에서 전해졌지만, 세월이 흐르면서 중국 한자에도 많은 변화가 생겼다. 가장 큰 변화는 뭐니 뭐니 해도 한자의 간소화가 아닌가 싶다. 중국인들조차도 복잡한 한자 공부가 부담스러웠던 모양이다. 대만과 홍콩은 예외지만 중국은 과감히 한자 개혁에 착수했고 더는 오래된 한자, 즉 번체자를 사용하지 않기로 했다. 중국에 한 번이라도 다녀온 적이 있거나 중국어를 조금이라도 공부해본 사람이라면 아마도 눈치를 챘을 것이다. 현재 중국에서는 형태가 간단하고 획도 간소화된 간체자를 쓰고 있다는 것을 말이다. 그동안 머리 싸매고 손목이 떨어져 나갈 정도로 베껴 쓰며 공부했던 옛날 한자가 중국에서는 보이지 않는다는 사실에 또 한 번 충격을 받기도 한다.

그럴 때면 나는 이렇게 조언을 드린다. "간체자든 번체자든 둘 다 알아두면 좋습니다. 그러나 둘 중 하나를 선택해야 한다면 저는 간체자부터 배우겠습니다. 간체자, 즉 오늘날 중국인들이 사용하는 한자는 번체자보다 쉽게 다가갈 수 있는 장점이 있습니다. 그리고 간체자를 먼저 배우고 나서 어떤 부분이 변했는지 몇 가지 규칙들만 알아두면 번체자도 쉽게 배워낼 수가 있습니다." 옛것을 지키고 공부하는 것도 좋지만 무조건 천자문만 고집할 일도 아니라고 생각한다. 중국인들과 제대로 소통하고 중국을 이해하고 싶다면 중국인들이 사용하는 실용한자를 공부해야만 한다.

동서양을 막론하고 중국어 공부를 어려워하는 이유가 바로 한자에 대한 부담감 때문이다. 그래도 중국 정부에서 큰 부담

하나는 덜어주지 않았는가? 그 복잡하던 번체자를 간체자로 만들면서 형태를 간소화시켜 주었으니 말이다. 이제 남은 단점이라면 바로 한자의 양이 많다는 것이다. 중국 5천 년 역사와 함께 한자의 숫자가 어떻게 변화되어 왔는지 아래 몇 개 사전들을 예로 들어보겠다.

『갑골문편(甲骨文编)』에 수록된 한자는 4,672개
『설문해자(说文解字)』에 수록된 한자는 9,353개
『강희자전(康熙字典)』에 수록된 한자는 47,035개
『중화대자전(中华大字典)』(1915)에 수록된 한자는 48,000여 개
『한어대자전(汉语大字典)』(1990)에 수록된 한자는 56,000여 개
『중화자해(中华字海)』(1994)에 수록된 한자는 85,568개
　-장야쥔(张亚军), 『How to teach Chinese as a Second Language』

이렇듯 한자의 양은 많으며 그 정확한 숫자는 통계하기가 쉽지 않다. 1994년에 출간된 『중화자해(中华字海)』는 현재 수록된 한자가 가장 많은 사전으로 알려져 있다. 최근 베이징 궈안 컨설팅 이큅먼트 회사는 한자의 수가 거의 10만 개에 가깝다고 발표했다.

사실 중국 어린이들도 처음 한자를 접하는 학습자들처럼 한자를 공부할 때 많은 부담을 느낀다. 이렇게 많고 많은 한자 중에 어떤 한자부터 익혀야 할지 어디서부터 손을 대야 할지 막막하기 때문이다. 그러나 걱정할 필요 없다. 2013년 중국 정부가

『통용규범한자표(通用規范汉字表)』를 발표하면서 8,105개의 한자를 수록함과 동시에 사용빈도와 범위에 따라 한자에 등급을 부여하였다. 『통용규범한자표(通用规范汉字表)』에 수록된 한자는 총 3가지 등급으로 나뉜다. 1급 한자표에는 자주 쓰는 실용 한자로 3,500개가 포함되어 있다. 기초교육과 문화보급에 필요한 가장 기본이 되는 한자들이 들어 있다. 2급 한자표에는 1급 한자 다음으로 자주 쓰는 한자로 3,000개가 정리되어 있다. 3급 한자표에는 1,605개의 한자가 있다. 3급 한자는 주로 인명, 지명과 과학기술용어를 포함하고 있다. 이 외에도 1, 2급 한자에 포함되지 않았지만 초등학교와 중학교 중국어 교재에서 사용빈도가 높은 한자들도 들어 있다.

불확실한 통계이긴 하지만 1,000~1,500개의 한자만 알아도 중국에서 일상생활하는 데 전혀 지장이 없다고 한다. 조금 더 고급스러운 중국어를 구사하고 싶다거나 학문적인 연구를 하려면 한자 욕심을 내도 무방하다. 그러나 소통을 위한 중국어를 공부하고자 한다면 단기 목표로 '한자 1,000개 암기'를 설정하는 것을 추천한다. 일단 실용한자 1,000개 암기만 성공하면 자신감이 붙을 것이며 그다음 번 1,000개는 처음보다 쉽게 마스터할 수 있다.

여기서 잠깐 타임머신을 타고 조선 시대로 돌아가 보자. 조선 초기만 해도 한자는 권력층들의 전유물처럼 여겨졌고 백성들이 글을 깨친다는 것은 결코 쉬운 일이 아니었다. 이에 분노한 세종대왕은 백성의, 백성에 의한, 백성을 위한 훈민정음을 만들어 냈다. 최만리를 비롯한 기득권 세력들의 반대가 심했음에도 불구하고 1446년 세종대왕은 『훈민정음 해례본(训民正音解例本)』을 출간한다. 세종대왕이 한글을 간결하게 디자인하고 쉽게 배울 수 있게 만든 덕분에 한글의 파급력은 대단했다. 학자들에 따르면 오늘날 한국의 문맹률이 세계에서 가장 낮다고 한다. 한글의 공로가 크다. 그러나 한글의 과학성과 우수성이 지나치게 강조되면서 극단적인 주장들이 나오기도 한다.

"모든 외래어를 다 순수 한글로 바꿔야 한다."
"한글로 모든 소리를 완벽하게 적을 수 있다."
"한자의 노예가 될 필요 없다. 한자는 배우지 않아도 된다."

참으로 안타깝다. 한국의 경우 1970년 한글전용 정책 이후 40년 넘는 세월 동안 한자 교육은 뒷전으로 밀려났다. 요즘 젊은 세대들은 자기 이름 세 글자조차도 한자로 어떻게 쓰는지 모르는 경우가 많다. 그리고 순한글로 이름을 짓는 경우가 많다 보니 한자로 이름을 표기할 수가 없어 아예 중국어 이름을 새롭게 만들기도 한다.

실제로 내가 가르치던 초등학교 5학년 남자아이한테서 들은 말이다. "미국은 한국과 동맹국이고 사이가 좋으니 영어를 배워야 해요. 중국은 사회주의국가이고 한국과는 사이가 좋았다 나빳다 하니 중국어는 배우지 않겠어요." 이 말은 나에게 큰 충격을 안겨주었다. 아무리 요즘 아이들이 조숙하고 어른스럽다고는 하나 벌써 이런 정치적인 편견과 흑백논리를 펼치니 씁쓸한 기분까지 들었다. 평소 가정에서 주고받는 부모들의 대화나 편향된 언론 매체들의 부정적인 영향을 받았을 거라고 짐작만 할 뿐이다.

이렇게 현장에서 보고 듣다 보니 아이들의 중국어나 한자 교육이 걱정된다. 한국은 현재 세계에서 가장 역동적이며 주목받고 있는 동북아의 중심에 있다. 한국의 이웃인 중국과 일본은 좀 다르긴 하지만 어쨌든 모두 한자를 사용하고 있다. 그러나 한국은 한자 교육을 소홀히 함으로써 주변 강대국들과의 교류 및 협력 기회를 스스로 끊어내는 결과를 초래하고 있는 건 아닌지 생각할 시기가 된 것 같다. 더불어 한국어의 70% 이상이 한자어라는 말을 많이 들어봤을 것이다. 한자어를 모르면 한국어 어휘력이 부족해지는 것은 두말할 것도 없다. 심지어 교과서나 역사책을 읽을 때 내용을 이해하기조차 쉽지 않다. 아무리 한국어로 바꿔 풀어쓴다고 해도 한자어가 아예 안 들어갈 수가 없기 때문이다.

천자문 영재, 한자 박사, 높은 한자 급수를 가진 사람이라서 중국어를 잘하는 것이 결코 아니다. 다만 옛날 한자를 많이 알면 중국어를 공부하는 과정이 조금은 쉬워질 수 있다. 그렇다고 하더라도 중국어에 처음 도전하는 학습자들은 한자가 있으니 절반은 먹고 들어간다고 방심해서는 안 된다. 처음부터 영어나 스페인어나 러시아어와 같은 완전히 다른 체계의 언어를 배운 다는 마음으로 접근하는 것이 바람직하다. 옛날 한자와 중국어 공부는 별개라는 것을 일찌감치 인정하는 것이 중국어 공부에 도움이 된다.

요즘은 풍요 속의 빈곤이라는 말이 자꾸 떠오른다. 물질적으로는 매우 풍요롭지만, 정신과 마음은 한없이 빈곤해지고 있는 현실이어서 더욱 그런 듯하다. 삶이 날이 갈수록 각박해지는 오늘날 독서, 여행, 휴식, 철학 공부 등 다양한 해결책들이 등장하고 있다. 나는 조심스럽게 한자 공부를 꺼내본다. 한자는 비록 작은 한 글자에 지나지 않지만, 뜻과 음을 갖고 있고 나름의 이야기를 갖고 있다. 한자 하나하나가 모여 한문으로 이어진다. 『중용』, 『논어』, 『시경』, 『맹자』 등 기록에 녹아 있는 주옥같은 명언들을 통해 선현들의 지혜를 배워보는 건 어떨까?

03

어학연수나 유명 학원에 가도
중국어가 안 되는 이유는?

어학연수나 유명 학원에 가도 중국어가 안 되는 이유는 학습자들의 착각에서 비롯된다. 이 착각은 바로 중국에 머무른다고 해서 중국어를 자연스럽게 습득할 수 있을 거라는 근거 없는 자신감을 말한다. 환상을 깨서 미안하지만, 중국에 가서 산다고, 유명 중국어 학원에 다닌다고 무작정 중국어가 되는 것은 아니다. 중국의 현지 주민, 문화유산과 다양한 음식들은 직접 외국인에게 다가와 친절하게 뭔가를 알려주지 않는다. 중국 유학길에 오른 사람들도 그저 국내에 있는 사람들보다 조금 더 많은 것을 보고 들으며 분위기를 느낄 수 있을 뿐이다.

성격이 외향적이며 얼굴에 철판 깔고 중국인들과 어울리는 사람들은 중국 현지인들로부터 몇 가지 원어민다운 표현을 익힐 수는 있다. 더 나아가 중국어로 말할 때 틀리는 것을 두려워하지 않고 얼굴에 철판 깔고 덤비는 스타일이라면 굳이 중국에 가지 않고도 중국어를 충분히 잘할 수 있다. 내성적이고 소심하고 말수가 적은 사람이 중국에 간다고 갑자기 중국어가 터지는 일은 절대 없을 것이다. 그리고 어학연수나 짧은 유학을 통해 얻을 수 있는 지식은 같은 기간 동안 국내에서 매일 열심히 공부해서 얻을 수 있는 양과 비교해봤을 때 그다지 많지도 않다.

이번에는 나의 어학연수 경험을 이야기해보려고 한다. 학부 시절 러시아어를 배웠던 어학도로서 러시아로 유학 가고 싶은 마음이 굴뚝같았다. 2년 정도 기초를 닦았던 터라 왠지 러시아에 가면 입과 귀가 다 뚫릴 것 같은 그런 착각에 사로잡혀 있었다. 부모님의 걱정을 뒤로한 채 나는 모스크바로 1년 어학연수를 떠났다. 러시아에서 매일 러시아어에 노출되면 러시아어가 그냥 술술 될 줄 알았다. 그러나 환상은 며칠 안 돼서 깨지고 말았다. 러시아인들과 같이 수업을 들을 줄 알았는데 유학생들은 따로 묶어서 별도로 '특별 관리'에 들어갔다. 중국, 일본, 한국 등 다양한 나라에서 온 유학생들끼리 한 반에서 공부를 하다 보니 러시아어보다는 오히려 영어를 쓰거나 한자를 쓰는 경우가 더 많았다. 수업 내용도 외국인 유학생을 배려한다는 차원에서 러시아 원어민 교사가 발화 속도를 최대한 늦춰서 강의했다. 수업 시간이 끝나면 러시아인 친구를 사귈 기회조차 별로 없었다. 교실-기숙사-도서관 이 세 곳을 왔다 갔다 하는 것이 일과였다.

이렇게 한 달 지나고 나니 "내가 왜 여기서 이렇게 공부를 하고 있지? 이럴 거면 차라리 국내 도서관에서 하루 10시간씩 공부하는 게 이것보다는 훨씬 낫겠다."라는 생각이 들었다. 그제야 정신을 차리고 수업이 끝나면 무작정 지도를 들고 모스크바 시내로 향했다. 2000년대 초중반이라 스마트폰이 없던 시절이었다. 박물관, 도서관, 미술관, 백화점, 관광명소, 극장 등 시간만 나면 계획을 짜서 여행을 다니기 시작했다. 낮에는 길거리 간판과 신문을 보고 궁금한 것은 공책에 메모하고 저녁에는 사전을 찾았다. 그리고 잠자기 전에는 일과를 짧은 일기로 남겼다. 일기라고 해서 길지도 않았다. 길게 쓸 능력도 안 됐다. "오늘은 어디서 무엇을 했고 기분은 이러했다. 길에서 어떠어떠한 상황을 목격했다." 그냥 이 정도의 글을 러시아어로 쓰려고 무진장 애를 썼다. 그리고 젊음의 패기로 겁도 없이 기차를 타고 모스크바 교외 여행을 다니면서 최대한 러시아의 분위기를 느껴보려고 노력했다.

1년이라는 시간은 생각보다 빨리 지나갔다. 귀국했을 때 러시아어 회화 실력은 부쩍 늘어 있었고 말하는 톤과 억양은 훨씬 자연스러워졌다. 대신 어려운 학술용어나 전문용어는 국내파 동기생들에 비해 많이 뒤처져 있었다. 지금은 러시아어 통·번역이 나의 목표가 아니므로 매일 부담감 없이 러시아어 문장 한두 마디 독해할 수 있다는 것만으로도 만족해하고 있다.

나는 어학연수를 통해 한 가지 확실한 것을 깨달았다. 그것은 바로 어학연수를 가는 것만으로는 언어가 기대했던 만큼 늘지 않는다는 불편한 진실이다. 값비싼 수업료를 지급했지만 러시아 단기 연수의 생활은 나에게 결코 잊을 수 없는 경험과 교훈을 안겨주었다. 그래서 절대 후회는 없다.

나의 경험담은 여기서 멈추고 여러분들에게 두 가지 통계를 보여주고자 한다.

1) 연방 이민세관단속국(ICE) 산하 '유학생 및 교환 방문자 관리 시스템(SEVIS)'의 통계에 따르면 2017년 미국 대학에서 공부 중인 한국인 유학생 수는 9만 5,701명으로 집계됐다.
2) 2017년 기준 중국 교육부의 통계에 따르면 중국 내에서 공부 중인 한국인 유학생은 7만 명이 넘어섰다고 한다.

이 두 통계를 보면 한국은 그야말로 거대한 유학생 수출국임에 틀림없다. 영어권 국가로의 유학 열기는 여전히 식을 줄 모르는데 이제는 중국 유학 열풍까지 가해져 학부모들의 등골 휘는 소리가 여기까지 들려온다.

중국 유학을 논하기 전에 '선배'급인 영어 유학의 교훈을 참고해보도록 하자. 왜 영어권 국가로 유학을 떠날까? 한국 국내에서는 제대로 된 영어를 공부할 수 없다고 생각해서일까? 영어 사교육에 들어가는 비용이 1년에 거의 18조 원(2017년 기준)에 가깝다는 국회의원 통계가 나와 있는데도? 투자한 돈과 시간 대비 한국은 영어를 꽤 못하는 국가에 속한다. 왜냐하면, 학교와 학원만 벗어나면 영어에 노출될 시간이 거의 없기 때문이다. 하지만 분명한 것은 영어권 국가에서 오랜 시간 살았음에도 영어가 안 되는 사람들이 너무나 많다는 점이다.

어느 나라든 상관없다. 중국 유학도 마찬가지다. 10년, 20년 살았어도 중국어를 제대로 배울 수 없는 것은 환경만 믿고 중국어와 담을 쌓았기 때문이다. 실제로 중국에서 유학 중인 많은 한국인 유학생들은 이렇게 생활한다. '한국인 친구들끼리 수다

떨고 쇼핑한다. 중국 음식은 입에 맞지 않는다고 하며 한국 음식점을 찾고 노래방에서 한국어 노래를 부른다. 많은 시간을 한인 타운에서 보낸다.' 이러다 보니 장소만 중국일 뿐 생활 방식은 한국에서와 별반 차이가 없다. 시험 기간이 되거나 리포트를 제출할 때가 되면 어떤 학생들은 개인 과외를 구하는 경우도 다반사다. 결국, 중국에서 중국인 친구가 아닌 한국인 친구들을 더 많이 사귀게 된다. 내가 아무리 뭐라고 해도 당사자들은 중국 현지에서 유학하니 분명 중국어가 조금이라도 늘 거라고 자기 합리화를 한다.

한국 학생들의 수많은 영어권 유학 실패 사례와 내가 겪은 경험으로 봤을 때 중국어만 잘하는 것이 당신의 최종 목표라면 한국에서도 충분히 중국어를 유창하게 할 수 있다. 그것도 굳이 중국 유학 가지 않고도 말이다. 중국어만 배우려고 중국에 가는 사람은 바보 소리를 듣는다. 어학연수나 유학 자체는 중국어 문제를 해결해주지 않는다.

학습자들은 중국 어학연수 다녀와서도 어김없이 학원을 찾아간다. 생각해볼 때 전체 인구수와 비교하면 한국만큼 수많은 중국어 학습법과 학원이 넘쳐나는 곳은 없을 것이다. 한국인들에게 학원은 마치 비타민처럼 안 먹으면 불안해서 그저 꾸준히 복용해야만 할 것 같은 영양제 같다. 이 정도면 영양제가 아니라 마약이라 할 수 있겠다. 10년 넘게 가르치면서 중국어 학원을 몇 년 동안 꾸준히 다녔다는 학생을 본 적이 없다. 설령 꾸준히 학원에 다녔다 해도 중국어가 유창해졌다는 학습자를 나는 아직 만난 적이 없다. <u>설마 방대한 중국어를 학원에서 전부 가르쳐줄 거라고 착각하고 있다면 하루빨리 정신 차려야 한다. 학원은 절대로 그런 곳이 될 수 없다.</u> 결국, 어학연수나 학원에 가도 중국어가 안 되는 이유는 공부 방법을 모르기 때문이다. 대학에서든 학원에서든 학습자들은 열심히 선생님이 강의하는 내용을 받아 적는다. 그러나 안타깝게도 이렇게 열심히 필기한 내용을 도대체 어떻게 공부해서 자기의 지식으로 만들지는 아무도 알려주지 않는다.

중국어 교육 현장에는 불타는 열정으로 새로운 교수 방법을 모색하고 농담을 섞어가며 수업을 재미있게 잘 설명하고 가르치는 강사들이 많다. 주어진 시간 동안 열심히 강의하고 나면 강사의 역할은 끝이다. 수업 시간에 열심히 설명 들었던 내용을 곱씹으면서 소화하는 일은 오롯이 학습자들의 몫으로 남는다. 오늘날 교수나 강사에게서 배울 수 있는 것은 아주 제한적이다. 더 솔직히 말하면 학습자들이 돈을 내고 일방적으로 교육을 당하고 있다. 아무리 유명 강사라고 해도 학습자가 배워야 할 내용을 설명해주고 안내해줄 뿐이다. 다양한 시험과 자격증은 학습자들이 착실하게 공부를 했는지를 확인하는 장치에 지나지 않는다. 학습자들은 책을 펼치고 이를 악물고 암기하려고 노력한다. 머리카락을 쥐어뜯는 사람도 있고 머리를 싸매고 공부하는 사람도 있으며 다양한 몸짓을 취하면서 공부하는 사람도 있다. 학습자들은 '망각'과 '반복 학습' 사이에서 외롭게 줄타기를 한다.

홍수처럼 넘쳐나는 정보와 지식 무한대 시대에서는 죽는 날까지 공부하지 않으면 도태된다. 그런데 언제까지 이렇게 힘들게 공부할 것인가? 공부하는 데에도 방법이 필요하다. 공부는 힘들고 어렵다는 기존의 생각을 바꾸고 제대로 된 공부법을 배우면 공부 과정이 즐거워질 수 있다. 이 책이 중국어를 가르치는 교재나 자습서가 아니라 중국어를 조금이라도 더 효율적으로 배울 수 있게 하는 안내서가 되기를 바란다.

04

프리토킹을 못해도
원어민 수업을 들어야 하는 이유가 있다

중국어를 공부하는 학습자들에게 있어서 중국인과 막힘없이 프리토킹(회화)을 하는 것은 희망 사항일 것이다. 그 수요를 최대한 만족시켜 주려는 듯 거의 모든 중국어 학원은 프리토킹 클래스를 개설하고 있다. 그리고 중국어 교재 시리즈의 마지막 단계도 늘 '프리토킹'이라는 이름과 주제를 달고 출판된다. 하지만 중국어를 포함한 모든 외국어의 최고봉은 글쓰기라는 사실을 알고 계시는가? 외국어로 글을 잘 쓸 수 있는 수준이라면 모든 영역을 잘할 수 있다. 프리토킹은 더 말할 나위도 없다.

다시 프리토킹으로 돌아와서 이야기를 해보자. 개인적으로 학습자의 중국어 실력이 프리토킹 수준이 아니어도 원어민 수업을 들을 필요가 있다고 주장한다. 그 이유로는 크게 세 가지를 꼽을 수 있다. 첫째, 정확한 발음을 배울 수 있고 수시로 발음 교정을 받을 수 있다. 둘째, 중국 문화와 역사 이야기를 들을 수 있고 사전에 없는 유행어를 배울 수 있다. 셋째, 급변하는 중국의 흐름과 최신 정보를 얻을 수 있으며 원어민에 대한 두려움을 극복할 수 있다.

이쯤 되면 "아니, 저 정도 내용은 원어민 선생님이 아니더라도 한국인 교사한테서도 충분히 배울 수 있는 거 아닌가?"라는 생각이 든다. 맞는 말이다. 한국인 선생님으로부터 배울 수도 있다. 나는 무지막지한 원어민 수업 예찬론자가 아니다. 원어민 선생님의 수업 퀄리티가 별로라면 굳이 수업을 들을 이유가 없다. 그래서 원어민 수업을 듣기 위해서는 두 가지 전제조건이 반드시 갖춰져야 한다고 생각한다. 첫 번째 조건은 원어민 선생님에게, 두 번째 조건은 학습자 본인에게 해당한다.

첫 번째 조건은 원어민 선생님이 훌륭한 강의를 하기 위해서 반드시 갖춰야 할 자격이다. 관점을 바꾸어 말하면 이 조건은 학습자들이 원어민 선생님을 선택할 때 판단할 수 있는 기준이 된다. 그것은 바로 중국인 선생님의 한국어 실력이 한국인 수준이 되어야 한다는 것이다. 적어도 한국어를 열심히 공부한 경험이 있어서 한국인들이 중국어를 배울 때 어려운 점이 무엇인지, 또 어떻게 극복해나가야 할지 등을 학습자들에게 알려줄 수 있어야 한다.

JTBC의 '비정상회담' 프로그램은 비록 종영되었지만, 한때 큰 화제를 불러일으켰다. 외국인 청년들이 한국인 못지않게 유창한 한국어를 구사할 때 여러분들은 어떤 생각이 들었는가? 그것도 간단한 짧은 회화가 아니라 다양하고 핫한 이슈를 놓고 토론을 펼치는 장면은 그야말로 할 말을 잃게 했다. 적어도 나는 그랬다. "한국어는 쉬우니까 외국인들이 쉽게 배우는 거지."라고 생각한다면 큰 오산이다. 서양인들에게 한국어, 중국어와 일본어는 배우기 몹시 어려운 언어에 속한다. 그러니 외국인이 유창하게 한국어를 구사할 수 있다는 것은 눈에 보이지 않는 엄청난 노력이 있다는 사실을 잊어서는 안 된다.

'비정상회담'에서 단연 눈에 띄었던 것은 타일러 라쉬였다. 그는 현재 자신의 이름을 걸고 '타일러의 진짜 미국식 영어'라는 강의를 하고 있다. 내가 말하는 첫 번째 조건에 따라 이 정도 실력의 한국어를 갖춘 중국인이라면 원어민 클래스를 이끌어가기에 충분하다. 다시 말해 중국인 선생님의 한국어 실력이 이 정도라면 학습자는 마음 놓고 원어민 클래스를 들어도 좋다.

여기서 잠깐 한국에서 중국어를 공부하는 학습자들에게 자극이 될 만한 프로그램을 소개한다. 바로 '중국판 비정상회담'이다. 이미 알고 있는 학습자들도 많을 것이다. 중국이 또 한국의 예능 프로그램을 표절했다고 욕하라는 것이 아니다. 우리의 관심사는 '중국판 비정상회담'에 출연하는 외국인 친구들의 중국어 실력이어야 한다. '히든싱어'나 '복면가왕'처럼 그들의 중국어로는 중국인인지 외국인인지 전혀 구별이 되지 않을 정도로 수준급의 중국어를 구사한다. 한국어보다도 더 어렵다는 중국어를 어떻게 저렇게 자유자재로 말할 수 있는지 그저 신기할 따름이다.

실제로 중국 대학교 캠퍼스에서 흔히 볼 수 있는 장면들이다. 영어권 유학생들은 보통 주변에 중국인 친구들이 많다. 중국에 왔으니 중국 음식을 맛보고 중국인 친구를 사귀고 중국 문화를 최대한 만끽하려고 노력한다. 전에 말했던 한국인 유학생들의 생활 방식과는 사뭇 다른 모습을 보여준다. 그렇다 보니 영어권 유학생들이 중국어를 빨리 배울 수밖에 없다. 중국인들의 정확한 발음을 가까이에서 배울 수 있을 뿐만 아니라 틀린 부분은 바로 교정을 받을 수 있기 때문이다. 덤으로 매년 새롭게 등장하는 최신 유행어와 사전에서는 절대 찾아볼 수 없는 표현도 얻을 수 있다. 그래서 그런지 요즘은 나한테 대놓고 이렇게 물어보는 학습자들도 있다. "선생님, 한국인 유학생이 적거나 아예 없는 곳으로 유학 가려고 하는데 추천 좀 해주세요." 어디 가든 한국 사람이 없는 곳은 없다. 중국에 한국인이 많아서 중국어를 못 하는 게 아니다. 어디까지나 학습자 자신의 마음가짐이 문제이다.

두 번째 조건은 바로 학습자 자신이 갖춰야 할 자격이다. 한국어를 전혀 사용하지 않고 수업 내내 중국어로 수업하는 원어민 수업을 듣고자 한다면 학습자는 중고급 이상의 실력을 갖춰야 한다. 중국어 자막 없이 드라마나 영화를 80% 이상 이해하고 중국어 기사문을 사전의 도움 없이 읽을 정도가 되어야 한다. 그래야만 비로소 원어민 수업이 값어치를 한다.

여기서 잠깐 수업료 얘기를 안 할 수가 없다. 학습자들을 '돈'으로만 보는 학원들도 많기 때문이다. 원어민 프리토킹 학원 수업료는 만만치 않다. 주 5회 50분~1시간 수업료가 평균 15~20만 원대를 웃돈다. 학습자가 수업을 듣기 위해 왕복 1~2시간을 할애한다고 치자. 교통비와 간식비용까지 생각한다면 매달 프리토킹 수업을 위한 지출은 30~40만 원대라고 봐도 무방하다. 그래서 원어민 수업을 듣되 신중해야 한다. 자신에게 도움이 될 수 있는 원어민 선생님을 구해야 한다.

이쯤 되면 "그럼 실력이 안 되면 원어민 수업을 듣지도 말라는 건가?"라고 반문할 수도 있다. 대답은 "당연히 원어민 수업을 들을 수 있다."이다. 중국어 공부도 옛날보다 선택의 폭이 넓어졌다. 학원 인프라가 잘 갖춰져 있고 강사진 또한 훌륭하다. 예전에는 중국어 입문, 기초, 초급 클래스에는 보통 한국인 선생들이 많이 포진되어 있고 중·고급 이상의 클래스에만 중국인 원어민들이 있었다. 그런데 요즘은 중국어 발음과 성조부터 아예 원어민 수업을 수강할 수 있게 커리큘럼을 만들었다. 앞서 말했듯이 한국어 실력이 뛰어난 원어민 강사를 채용하기 때문에 수업 진행도 원활하다. 또는 한국인과 중국인 선생님 합동 강의 방식을 취하기도 한다. 30분은 한국인 선생님이 한국어로 설명하고, 30분은 중국인 선생님이 중국어로 설명하는 형식이다.

중국인 원어민 수업의 가장 큰 장점은 뭐니 뭐니 해도 역시 발음이다. 중국어 발음이 좋은 한국인 선생님들도 부지기수다. 그래도 기회가 된다면 원어민 발음을 들으면서 그 소리에 익숙해질 필요가 있다. 학습자들이 공부할 때 사용되는 음성 파일은 성우가 조용한 녹음실에서 천천히 또박또박 읽은 대본 녹음 파일이다. 내가 중국어 입문 음성 파일 녹음을 해본 경험에 의하면 그렇다. 그 과정은 다음과 같다. 미리 대본을 받아 연습한다. 녹음실에서 몇 시간 동안 녹음한다. 상대방이 없으면 내가 맡은 부분만 읽으면 끝이다. 틀리면 다시 녹음한다. 녹음 도중에 생긴 잡음은 음향 기술자가 제거한다. 나는 녹음하는 내내 대화는 대화인데 영혼이 없고 감정 이입이 잘 안 되는 느낌을 받았다.

음성 파일에만 익숙해지면 조용한 상황에서 진행되는 대화는 잘 들린다. 듣기 시험도 성적이 잘 나올 수 있다. 그런데 막상 중국인을 만나거나 중국에 가면 원어민들의 대화가 귀에 전혀 들어오지 않는다. 그것은 주변 환경이 시끌벅적하고 방언도 섞이며 현지 특유의 언어 습관과 최신 유행어도 섞어서 쓰기 때문이다. 한국인들이 줄임말을 쓰듯이 중국인들도 긴 단어는 줄여서 쓴다. 여기서 잠깐 2018년 중국 신조어(인터넷용어) 몇 개를 예로 들어보겠다.

积极废人(jījífèirén): 적극적인 폐인, 즉 말만 하고 결과적으로는 아무런 행동을 하지 않는 사람을 일컫는 말

隐形贫困人口(yǐnxíngpínkùnrénkǒu): 투명빈곤인구, 겉보기에는 부유하고 잘사는 것처럼 보이지만 사실 알고 보면 돈이 없는 가난한 사람을 비꼬는 말

阶梯式起床(jiētīshìqǐchuáng) : 아침에 일어나기 힘들어 시, 분, 초 단위로 알람을 여러 번 맞춰두는 사람

亲情价(qīnqíngjià): 이윤을 남기지 않고 부모나 친척에게 원가로 물건을 판다는 의미로 쓰여 최저가를 뜻함

이런 최신 용어들은 시험에 잘 나오지도 않고 한번 만들어진 교재에 그때그때 업데이트 되지도 않는다. 평소에 듣지도 보지도 못한 단어들이니 중국인들의 발음이 안 들릴 수밖에 없다. 이런 비참한 결과를 미리 방지하는 방법이 바로 원어민 수업을

듣는 것이다. 음성 파일과는 분명하게 다른 소리로 발음하는 중국인들의 모습을 보고 따끈한 새로운 정보들을 접하게 될 것이다. 그리고 한국어 실력이 수준급인 원어민 선생님이 있으면 한국어로 궁금한 단어나 문장을 물어봤을 때 중국어로 바로 정확한 표현을 찾아준다는 장점도 있다.

여러 번 말했지만, 중국어만 배우는 것은 어리석은 행동이다. 원어민 수업을 듣게 된다면 발음과 성조만 신경 쓰지 말고 중국인들의 삶과 중국의 이모저모에 대해서도 물어봐라. 책을 통해서 중국을 이해할 수도 있지만, 삶의 현장을 생생하게 들려줄 수 있는 원어민 선생님이 있는데 왜 굳이 마다하는가? 여기서 바로 한국인 학습자들의 문제점이 드러난다. 다른 학습자들의 눈치를 보고, 괜히 질문했다가 낭패를 보느니 차라리 침묵으로 일관하겠다는 태도 말이다. 외국어는 점잖은 선비 정신으로 절대 배울 수 없다.

그리고 또 한 가지 문제점은 학습자들이 중국에 대해서 잘 안다고 느끼는지 중국에 대한 관심이 없다는 점이다. 그래서 수업 시간에 중국어 문법에 대해서는 많이 물어보지만, 중국 역사나 문화에 대해서 별로 물어보지도 않는다. 중국은 이제는 잠자는 사자가 아니다. 잠자던 사자는 뛰는 사자로 돌변했다. 중국은 급변하고 있다. 그러나 아직도 중국은 한국보다 뒤떨어진다고 생각한다. 1인당 GDP는 한국과 비교하면 뒤떨어지는 중국이지만 국가 경쟁력과 위상은 한국보다 높다. 진정한 중국통이 되려면 중국어는 기본이요, 중국인들의 생각을 읽을 줄 알아야 한다.

경복궁과 명동에서 관광 중인 중국인을 붙잡고 중국 상황을 설명해달라고 할 수는 없는 노릇이다. 중국인과 가까워지고 원어민에 대한 두려움을 없애는 첫걸음으로 원어민 수업을 추천한다. 선생님과 제자로서의 만남은 그 무엇보다도 신뢰도가 높기 때문이다.

마지막으로 "원어민 회화 수업은 그럼 꼭 학원에 가서 들어야 하는가?"에 대한 이야기를 하려고 한다. 학원 커리큘럼이 좋고 강사진들의 실력이 뛰어나다면 학원에서 원어민 수업을 수강해도 나쁘지 않다. 선택은 본인의 몫이다. 아래 내가 하는 말을 듣고 잘 생각해보길 바란다. 앞으로 원어민 수업은 물론 한국인 선생님 수업을 수강할 때 선택의 기준으로 삼아도 좋다.

학원의 경우 보통 한 클래스에 적어도 3명 또는 5명 이상이 등록해야 회화 수업이 개설된다. 강사들의 인건비와 기타 고정 비용을 충당하려면 어느 정도 수지타산이 맞아야 학원이 정상 운영이 되기 때문이다. 강사들은 수업이 시작되면 간단한 인사와 함께 어제는 뭐 했냐고 묻고 주말은 또 어떻게 보냈냐고 묻는다. 수강생이 5명이라고 했을 때 인사로만 10분이 지나갈 수 있다. 그리고 이어서 서로 역할 놀이를 한답시고 파트너끼리 연습하고 주제 발표하고 하다 보면 1시간 수업은 눈 깜짝할 사이에 끝나버린다. 이런 식으로 수업이 진행된다면 가차 없이 떠나도 좋다. 또는 책에 나와 있는 내용만 설명하고 기타 부연설명도 없이 수업을 진행하는 강사들도 있다. 수업이 끝나면 1분도 지체하지 않고 강의실을 빠져나간다. 궁금한 점이 있어도 수강생이 많으면 개별적으로 질문하기가 어렵다. 이런 무책임한 수업도 있으니 수강할지 말지는 학습자 본인의 몫이다.

요즘 학원은 유명 강사 몇 명은 기본으로 보유하고 있다. 유명 강사들은 학습자들을 불러 모으는 광고 역할을 톡톡히 한다. 유명 강사가 되기까지는 열심히 할 수 있다. 그러나 인기 대열에 합류하면 타성에 젖어 그 자리에 멈춰 서는 경우가 많다. 후배 양성 차원이라는 핑계로 후배를 불러 강의를 맡게 하는 경우도 봤다. 심지어 수강생들의 실력보다 못한 강사들을 싼값에 채용하기도 한다. 실력을 믿는 건지 아니면 간이 부은 건지 수업 준비를 안 하거나 즉흥적으로 자료만 뽑아서 나눠주는 강사들도 많다.

꼭 학원에 가야만 원어민 수업을 들을 수 있는 것은 아니다. 언제 어디서나 쉽게 할 수 있는 전화 중국어와 화상 중국어도 있다. 가격도 저렴하다. 반면에 돈은 비싸지만, 효과가 좋은 1대 1 개인과외도 있다.

나는 개인적으로 1대 1 개인과외와 출강을 더 선호한다. 경험으로 봤을 때 강사의 실력보다 더 중요한 것은 학습자의 목표, 태도와 마음이다. 학습자의 성향, 목표와 실력에 따라 맞춤 중국어 수업을 제공하면 실력은 일취월장할 수밖에 없다. 그리고 수강료만 낸다고 해서 아무나 가르치지도 않는다. 나와 나의 강의 스타일과 맞지 않으면 떠나라고 말한다. 나를 믿고 따라올 의지가 없는 학습자에게는 과감히 다른 선생님을 찾으라고 말한다. 선생님만 일방적으로 학습자들에 의해 선택당하는 것은 형평성에 어긋난다고 생각한다. 목청 터져라 아무리 열심히 강의해도 학습자의 태도가 불량하고 수업에 집중하지 않는다면 효과는 기대할 수 없다. 한두 시간의 강의를 위해 다양한 자료를 찾아보고 그날의 수업을 어떻게 이끌어갈지 머릿속에 그림도 그려본다. 나의 가치와 노동의 대가를 인정해주는 학습자에게는 최대한 많은 것을 전달하고 싶다. 그리고 제대로 중국어를 공부하고자 하는 진정한 학습자라면 나는 두 팔 벌려 환영한다.

정리해본다면 프리토킹을 못해도 원어민 수업은 들을 이유는 충분히 있다. 어떤 형태의, 또 어떤 퀄리티의 수업을 들을지는 본인이 선택해야 한다. 세상은 넓고 중국어 학원은 많으며 수업 프로그램도 다양하다. 가격과 시간, 퀄리티와 효과를 잘 비교해보고 자신한테 맞는 최고의 선택을 하길 바란다.

05

피가 되고 살이 되는
중국어 공부의 십계명

앞에서도 여러 번 말했지만, 외국어 공부에 왕도나 완벽함 그 자체는 있을 수 없다. 중국어 십계명이라고 이름을 붙이긴 했으나 중국어 공부를 위한 조언 또는 길잡이라고 받아들여도 좋다. 나 또한 이 십계명을 80~90%는 지키려고 노력한다고 답한다. 아무리 계획을 잘 세워도 예기치 못한 상황은 언제든 발생할 수 있기 때문이다.

나는 외국어 공부를 끝없는 마라톤에 비유한다. 외국어 공부를 오래 하면 할수록 숙성된 와인처럼 또는 곰삭은 된장처럼 우리는 성숙해질 것이며 삶의 깊이 또한 더해갈 것이다.

준비됐다면 이 십계명대로 중국어 공부를 실천에 옮겨보도록 하자.

1. 아침 시간을 최대한 많이 확보하라.

'하루의 계획은 아침에 달려 있다.'는 중국어 속담이 있다. 또

아침형 인간 타령이냐고 할지도 모르겠지만 내 경험으로 봤을 때 아침에 외국어를 공부하는 편이 훨씬 효율적이다. 나는 지금도 아침 5시에 일어난다. 10년 넘게 지켜오다 보니 이젠 습관이 되어버렸다. 나라고 왜 더 자고 싶지 않겠는가? 하지만 금쪽같은 아침 시간을 좀 더 활용하기 위해 나와의 싸움을 하는 것이다. 카네기는 "아침잠은 인생에서 가장 큰 지출이다."라고 말했다. 그래서 나는 이른 아침 기업 출강을 선호하는 편이다. 아침 수업이 없는 날은 나만을 위한 황금시간대를 확보했다는 사실에 그렇게 기쁠 수가 없다. 뭘 어떻게 공부할지는 나중에 고민하고 일단 아침 시간부터 확보하는 것이 우선이다.

2. 이동 시에는 음성 파일로 공부하라.

나는 버스나 지하철을 이용할 때 주로 음성 파일을 많이 듣는다. 이동 시 흔들거림이 많아서 책을 보거나 프린트물을 보면 눈이 쉽게 피로해지기 때문이다. 중국어의 경우 '신화라디오(新华广播)'를 많이 듣는 편이다. 때로는 중국어의 좋은 글귀와 문장들을 내 목소리로 녹음을 해뒀다가 듣기도 한다. 처음에는 어색했지만 이젠 제법 익숙하다. 만약 자가운전으로 출퇴근하는 학습자라면 tbs 중국어 방송 또는 KBS 월드 중국어 방송을 청취할 수 있다. 그러나 이런 방법은 중·고급자에게는 유용할지 모르지만, 초급자에게는 추천하지 않는다. 음성 파일을 듣더라도 본인이 이미 내용을 완벽하게 알고 있는 내용을 들어야 도움이 된다. 귀는 쉽게 뚫리는 게 아니다. 아는 것만 먼저 들릴 뿐이다.

3. 정답만 외워라.

생판 모르던 중국어를 한두 달 공부했더니 발음이 되고 어느 정도 단어도 알게 되었다고 치자. 자기 나름대로 자신을 대견하고 뿌듯하다고 느낄 것이다. 그러면서 자신감도 붙고 여러 가지 표현을 해보고 싶은 욕심이 생긴다. 여기까지는 참 좋은데 욕심이 과하면 탈이 나기 십상이다. 문법에 전혀 맞지 않는 문장을 만들어서 외운다는 게 가장 큰 함정이다. 그리고 선생님을 만나면 그것을 써먹어 보려고 수업 전부터 벼르고 있다. 그러나 결과는 뻔하다. 책임감 있는 선생님이라면 학습자가 만든 문장을 친절하게 고쳐준다. 왜 틀렸는지 이유까지 덧붙여준다. 그런데 명심하라. 모든 선생님이 천사는 아니다. 꽤 많은 선생님이 그냥 "좋아요", "열심히 하시네요" 등 인사치레로 귀찮은 상황을 모면한다. 그러면 그 학습자는 스스로 준비해간 문장이 맞았다고 여겨 그것을 머릿속에 그대로 저장한다. 절대 실수나 착오가 머릿속에 기억되어서는 안 된다. 어느 정도 실력이 쌓이기 전까지는 꼭 선생님의 첨삭을 받아 정답만 외우도록 해야 한다.

4. 회사나 카페를 충분히 활용하라.

취업에 성공하는 것이 소가 바늘구멍에 들어가기보다 어렵다고 하는 요즘이다. 치열한 경쟁 속에서 살아남아 어엿한 직장인이 되었다면 회사의 인프라를 최대한 활용해보자. 회사는 그야말로 공부에 필요한 도구가 모두 갖춰져 있는 최적의 공간이다. 누군가는 이미 당신보다 1~2시간 일찍 출근해서 공부로 자기계발을 하고 있을 것이다. 회사는 직장인들을 위해 여름에는 에어컨을 시원하게 틀어주고, 겨울이면 히터도 따뜻하게 틀어준다. 이런 환상적인 장소를 놓치지 말자. 회사뿐만 아니라 카페도 공부할 수 있는 공간으로 활용할 수 있다. '카페 진상족'이라고 손가락질은 당하지 말자. 정당한 대가를 지급하고 공부를 한다면 두려울 게 없다.

5. 중국어 발음은 절대 독학하지 마라.

나는 모든 지식은 독학할 수 있다고 생각한다. 하지만 독학은 강한 의지, 악바리 근성과 독함이 전제되어야 가능하다. 만약 단지 돈을 아끼려고 독학한다면 아예 시작하지 않는 편이 낫다. 인간은 이기적인 면이 있어서 돈을 내야 정신을 차리고 열심히 공부한다. 본전은 찾아야 한다는 심리가 있기 때문이다. 독학은 수많은 시행착오와 시간 소모를 동반한다. 그러나 거두절미하고 중국어를 공부할 때 발음은 절대 독학해서는 안 된다. 발음과 성조에 따라 뜻이 변하기 때문에 처음부터 확실하게 배워야 한다. 발음을 잘못 배우면 아예 안 배우기만 못하다. 잘못 배우면 평생 후회할 수도 있다. 명심하자, 발음 공부는 절대 독학하지 말고 교정 받을 수 있는 선생님을 정당한 대가를 지불하고 제대로 모시자.

6. 좋은 문장을 필사하라.

컴퓨터와 스마트폰을 필두로 하는 다양한 문명의 이기들이 우리 생활양식을 송두리째 바꿔놓고 있다. 종이와 연필 대신 핸드폰을, 손으로 쓰는 대신 복사와 붙이기를, 책과 신문 대신 온라인 게임을! 때로는 이 모든 것들이 우리를 디지털 시대의 노예로 만들고 있는 것 같아 불쾌하다. 그래서 나는 의식적으로 아날로그적인 손글씨를 더 선호한다. 그때그때 기분에 따라 만년필, 볼펜 또는 연필을 번갈아 사용하면서 공책에 필사하는 취미를 가지고 있다. 그냥 눈으로 한번 쓱 보고 지나가면 생각보다 놓치는 부분들이 많다. 필사하면 눈으로 손으로 머리로 동시에 공부할 수 있다. 한자 연습은 덤이다.

7. 한시(汉诗)를 외워라.

중국인들은 어릴 적부터 사자성어 못지않게 시 외우는 것을 중요하게 생각한다. 초등 단계부터 대학입시 단계까지 무조건 암기해야 하는 시들이 분류되어 있다. 심지어 삶을 살아감에 있어서 꼭 알아두어야 하는 시도 정리되어 책으로 팔리고 있다. 2016년 7월 '중국시사(诗词)대회'라는 프로그램이 중국 내에서 큰 인기몰이를 하면서 혜성처럼 등장했다. 중국 방방곡곡의 실력자들이 옛 시를 겨루는 방식인데 지금까지도 그 열기는 식을 줄 모른다. 한시는 함축적이고 세련되어서 그 뜻을 제대로 파악하기가 절대 쉽지 않다. 그럼에도 불구하고 한시를 외워 중국인들과 대화할 때 곁들이면 당신의 품격이 달라질 것이다.

8. '공부와 휴식을 한 세트'로 하는 서킷 트레이닝을 활용하라.

운동해본 사람이라면 서킷 트레이닝이라는 용어는 한 번쯤 다 들어봤을 것이다. 한 부위 또는 한 종목의 운동을 집중적으로 여러 번 반복하는 인터벌과는 달리 부위별 운동을 한 순환 코스에 포함해 진행하는 운동을 말한다. 중국어 공부에도 이 '서킷 트레이닝'을 접목하면 괜찮다. 가끔 보면 "공부는 엉덩이로 하는 거다."라고 하면서 쉬지도 않고 4~5시간 앉아서 공부하는 학생들이 있다. 이런 방법은 그다지 효과적이지 못하다. 그렇게 앉아서 공부하다가는 혈액 순환이 안 되서 다리가 붓는 등 부작용이 발생할 수 있다. 공부(30분)—휴식(10분)을 한 세트로 묶어 2~3세트 반복한다. 쉬지 않고 1~2시간 공부하는 것보다 30분씩 나눠서 2~3번에 하는 것이 더 효과적이다.

9. 포스트잇을 활용하라.

하루를 마무리하고 잠자리에 들기 전에 써먹을 수 있는 공부법이 있다. 먼저 그날 공부했던 중국어 내용 중에 가장 어려웠거나 재밌었거나 또는 인상 깊었거나 꼭 외우고 싶었던 단어와 문장을 3∼5개 정도 정리한다. 이때 공책이 아닌 포스트잇에 간단히 메모하여 눈에 잘 띄는 곳에 붙여둔다. 냉장고 문, 출입문, 침대 옆, 화장실 안쪽, 주방 테이블 등 다양한 곳에 붙여둘 수 있다. 핵심만 골라서 외우는 포스트잇 활용법은 은근히 효과가 좋다. 다 외울 때까지 포스트잇을 떼지 않겠다는 원칙을 세워라. 너무 오래 붙어 있으면 지겹게 느껴질 수도 있으므로 자기도 모르게 빨리 외우려는 충동이 생긴다. 별거 아닌 것처럼 보이지만 순간의 눈도장만으로도 각인효과가 나타날 수 있다. 눈에서 멀어지면 마음에서도 멀어지듯이 중국어도 자꾸 눈으로 보지 않으면 까먹게 된다.

10. 고독을 즐겨라.

매일과 같이 중국어와 씨름하다 보면 회의적인 생각이 들 수도 있다. 마르지 않는 샘물처럼 계속해서 나오는 한자와 새로운 용어들 때문에 지치고 힘들 수도 있다. 그러나 공부는 어디까지나 혼자 감내해야 하는 과정으로 고독할 수밖에 없다. 고독이 싫다고 텔레비전을 보고 게임에 빠지고 친구 만나 수다 떨다 보면 그 순간은 행복할 수 있을지 모르겠지만 남는 것은 아무것도 없다. 고독을 즐기는 사람이 성공한다는 말도 있지 않은가?

3장

중국어의 특징
제대로 알기

중국어의 표준어인
'보통화'를 배워야 한다

중국어에는 '보통화'라고 불리는 표준어가 있다. '보통화'라고 하면 처음 중국어를 접하는 학습자들에게는 다소 생소할 수 있다. 영어로는 '만다린(Mandarin)'이라고도 불린다. 한마디로 요약하면 '보통화'는 오늘날 중국의 공식 언어이다.

학습자 중에 가끔 보통화가 아닌 광둥어나 상하이 방언을 배우고자 문의하는 사람들이 있다. 이럴 때면 나는 나무만 보고 큰 숲을 보지 못한다고 따끔하게 충고한다. 비유하자면 외국인이 한국에 와서 제주도 방언을 먼저 배우고 나중에 표준 한국어를 배우겠다는 것과 같다. 주객이 전도되어도 한참 전도되었다. 다시 한번 강조하지만, 중국어를 배울 때 만능열쇠인 '보통화'를 먼저 배워야 한다. 그리고 나서 취미로 방언을 배우겠다고 한다면 말리지는 않겠다.

그럼 '보통화'는 어떻게 생겨났을까? 이 글을 통해 중국어의 표준인 '보통화'의 역사와 배경을 이해하는 데 도움이 되었으면 좋겠다. 알고 보면 '보통화'는 중국에서 처음부터 사용되었

던 표준어가 아니다. 오늘날에 이르기까지 많은 변화와 발전을
거듭했다.

중국은 땅이 넓고 인구가 많은 나라인 만큼 옛날부터 서로 사
용하는 말들이 다 달랐고 심지어 지역별로는 방언(方言)들까지
생겨났다. 현대 중국어에서는 지역 분포에 따라 방언을 크게 7
가지(어떤 학자들은 8가지라고도 주장함)로 나누고 있다. 그렇
다고 방언이 7가지만 있다는 것은 아니다. 세분화해서 연구한다
면 중국의 방언 숫자는 정확한 통계를 내기 어려운 수준이다.
여기서 말하는 7대 방언은 정리하면 다음과 같다.

7대 방언	
1	북방방언(北方方言)
2	객가방언(客家方言)
3	상방언(湘方言)
4	감방언(贛方言)
5	오방언(吳方言)
6	월방언(粤方言)
7	민방언(闽方言)

이렇듯 지역마다 제각각의 방언을 사용하다 보니 소통과 교
류에 큰 어려움이 있을 수밖에 없었다. 같은 한자를 사용해도
방언마다 발음과 억양이 천차만별이라 통역까지 필요한 때도
있었다고 한다.

'鸟语(niǎoyǔ)'라는 단어를 본 적이 있는가? 이 단어는 원래
'새소리'라는 뜻이다. 그러나 오늘날 중국인들은 누군가가 전혀

알아들을 수 없는 말로 이야기를 할 때 '새소리' 또는 '새의 지저귐'이라고 비하하는 표현으로 사용한다.

방언의 장벽을 허물기 위해 중국인들은 표준어로 사용할 만한 언어를 찾기 시작했다. 그러나 어떤 방언을 표준어로 삼을지는 시대별로 달랐다. 역사는 승자에 의해 기록된다고 했던가? 가만히 들여다보니 표준어의 역사 또한 권력자와 힘의 균형에 의해 좌우되었다.

춘추전국시대의 표준어는 '아언(雅言)'이었다. '아언'은 말 그대로 '고상하고 우아한 말'이라는 뜻이다. 주(周)나라가 상(商)나라를 멸망시킨 후 그 당시 중심이었던 낙양(洛阳)으로 천도하는데 '아언'은 바로 당시 낙양의 방언을 표준어로 삼은 언어이자 주나라 왕실에서 사용하던 나라말이었다. '논어·술이(论语·述而)'편을 보면 공자(孔子)가 시경과 서경을 읽고, 집례(执礼)를 할 때 자신의 노나라 방언 대신 '아언'을 사용했다고 기록하고 있다. 위진남북조시대 이후, 중국 남쪽 지역에는 '남방아언(南方雅言)'이 생겨났고 '오어(吳语)'를 표준어로 삼았다. 이 표준어는 수나라, 당나라, 송나라에 이어 원나라까지 이어진다. 주원장이 명나라를 세우고 나서 난징에서 베이징으로 도읍을 옮긴 명나라 때는 남방관화(南方官话)와 북방관화(北方官话)가 동시에 사용된다. 여기서 말하는 '관화(官话)'는 바로 '관리들이 사용하는 말'이라는 뜻이다. 요즘 말로 바꾸면 '국가 공무원들이 사용하는 언어'가 되겠다.

베이징어가 표준어의 왕좌에 오를 수 있었던 것은 바로 청나라 옹정황제(雍正皇帝) 덕분이라고 할 수 있다. 전국 각지에서 올라온 관리들이 정사를 논의하러 조정에 나갔는데 서로 다른 방언으로 토론을 하다 보니 황제조차 그들이 무슨 말을 하는지 알아듣지 못했다고 한다. 이에 분노한 옹정황제가 베이징어를 관화(공용어)로 지정하고 문무백관이 나랏일을 논의할 때 반드시 관화를 사용하도록 명했다. 청나라 말에 이르러 일부 지식인들이 '보통화'라는 단어를 이미 언급하기도 했다. 그러나 청나라 정부는 1909년에 기존의 '관화'에 '국어(国语)'라는 새로운 이름을 붙여준다.

1949년 중화인민공화국이 수립된 이후 중국 정부는 언어 통일의 필요성을 느낀다. 이에 1955년에 열린 '전국문자개혁회의(全国文字改革会议)'에서 현대 표준 중국어를 '국어'에서 '보통화'로 전격 교체했다. 1956년 2월 6일, 중국 국무원은 '보통화'에 대한 정의를 내리고 전국적으로 '보통화'를 널리 사용할 것을 요구했다.

중국어의 표준어인 '보통화'는 다음과 같은 세 가지 특징이 있다.

하나, 베이징어를 표준음으로 삼는다.
둘, 북방화(北方话)를 기초 방언으로 한다.
셋, 모범이 되는 현대 백화문(白话文)[12] 작품을 어법 규범으로 한다.

---

12) 구어체 중국어를 한자로 옮겨 적은 글을 뜻한다.

중국 정부는 각 지역과 여러 민족 간의 언어 격차를 해소하기 위해 '보통화'의 보급을 중요하게 생각했다. 중국 정부의 이러한 정책은 방언을 금지하거나 없애려는 것이 아니다. 방언 또한 중국 역사의 일부분이고 살아 숨 쉬는 언어 자료로서 역사적·학술적 가치가 크기 때문이다. 그래도 중국어를 제2외국어로 공부하는 학습자라면 역시 '보통화' 공부가 우선이다.

끝으로 추천하고 싶은 중국어 원서가 있다. 중국의 유명한 학자이자 작가인 이중톈(易中天)이 심혈을 기울여 쓴 언어 방면의 역작 『대화방언(大话方言)』이라는 책이다. 중국의 북방언어와 남방언어의 차이를 재치 있게 비교하면서 풀어쓴 책으로 중국어의 역사와 흐름을 공부할 수 있다.

병음, 이것은 영어 발음기호와 같다

'보통화'에 대해서 어느 정도 이해가 됐다면 이번에는 중국어 병음(拼音)에 관해 이야기해보려고 한다. 그 누가 됐든 중국어 를 배운다고 하면 가장 먼저 접하게 되는 것이 바로 병음이다. 병음은 말 그대로 소리를 낼 수 있는 알파벳들을 모아서 연결했 다는 뜻이다. 중국어 문자는 한자이다. 모든 한자는 고유의 뜻 이 있음과 동시에 자기만의 소리를 갖고 있다. 각각의 한자 소 리를 표기하기 위해 만들어진 것이 바로 병음이다. 한마디로 병 음은 중국어의 발음 표기법으로서 아주 중요한 역할을 한다. 한 자를 공부할 때도, 키보드로 타자를 할 때도, 중국어 발음을 공 부할 때도 병음은 없어서는 안 될 존재이다.

우리가 영어를 처음으로 공부할 때를 생각해보자. 영어에는 총 26개의 알파벳이 있고 이 알파벳들은 모두 각자에게 해당하 는 음가를 가지고 있다. 이것을 파닉스(Phonics)라고 부른다. 학 습자들은 파닉스를 통해 영어 알파벳과 소리의 관계를 공부할 수 있다. 그래서 아이들이 영어를 처음 접할 때 파닉스를 공부 하면 읽기(리딩)에 도움이 된다고 한다. 그러나 파닉스를 공부했다고 해서 모든 영어단어를 완벽하게 읽을 수 있는 것은 아니다. 파닉스 규칙에서 벗어나는 단어들이 너무나도 많기 때문이다. 그래서 파닉스 외에도 현재 가장 널리 쓰이는 '국제음성기호'를 공부하게 되면 사전을 보고 모든 영어단어를 스스로 읽을 수 있다. '국제음성기호'가 어렵다는 편견은 버려라. 국제음성기호의 소리를 익힌 다음 한글의 자음과 모음을 조합하듯이 연결하여 읽으면 생각보다 쉽게 읽힌다.

중국어의 병음도 영어의 발음기호와 같은 원리라고 생각하면 된다. 그렇다면 병음은 언제 왜 만들어졌을까? 병음이 만들어진 이유는 아주 간단하다. 교육을 보급하고 문맹을 없애기 위함이었다. 1949년 중화인민공화국이 출범한 이후, 중국 정부는 곧바로 병음 연구 제작에 착수한다. 1951년 마오쩌둥 전 국가주석은 "문자 개혁은 반드시 이루어져야 하되 세계문자가 지향하는 공통의 병음 추세를 따라야 한다(文字必须改革, 必须走世界文字共同的拼音方向。)."라고 말했다.

1955년 10월 15일 베이징에서 전국문자개혁 회의가 열렸고 병음 제정과 관련해서 총 6가지 제안들이 상정되었다. 그중 네 가지는 한자 획수에 따른 표기법이었고, 한 가지는 라틴 자모 표기법이었으며 다른 한 가지는 현재 러시아에서 사용하고 있는 슬라브 자모 표기법이었다. 그 당시 중국의 문자개혁위원회 주임이었던 우위장(吴玉章)은 마오쩌둥에게 라틴 자모 표기법을 채택할 것을 제안했고 1956년 1월 마오쩌둥은 우위장의 제안에 동의한다. 그러나 새로운 시도에는 늘 반대가 따르는 법이다.

고지식한 일부 지식인들은 전통을 고수하면서 서양의 선진적인 문물들을 배척했다. 이에 마오쩌둥은 이렇게 지적했다. "나는 라틴어 자모로 병음을 표기하는 것에 찬성한다. 그러나 일부 지식인들의 머릿속에는 '중국이 왜 다른 나라의 알파벳을 빌려 써야 하는가?'라는 생각이 자리 잡고 있다. 우위장 선생의 제안에는 일리가 있다. 이 알파벳은 오직 20여 가지밖에 없고 손쉽게 쓸 수 있다. 이런 면에 있어서 한자는 아직 많이 부족하다. 한자가 세계에서 가장 뛰어난 문자라고 생각해서는 안 된다. 아라비아숫자는 중국에서 이미 통용되고 있지 않은가? 라틴어 자모는 이미 세계 많은 나라가 사용하고 있다. 우리가 그 알파벳을 사용한다고 해서 매국이라 할 수 있겠는가? 외국의 문물이라 할지라도 우리에게 도움이 된다면 모두 배워 우리의 것으로 만들어야 한다."[13]

그 후 병음 제정 업무는 탄력을 받기 시작했다. 마침내 1958년 2월 11일, 제1기 전국인민대표대회 제5차 회의에서 '한어 병음 방안'을 공식적으로 통과했다. 병음의 제정에는 크게 세 가지 원칙이 있었다. 그것은 바로 국제화(国际化), 음소화(音素化)와 표준화(标准化)였다. 국제화는 알파벳의 형태를 국제사회에서 통용되는 라틴어 자모로 정했다는 것을 의미한다. 음소화는 음절 구조상 더 이상 나눌 수 없는 가장 작은 단위로 만들었음을 뜻한다. 마지막으로 표준화는 베이징어의 발음을 표준으로

---

13) 쩡린시(郑林曦)의 『논어설문(论语说文)』에서 재인용.

삼았음을 나타낸다.

'한어 병음 방안'은 제정된 이후 전국적으로 널리 보급되기 시작했다. 가장 큰 변화는 바로 초등학교 국어 교과서뿐만 아니라 중학교 교과서, 자전, 사전 및 일반적인 읽을거리(신문, 잡지, 책 등)에는 모두 병음을 사용하기 시작했다는 것이다. 어찌 됐든 병음의 등장으로 인해 한자 공부를 하지 못해도 중국어를 쉽게 발음할 수 있게 되었다. 중국의 어린아이들도 한자를 익히기 전에는 병음부터 공부한다.

단, 제2외국어로 중국어를 공부할 때 주의할 점은 바로 영어 알파벳의 발음 습관으로 중국어 한자 병음을 읽어서는 안 된다는 것이다. 병음은 그냥 알파벳을 따온 것뿐이다. 영어 알파벳 음가와는 전혀 다른 소리를 가지고 있다. 그러므로 병음은 꼭 그 발음 법칙에 따라 읽어야 중국인들과 소통할 수 있다.

03

성조가 다르면 같은 발음의 단어가
아빠, 똥, 떡이라는 뜻이 된다

중국어는 형태 변화가 없지만, 그 대신 성조(声调)가 있다. 그렇다면 성조란 무엇인가? 성조는 한마디로 음의 높고 낮음을 뜻하는 것이다. 이렇게 말하면 일부 학습자들은 성조는 '영어의 악센트'와 같은 것이라고 쉽게 생각해버린다. 그러나 중국어에서의 성조는 영어의 악센트 정도로 생각하고 넘어갈 간단한 문제가 결코 아니다. 왜냐하면, 성조가 있으므로 인해 발음이 같은 수많은 한자의 뜻 구별이 명확해지기 때문이다.

중국어는 4개의 성조가 있으며 각각 1성, 2성, 3성과 4성이라고 부른다. 물론 중국어를 공부할 때 발음과 성조 둘 다 중요하지만, 이 글에서는 성조의 중요성을 더 강조하고 싶다. 중국인이라고 해서 발음이 다 정확한 것은 아니다. 그런데도 중국인끼리는 다 알아듣는다. 반대로 외국인 학습자가 중국어의 모든 음을 정확하게 발음했지만, 중국인들이 전혀 알아듣지 못하는 경우가 있다. 왜 그럴까? 이 두 가지 서로 다른 결과는 바로 성조에 의해서 기인한다. 때문에 중국어 단어를 공부할 때 성조를 꼭 정확하게 외워야 한다. 좋은 문장을 아무리 유창하게 읽어도 성조가 틀리면 중국인들은 전혀 못 알아듣는다. "외국인이라 아직 중국어가 서툴러 그런가 보다."라고 이해해주면 고맙겠지만 성조가 틀려서 뜻이 아예 와전됐을 때의 그 부끄러움은 어떻게 할 것인가?

다소 극단적이고 억지스러운 감이 없지 않지만, 예를 하나 들어보려고 한다. 중국어에서 '아빠'를 '爸爸[bàba]'라고 한다. '아빠'의 'bàba'와 발음은 똑같지만, 성조가 다른 몇 가지 단어들을 살펴보도록 하자.

한자	병음	성조	뜻
粑粑	bābā	1성-1성	경단, 떡, 빵
屁屁	bǎba	1성-경성	응가, 똥
吧吧	bābā	1성-1성	수다스럽거나 말이 많을 때 사용

보다시피 성조가 다르면 아빠를 얘기하고 싶었는데 상대방에게는 떡 또는 응가(똥)로 전달될 수 있다. 이렇듯 성조를 제대로 익히지 못한다면 중국어를 말할 때도 들을 때도 많은 어려움을 겪을 수밖에 없다는 것을 명심해야 한다.

TV 프로그램에서 외국인이 하는 한국어 첫 한마디만 듣고 "어, 저 사람 한국어 잘하네?"라고 느끼는 순간이 있다. 이와 마찬가지로 중국인도 처음 만난 외국인이 정확한 발음에 성조까지 제대로 구사하면 중국어를 잘한다고 생각한다. 더 쉬운 예를 들면, 한국인들은 누군가가 혀를 과할 정도로 말아 올리면서 '느끼한 버터 발음'을 잘 내면 왠지 모르게 영어를 잘한다고 여기는 경향이 있다. 깊이 있는 이야기를 길게 이어가면서 상대방의 듣기 실력, 어휘력, 배경지식 등을 판단하는 것은 나중의 문제이다. 첫인상의 중요성은 아무리 강조해도 지나침이 없다. 외국어 공부에서 첫인상은 바로 '발음'이며 중국어에서는 '성조'가 큰 역할을 한다. 이 때문에 우리는 성조를 처음부터 제대로 잘 익혀야 한다.

　중국어의 성조는 아마도 많은 외국인 학습자들에게 가장 어려운 부분일 것이다. 알고 보면 4개의 성조 중에도 난이도가 존재한다. 100%는 아니지만 누적된 학습 데이터에 의하면 그나마 1성이 가장 쉽고, 그다음은 4성, 그리고 2성, 마지막으로 3성이 가장 어렵다. 사실 중국 영유아들도 중국어를 습득할 때 이와 비슷한 순서로 성조를 익힌다고 한다. 이런 점을 고려해서 외국인들도 자신이 가장 손쉽게 익힐 수 있는 성조부터 배우는 것이 바람직하다. 그리고 성조를 공부할 때는 조급함을 버려야 한다. 수영을 배울 때 호흡은 "음~파~"로 하고 머리는 너무 높게 들면 안 된다는 등 여러 가지 이론을 잘 알고 있더라도 수영의 호흡법과 정확한 자세를 익혀가는 데 상당한 시간과 공이 들어가는 것처럼 중국어의 성조와 발음도 마찬가지다. 머릿속으로 생각하지 않고도 자연스럽게 정확한 성조가 튀어나올 수 있도록 입과 혀가 기억해야 한다.

여러 번 강조하지만 틀린 성조로 중국어 단어를 백만 개 외우는 것은 아무런 소용이 없다. 차라리 20~30개의 단어를 외우더라도 정확한 성조로 발음하는 것이 더 효율적이다. 그냥 4가지 성조가 있다는 것만 알고 대충 넘어가자는 마음가짐으로는 중국어를 제대로 배워내기 힘들다. 4개의 성조에 어떤 규칙이 있고 어떻게 공부해야 하는지는 4장에서 다시 이야기하겠다.

04

용 龍(16획)을 龙(5획)으로

한자(汉字)는 중국인들이 사용하는 문자이다. 한국에서도 한자를 사용하지만 한국에서 사용하는 한자와 오늘날 중국에서 사용하는 한자는 그 모양이 매우 다르다. 중국에서는 간체자(简体字)라고 불리는 한자를 사용하고 있다. 홍콩과 대만에서는 여전히 번체자(繁体字)를 사용한다. 번체자는 간체자가 만들어지기 전에 사용되던 한자로 현재 한국에서 사용하는 한자이다.

한나라 때부터 시작되었다고 알려지는 번체자는 오늘에 이르기까지 2천 년이 넘는 역사가 있다. 그러나 1956년 '한자 간결화 방안(汉字简化方案)'이 발표되면서 중국에서는 복잡한 한자 대신 간단하게 변형시킨 간체자를 사용하기 시작했다. 중국은 왜 유구한 역사와 전통을 자랑하는 번체자 대신 간체자를 사용하게 된 것일까? 간체자의 가장 큰 장점은 뭐니 뭐니 해도 글자가 간결하여 번체자보다 공부하기 쉽다는 것이다. 일례로 용(드래곤)이라는 번체자 龍의 글자 획수를 기존의 16획에서 간체자 龙 5획으로 줄인 것만 봐도 그렇다. 세종대왕도 한자가 너무 어려워 백성들이 글을 깨우치지 못한다는 점에 착안해 한글을 만들지 않았던가? 중국인들도 간체자 사용을 장려하고 전파한 데에도 분명 그만한 이유가 있을 것이다. 그 이유는 간체자의 장점과 특징을 살펴보면 쉽게 알 수 있다.

첫째, 간체자는 번체자의 번잡한 획수를 확 줄여 글자가 간결하고 쓰기 쉽다. 예를 하나 들어보자. 번체자 '벌레 충(蟲)'의 간체자는 '虫'이다. 번체자에는 똑같은 글자가 세 개나 들어가 있다. 그중 한 개만 쓴다고 해서 딱히 의미 전달에 영향을 주는 것도 아니다. 이럴 때 과감히 나머지 두 개를 버리는 방법을 택했다.

둘째, 간체자는 가독성이 뛰어나고 눈이 피로하지 않다. 부연설명을 하면 이렇다. 한국어에는 띄어쓰기가 있어 문장을 어디서 끊어 읽어야 하는지 알 수 있고 문장 해석에도 도움이 된다. 그러나 아쉽게도 중국어는 띄어쓰기가 없다. 모든 한자가 서로 옹기종기 붙어 있다. 획수가 복잡한 번체자들이 띄어쓰기도 없이 A4 용지에 빼곡히 적혀 있는 모습을 상상해보라. 한글조차도 만만치 않을 것이다. 종이 신문에 띄어쓰기가 없는 한글을 상상해본 적 있는가? 아마도 "흰 것은 종이요, 검은 것은 글자로구나." 하는 느낌이 들지 않을까 싶다.

셋째, 새로운 간체자는 번체자보다 오히려 뜻글자의 장점을 더 잘 살려내기도 한다. 이해하기 쉽게 예 두 개를 들어 설명하겠다.

1) 번체자 '衆'은 '무리 중'을 뜻한다. 이리 보고 저리 봐도 사람이 많다는 뜻이 전혀 느껴지지 않는다. 그렇다면 변형된 간체자를 한번 보자. '众'은 사람 세 명이 모여 있는 형상적인 모습을 하고 있다. 원래의 번체자에 비해 이 새로운 간체자가 더욱더 쉽게 의미를 전달하고 있지 않은가?

2) 언제부터인가 미세먼지가 우리를 괴롭히고 있다. 그래서 먼지 또는 티끌을 뜻하는 번체자 '塵(진)'을 가져와봤다. 오늘날 중국에서 먼지를 뜻하는 간체자는 '尘'이다. 땅 위에 '작은 흙'들이 날리는 모습을 형상화하고 있다. 번체자 '塵(진)'을 보고 먼지라는 뜻을 유추하기에는 다소 어려움이 있다.

그러나 이러한 장점이 있음에도 오늘날까지 번체자와 간체자의 사용 문제를 놓고 학자들 사이에서는 찬반 논쟁이 끊이질 않는다. 일각에서는 "간체자는 전통과 역사를 저버렸다." 또는 "간체자는 형태가 번체자에 비해 아름답지 않다." 등의 이유로 번체자 사용의 부활을 주장한다. 이해가 가지 않는 것은 아니다. 왜냐하면, 번체자가 오랜 세월 동안 그 명맥을 유지할 수 있었던 데에도 이유는 존재하기 때문이다. 번체자의 좋은 점은 크게 세 가지로 요약해보려고 한다.

첫째, 한자는 뜻글자이자 사물의 형상을 본떠서 만든 상형문자이다. 그러다 보니 한자가 살아 움직이듯 실감 나게 그 뜻을 전달할 수 있다는 점이 바로 번체자의 가장 큰 장점이다. 예를 들 때 많이 거론되는 한자 2개로 설명해보려고 한다. 하나는 '친할 친(親)'이고 다른 하나는 '사랑 애(愛)'라는 번체자이다. 이 두 번체자는 그 글자 속에서 "친하면 서로 만나야 하고 사랑하려면 마음이 있어야 한다(亲要相见, 爱要有心)."라는 뜻을 그대로 보여주고 있다.

둘째, 서예와 미술의 각도에서 놓고 볼 때, 번체자는 뛰어난 예술성을 가지고 있다. 서예가와 예술가는 십중팔구 번체자를 선호한다. 번체자는 형태가 호방하다. 한자의 점과 선에 따라 먹의 농담, 필압(글 쓸 때 누르는 정도와 세기)의 강약조절과 공간미가 결정된다. 한마디로 번체자의 많은 획수는 혼연일체가 되어 아름다운 조형미를 만들어낸다.

셋째, 간체자가 등장하기 전까지 중국의 역사 기록물과 서적들은 당연히 번체자로 기록되어 왔다. 비록 오늘날 현대인들이 알아보기 쉽게 간체자로 변환되어 출판되긴 하지만 번체자로 된 원문을 읽으면 또 다른 짜릿함과 성취감을 맛볼 수 있다. 어떤 사람들은 전통문화를 더 잘 이해하고 계승하기 위해서 번체자를 부활시켜야 한다고 주장한다. 특히 역사학자와 전통문화를 연구하는 사람들일수록 번체자 공부에 대한 수요는 여전하다.

이렇듯 번체자도 나름대로 장점과 특징을 가지고 있다. 그러나 모든 것에는 장단점이 있기 마련이다. 번체자의 치명적인 단점을 살펴보면 다음과 같다.

하나. 글자 획수가 많아 쓰기에 번잡하고 힘들다.

둘. 글자 하나를 외우기 쉽지 않은 데다 시간 소모도 크다.

셋. 번체자는 지식과 문화를 전파하는 데 있어 불리하다.

그렇다. 간체자가 번체자를 대신해 현대 중국어의 공식 문자가 된 데에는 또 다른 이유가 있다. 그것은 바로 간체자가 시대의 흐름에 부응했기 때문이다. 경제가 고속성장하고 시간이 곧 돈이고 생명인 오늘날 덮어놓고 전통과 옛것만 고집하다 보면 경쟁에서 뒤처질 수밖에 없다.

시대마다 그 시대에 어울리는 가치, 문화와 흐름이 있다. 나는 문자가 현대인들의 변화, 바람과 수요에 따라 시대에 맞게 변형되는 것을 결코 나쁜 것이라고 여기지 않는다. 물이 고이면 썩듯이 문자도 사람들이 외면하고 사용하지 않으면 이 세상에 살아남을 수 없다.

간체자와 번체자는 모습은 달라도 일맥상통하는 면이 많다. 문화와 예술의 깊이로 따지면 번체자의 저력은 타인의 추종을 불허한다. 그러나 간결한 간체자는 중국인들의 교육 보급과 문화 소양 제고에 있어 크나큰 기여를 했다. 간체자는 실용성을 주장한다면 번체자는 예술성을 강조한다. 간체자는 중국 일반 국민과 과학자들이 선호한다면 번체자는 서예가와 예술가들에게 없어서는 안 될 문화요소이다.

정리하자면 간체자와 번체자 모두 장단점이 있다. 그러나 간체자가 현대 중국의 공식 문자로 지정된 이상 우열을 논하고 불평불만 해봤자 득이 될 게 없다. 요즘 중국인들은 번체자 정규 교육을 받지 않지만 번체자를 알고 있다. 다시 말해 실제 손으로 쓰고 사용하는 것은 간체자이지만, 번체자를 보고 해당 간체자가 무엇인지 구분할 수 있는 정도이다. 때문에 나는 간체자를 먼저 배울 것을 권한다. 시간적 여유가 있고 번체자에 대한 로망과 목표가 있는 학습자들은 양자를 병행해서 공부해도 무방하다.

05

양사, 중국 초등학생 수준의 150개만 알면 된다

중국어를 공부할 때 학습자들이 의외로 어려워하는 부분이 있다. 바로 중국어 품사 중 하나인 양사(量词)이다. 그럼 양사란 무엇인가? 양사는 사람, 사물 또는 동작의 횟수를 나타내는 수량 단위로서 보통 숫자와 결합해서 쓰인다. 양사는 크게 명량사(名量词)와 동량사(动量词)로 나눌 수 있다.

양사는 중국어의 독특한 특징이자 중국어 교수법에서 난도가 있는 중요한 문법 포인트이다. 중국어 양사 공부가 어렵게 느껴지는 이유 중 하나는 그 수량이 방대하기 때문이다. 2013년 상해사서출판사(上海辞书出版社)가 출판한 『한어양사대사전(汉语量词大词典)』은 1,080여 개에 달하는 양사를 수록하고 있다. 이 양사 사전은 고대 중국어 양사와 현재 중국(홍콩 및 대만 포함)에서 사용하는 양사, 보통화 양사, 방언 양사, 복합 양사 등 다양한 양사들을 망라하고 있어 양사계의 '대백과사전'이라 할 수 있다. 그렇지만 이 방대한 양사를 다 알 수도 없고 또 다 외울 필요도 없다. 평소에 실제로 사용되는 양사는 제한적이기 때문에 필요한 것만 알아두면 된다. 그럼 도대체 양사를 몇 개나 외워야 한단 말인가? 다다익선이긴 하지만 목표를 너무 높게 잡을 필요 없다. 중국 초등학생 수준의 150개 정도의 양사만 알아도 평생 써먹을 수 있다.

양사가 어렵게 느껴지는 또 다른 이유가 있다. 바로 명사들은 자기 나름대로 꼭 같이 쓰여야 하는 고정된 양사 짝꿍이 있기 때문이다. 게다가 학습자의 모국어에 양사의 수량이 적거나 문장에서 자주 생략해도 되는 경우라면 더더욱 어렵게 느껴질 수밖에 없다.

학습자들이 양사와 관련해서 자주 범하는 오류는 크게 두 가지가 있다. 먼저 어떤 양사가 어떤 명사와 결합하는지 모르는 경우다. 그래서 아예 양사를 빼버리고 바로 숫자와 명사를 연결한다. 사람으로 치면 머리와 윗몸을 연결하는 목이 없다고 생각하면 된다. 양사를 잘못 사용하면 중국인들에게는 이상하게 들리거나 아예 뜻을 종잡을 수 없게 돼버린다. 또 다른 실수는 학습자의 무책임과 게으름에서 비롯된다. 기본적인 양사조차 외우기 싫어서 전지전능한 구세주 하나를 선택한다. 그것이 바로 우리가 숫자를 셀 때, 즉 '한 개, 두 개, 세 개……'에 사용하는 '개(个)'라는 양사이다. 실제로 이렇게 하라고 가르치는 선생님들도 많다. 이런 방법은 최후의 수단으로 사용해야지 평소에 남발해서는 안 된다. 사람도 물건도 다 '개'로 수식하면 너무 어이가 없지 않은가?

양사의 개념과 중요성을 알았으니 이제 양사를 어떻게 사용하는지 규칙을 살펴보자. 양사가 들어갈 수 있는 위치는 크게 두 곳이다. 하나는 수사와 명사 사이, 다른 하나는 지시대명사와 명사 사이이다. 예를 들면 다음과 같다.

수사+양사+명사	뜻풀이	지시대명사+양사+명사	뜻풀이
一+个+人	사람 한 명	这+个+老师	이 선생님
两+张+纸	종이 두 장	那+件+衣服	저 옷
三+只+熊	곰 세 마리	这+位+客人	이 손님
五+头+牛	소 다섯 마리	那+位+女士	저 여자분

도표에서 뜻풀이 부분을 잘 보면 사실 한국어에도 양사가 있다는 것을 알 수 있다. 다만 한국에서는 양사라고 부르지 않고 '단위 명사'라는 용어를 사용한다. '꼬치, 바탕, 매, 장, 탕, 첩, 권, 접시……' 등이 바로 단위 명사이다. 이쯤에서 중국어 양사와 한국어 단위 명사의 차이점을 간단하게 정리하고자 한다. 차이점을 알아야 중국어 양사 공부가 조금 더 수월해질 수 있다.

한국어 단위 명사의 위치는 중국어 양사의 위치와는 다르다. 한국어의 단위 명사는 보통 명사 뒤에 나온다. 예를 들어 설명하면 한국에서는 '세 마리의 곰'이라는 표현 대신 "곰 세 마리"라고 말한다. "나는 한 채의 집을 갖고 있다."라는 표현보다는 "나는 집 한 채를 갖고 있다."라는 표현이 더 자연스럽다.

한국어 단위 명사는 중국어 양사와 달리 지시대명사 뒤에 올 수 없다. 예를 들면 한국어에서 '고양이 한 마리'라고는 할 수 있지만 '이 마리 고양이(这只猫)'라고는 할 수 없다. 단위 명사를 빼고 바로 '이 고양이'라고 말한다. 하지만 중국어에서는 꼭 양사를 붙여야 한다.

한국어 단위 명사는 보통 중첩해서 사용하지 않는다. 반대로 중국어는 AA와 같은 중첩의 형태로 사용 가능하다. 이게 무슨 말인고 하면, 한국어에서는 '강아지 한마리마리마다', '코트 한 벌벌', '종이 한장장' 이런 식으로 말하지 않는다는 뜻이다. 그러나 중국어에서는 '一块块(덩어리덩어리)', '一根根(가닥가닥)', '一只只(마리마리)' 등 이런 형태로 양사를 쓸 수 있다.

한중 양국의 양사와 단위 명사 차이도 알았으면 중국어 양사를 외우는 일만 남았다. 중국 초등학생들이 실제로 공부하는 기본적인 양사를 표로 정리했으니 부록을 참고하길 바란다.

06

보어는 문장의 완벽함을
추구하는 만능소스이다

보어(补语)는 중국어 문장성분 중 하나이다. 보어는 동사나 형용사 뒤에 놓여 불완전한 부분을 보충해주면서 완벽한 문장을 만드는 역할을 한다. 한국어에도 보어가 있긴 하지만 내용 자체가 그렇게 복잡하거나 어렵지 않다. 한국어 보어는 이렇게 설명한다. 보어는 서술어 '되다', '아니다' 앞에서 '이/가'가 붙어서 완성이 된다. 다시 말해 '되다'와 '아니다' 앞에 오는 '이/가'는 보어라고 이해하면 된다는 정도다.

그러나 중국어 보어는 이렇게 단순하지 않다. 형태 변화가 없는 중국어 단어들이 모여 완벽한 문장을 이루기 위해서는 보어의 도움은 필수 불가결이다. 학습자들이 중국어 보어만 잘 알아도 반은 성공이나 마찬가지다. 그럼 보어는 중국어에서 어디에 위치하고 어떤 종류의 보어들이 있으며 또 어떤 역할을 하는지 간단하게 살펴보자.

보어가 놓일 수 있는 위치는 제한적이다. '동사+보어' 또는

'형용사+보어'의 기본 형태를 기억하면 된다. 이렇듯 보어는 문장에서 술어 역할을 하는 동사와 형용사 뒤에서 보충해주는 역할을 한다. 이해를 돕기 위해 동사 '写(글을 쓰다)'를 예로 들었다. '写' 뒤에 보어가 붙음으로 인해 뜻이 어떻게 변하는지 살펴보자.

写	쓰다
写**完**	다 쓰다
写**不完**	다 못 쓰다
写**下去**	계속 써 내려가다
写**得好**	잘 쓰다
写**不好**	잘 쓰지 못하다
写**两遍**	두 번 쓰다
写**一会儿**	잠깐 동안 쓰다

<u>술어는 모두 동사 '写'지만 그 뒤에 어떤 보어가 오느냐에 따라 뜻이 완전히 달라졌다.</u> 단어만 많이 외워 중국어의 기본 어순대로 나열만 한다고 해서 완벽한 문장이 되는 것은 아니다. 다양한 보어를 적재적소에 써줘야 비로소 완벽한 문장이 만들어지게 된다.

이어서 보어의 종류에 대해서 알아보자. 학습자들이 보어를 공부할 때가 되면 늘 불만이 많다. 그것도 그럴 것이 외워야 할 보어의 가짓수와 파생의미가 너무나도 많기 때문이다. 우선 보어의 종류를 가나다순으로 정리해봤다. 보어 종류에는 가능보어, 결과보어, 동량보어, 방향보어, 상태보어, 시량보어, 전치사구 보어, 정도보어 이렇게 크게 8가지가 있다. 학자들에 따라 6

개 또는 7개의 종류로 구분하는 경우도 있다.

NO.	보어의 종류	개념 및 역할
1	가능보어	어떤 동작의 실현 가능성 여부를 나타낸다.
2	결과보어	어떤 동작이 변화된 후의 결과를 나타낸다.
3	동량보어	동작 또는 행위의 횟수를 나타낸다.
4	방향보어	동작의 방향 또는 사물의 발전 추세를 나타낸다.
5	상태보어	동작 또는 동작의 결과에 대해 묘사와 부연설명을 해준다.
6	시량보어	동작 또는 행위가 지속되는 시간의 길고 짧음을 나타낸다.
7	전치사구 보어	술어의 시간, 장소, 출처, 방향, 대상, 비교 등을 보충해준다.
8	정도보어	동작이 도달한 정도 또는 상태를 나타낸다.

이 책은 중국어 문법책이 아니므로 보어에 대해서 구체적인 예문과 설명을 곁들이지는 않는다. 여기서 밝혀두지만, 중국어 입문자와 초급자의 경우 보어 공부는 잠시 옆으로 밀어놓아도 된다. 다만 중국어 중·고급자, HSK 자격증시험을 앞둔 학습자 또는 중국어 원서를 제대로 읽고 싶은 학습자들에게는 보어 공부가 필수이다. 그동안 보어 공부를 제대로 하지 않았거나 등한시했다면 이제부터는 보어에 대한 재평가가 필요하다.

인터넷에 '중국어 문법책'이라고 입력하면 그야말로 어마어마한 양의 책들이 검색된다. 문법책과 회화책들이 홍수처럼 쏟아지고 있다. 인터넷에서 마우스로 몇 번 클릭하면 하루 이틀 안에 책을 받아볼 수 있는 세상이 되었다.

외국어 공부에 있어서 선생님과 사전 못지않게 중요한 것이 바로 교과서와 참고서이다. 나는 아직도 고지식하게 발품을 팔아 오프라인 서점을 방문한다. 나의 돈으로 사는 책이기도 하고 공부 과정에서 큰 영향을 미칠 수도 있으므로 항상 신중하게 책을 고른다. 개인 성향에 따라 책을 고르는 기준이 다를 수도 있겠지만 나는 기본적으로 두꺼운 책을 좋아한다. 달리 말하면 기본에 충실하고 내용이 풍부한 책을 선호한다는 뜻이다. 특히 문법책의 경우 자세한 설명은 기본이고 문제 풀이 양이 많아야 한다.

희망컨대 문법책을 고를 때에는 꼭 직접 눈으로 확인하고 자신에게 맞는 책을 고르길 바란다. 단어장과 회화책은 얇아도 상관없다. 그러나 문법책이 지나치게 얇으면 솔직히 추천하고 싶지 않다. 문법책은 두꺼우면 두꺼울수록 좋다. 문법책을 한 번에 몰아서 다 공부하는 것은 바보 같은 짓이다. 나는 두꺼운 문법책을 그때그때 필요한 부분을 찾아볼 수 있는 사전이라고 생각한다. 제대로 된 문법책은 두 개만 있으면 된다. 하나는 한국어로 된 문법책이고 다른 하나는 중국어 원서 문법책이다.

추천하고 싶은 중국어 원서 문법책은 바로 북경대학출판사에서 출판한 대외한어교재 시리즈 중 량훙옌(梁鸿雁)의 『HSK应试语法 (HSK Exam Grammar)』이다. 476페이지나 되기 때문에 두껍다는 점이 단점이라면 단점이겠다. 원서로 되어 있기 때문에 중국어를 어느 정도 좀 공부한 학습자들이 사용하기에 적합하다. 이 책은 자세한 설명은 기본이고 헷갈리기 쉬운 문법들을 조목조목 도표로 비교까지 해놓았다. 게다가 참고 예문과 문제 풀이가 많아 시험공부를 하는 학습자분들에게는 최고의 책이 아닐까 싶다.

이까짓 다음자(多音字),
130개만 알면 된다

    중국어 한자에는 두 개 이상의 발음이 있는 다음자(多音字)가 있다. <u>같은 한자임에도 불구하고 발음이 제각각이라 그 의미조차 달라지는 것이 가장 큰 특징이다.</u> 얼굴은 똑같이 생겼지만 이름과 성격이 완전히 다른 쌍둥이 또는 세쌍둥이라고 생각하면 된다. 예를 들어, '好'는 [hǎo]라는 발음으로 많이 쓰이며 '좋다'는 의미를 가진다. 그러나 [hào]의 4성으로 발음될 때에는 '애호, 취미'라는 뜻을 가지게 된다. '参'이라는 다음자는 [cān], [shēn], [cēn]이라는 세 가지 발음을 하고 있다. 첫 번째 발음의 경우 '참여하다'의 의미로 쓰이고, 두 번째 발음으로 쓰이면 '삼(인삼, 산삼)'을 뜻하며, 마지막 발음의 경우 '가지런하지 않음'을 의미한다. 보다시피 같은 글자가 어떤 음을 내냐에 따라 뜻과 용도는 360도 달라진다.

    앞서 제2장에서 실용한자를 외워야 한다고 했는데 이 실용한자 중에서도 굳이 우선순위를 둔다면 나는 단연코 다음자부터 공부할 것이다. 제6판 『현대한어사전(现代汉语词典)』에는 약 900여 개의 다음자가 수록되어 있다. (현재 이 사전은 2016년에 제7판이 인쇄되었다.) 필경 사전이다 보니 실제 생활에서 보기 드물거나 사용빈도가 낮은 다음자들도 총망라시켜 정리했다. 당연히 우리는 이 900여 개의 다음자를 다 알 필요 없다. <u>우리에게는 항상 벤치마킹할 대상이 있다. 바로 중국 학생들이다.</u> 범위가 방대하거나 내용이 많아서 어디서부터 손을 대야 할지 모를 때 나는 항상 중국 학생들을 벤치마킹하라고 이야기한다. "그들은 도대체 이 많은 다음자 중에서 무엇을 먼저 공부하는가?" 질문이 명확하고 목표 의식이 뚜렷하면 그에 대한 해결책은 이미 찾은 거나 마찬가지다. 나는 "중국의 초등생부터 대학생에 이르기까지 실제로 많이 쓰는 다음자 130개 정도만 공부하면 된다."라고 생각한다. 내가 이렇게 말하면 또 의심부터 하며 "130개만 외워서 가능하겠어요?"라는 질문을 하는 학습자들이 있다. 다음자 130개가 결코 적은 것이 아니라는 것을 증명할 방법이 있다. A4 용지에 당신이 알고 있는 다음자를 적는다. 옆에 그 다음자가 가지고 있는 발음을 모두 적고 단어와 뜻도 적어보라. 그것도 완벽하게. 50개 정도 채우는 것조차 쉬운 일이 아님을 느끼게 될 것이다. 누누이 말하지만, 욕심을 버려야 한다. 매일매일 새로운 한자를 공부하는 것도 중요하지만, 이미 알고 있는 한자의 또 다른 발음, 의미와 쓰임을 알아가는 것도 중요하다.

사실 중국인들도 다음자가 나오면 많이 틀린다. 실생활에서는 다음자뿐만 아니라 틀리게 발음하는 한자들이 부지기수다. 틀렸는데도 너도나도 사용하다 보니 맞는 것처럼 느껴지는 것뿐이다. 그리고 중국인들끼리는 다 알아듣고 이해가 되니 굳이 잘잘 못을 따지지 않고 넘어간다. 만약 중국어를 열심히 공부하는 외국인이 있었다면 왜 그렇게 발음하냐고 따졌을 수도 있겠지만 말이다. 사실 우리도 평소에 틀리게 발음하는 단어들이 꽤 있지 않은가? '정말'을 '증말'로, '가르치다'를 '가르키다'로, '치르다'를 '치루다'로, '두루뭉술'을 '두루뭉실'로 말이다. 한국인들끼리는 별로 신경을 쓰지 않는다. 어차피 다 알아들으니 말이다. 그런데 이제 막 표준어를 익혀야 하는 영유아들, 그리고 국어 시험을 준비하는 학생들과 한국어를 공부하는 외국인들에게는 부정적인 영향을 미칠 수 있다.

중국어에서 다음자 공부는 필수이다. 그러나 어떻게 얼마나 공부할지 아직 감이 잡히지 않는 학습자분들을 위해 필요한 다음자만 표로 정리해두었다. 인터넷판 『인민일보』에 등재된 정보와 다음자 전용 사전 등 다양한 자료들을 참고하여 사용 빈도수가 높은 것만 선택했다. 입문자와 초급자들을 위해 병음을 함께 달았으니 모쪼록 도움이 되길 바란다.

08

문장부호는 글자만큼 중요하다

중국어 중·고급 학습자들의 자기소개서나 작문을 첨삭하다
보면 문장부호를 잘못 사용하는 경우가 많다. 그도 그럴 것이
중국어 문장부호를 전문적으로 또는 체계적으로 가르치는 학원
이나 강의가 거의 없기 때문이다. 그저 어학 자격증을 따기 위
한 문제 풀이와 문법 공부에만 초점이 맞춰져 있다 보니 문장부
호는 안중에도 없다.

그러나 따지고 보면 문장부호는 글자만큼 중요하며 문장 속에서
차지하는 역할은 절대 작지 않다. 특히 띄어쓰기가 없는 중국어의
경우 문장부호 하나하나가 가뭄의 단비처럼, 또는 사막의 오아시스
처럼 느껴질 때가 있다. 문장부호는 글의 논리적 관계를 나타내
기도 하고 어조(语调)상 어디에서 쉬어야 하는지도 알려준다.
여행을 갔을 때 훌륭한 가이드가 안내하듯 문장부호는 글 속에
서 내비게이션의 역할을 하기도 한다. 문장부호가 적절하게 잘
쓰인 글은 독자들에게 문장의 정확한 의미를 전달할 뿐만 아니
라 가독성을 높여준다.

문장부호를 어디에 찍었느냐에 따라 뜻이 달라지고, 문장부호

를 찍은 경우와 안 찍은 경우에도 문장의 뜻은 큰 차이를 보이게 된다. 예를 들어 설명하면 다음과 같다.

手表不要退回香港。　　　　손목시계를 홍콩에 반품시키지 마세요.
手表不要, 退回香港。　　　　손목시계는 필요 없으니 홍콩으로 반품시키세요.

男人没有了, 女人就活不成了。　　남자가 없으면, 여자는 살 수 없다.
男人没有了女人, 就活不成了。　　남자는 여자 없이 살 수 없다.

无米面也可, 无鸡鸭也可, 无鱼肉也可, 无银钱也可, 青菜一碟足矣。
쌀국수가 없어도 되고, 닭과 오리가 없어도 되고, 생선과 고기가 없어도 되며 은화와 돈이 없어도 된다. 그저 청경채 한 접시면 충분하다.
无米, 面也可；无鸡, 鸭也可；无鱼, 肉也可；无银, 钱也可；青菜, 一碟足矣。
쌀이 없으면 국수라도 괜찮다. 닭이 없으면 오리라도 괜찮다. 생선이 없으면 고기라도 괜찮다. 은화가 없으면 돈이라도 괜찮다. 그러나 청경채는 한 접시면 충분하다.14)

어떠한가? 반점 하나가 있고 없음에 따라, 또 어디에 찍었느냐에 따라 문장의 뜻은 하늘과 땅 차이다. 문장부호를 가볍게 생각하거나 무시하다가는 큰 오해를 불러일으킬 수도 있다는 것을 명심해야 한다.

그럼 중국어와 한국어 문장부호의 비교를 통해 용법의 차이점에 대해 알아보도록 하자. 큰 틀에서 봤을 때 중국어와 한국어 문장부호의 용법은 비슷하다. 마침표, 반점, 물음표, 느낌표, 괄호 등은 기본적으로 비슷하다고 볼 수 있다. 그렇다면 기호의 형태는 같지만, 용법이 다른 문장부호와 중국어에서만 사용되는

---

14) 예문은 샤오찡민(邵敬敏)의 『标点符号要诀』에서 인용함.

특수한 문장부호에 대해 알아보자.

비교	중국어	한국어	중국어 · 한국어 용법 및 용례
마침표	。	.	☞ 중국어 서술문의 마침표는 고리점을 사용하지만, 한국어의 서술문 마침표는 온점을 사용한다. 예: 春天来了。　　　　　봄이 왔어요.
책 이름 표	≪≫	『 』	☞ 중국어에서 책 이름표는 ≪≫로 표시하지만, 한국어의 경우 『』로 책 이름을 표시한다. 예: ≪西游记≫　　　　『서유기』
드러냄표	.	·	☞ 중국어에서 드러냄표(.)는 중요한 글자 아래에 쓰인다. ☞ 한국어에서 드러냄표(˙)는 중요한 글자 위에 쓰인다.
모점	、	사용 하지 않음	☞ 중국어에서 모점은 병렬된 단어(词)나 구(词组) 사이에서 '쉼'을 나타낸다. 예: 我家冰箱里除了苹果、橘子、草莓和猕猴桃，还有西红柿。 우리 집 냉장고에는 사과, 귤, 딸기와 키위가 있을 뿐만 아니라 토마토도 있다.
반복부호 (중복표)	々	사용 하지 않음	☞ 중국어에는 같은 한자가 중첩되어 쓰이는 경우 시간을 절약하기 위해 중복부호를 사용한다. 단 주의할 점은 공식적인 장소나 문어체에서는 사용하지 않는다. 예: 她每天像只小鸟，唧唧喳喳个不停。 她每天像只小鸟，唧々喳々个不停。 그녀는 매일 새처럼 쉴 새 없이 종알종알한다.
가운뎃점		·	☞ 한국어에서 가운뎃점은 열거된 단위가 서로 밀접한 관계이거나 대등할 때 쓰인다. 예: 경북·경남 두 도를 합쳐 경상도라고 부른다. 예: 제사상에는 산적·탕·전·술이 빠질 수 없다. ☞ 중국어에서 가운뎃점은 외국인의 성과 이름 중간에 쓰인다. 책 제목과 편(장)을 나눌 때도 사용되며 연도와 달 사이에 쓰일 수도 있다. 예: 亚伯拉罕·林肯　　　에이브러햄 링컨 예: ≪论语·学而≫　　　『논어·학이』 예: 五·四运动　　　　　5·4 운동
쌍점		:	☞ 표제어 다음에 해당 항목을 들거나 설명을 붙일 때 쓰거나, 희곡 따위에서 대화 내용을 제시할 때, 시(时)와 분(分), 장(章)과 절(节) 따위를 구별할 때, 의존 명사 대(对)가 쓰일 자리에 쓰인다.15) 예: 회의 일시: 2011년 11월 11일 예: 사군자: 매화, 난초, 국화, 대나무 예: 저녁 8:30 예: A팀: B팀 ☞ 중국어에서도 한국어와 비슷한 용법으로 쓰이지만, 직접화법으로 인용할 때 더욱 많이 쓰인다. 她哭着对我说: "我和男朋友分手了。" 예: 그녀는 울면서 나에게 말했다. "남자친구랑 헤어졌어."

작은 기호에 지나지 않는 문장부호이지만 문장 속에서 중요한 역할을 한다. 문장부호들의 용법이 기본적으로 대동소이하지만 미묘한 차이가 있음을 알아두길 바란다.

---

15) 국립국어원 표준국어대사전에 나와 있는 정의를 인용함.

4장

중국어 공부법,
영역별로 쌓기

인류 언어 교수법의 변천사,
장점만 취해라

　중국어가 됐든 영어가 됐든 학습자들의 가장 큰 관심사는 "도대체 어떤 방법으로 언어를 공부해야 잘할 수 있는가?" 하는 것이다. 그러나 나는 공부법을 따지기 전에 교수법에 대한 이해를 우선 전제해야 한다고 생각한다.

　영유아 시절부터 성인이 되어서까지 우리는 늘 누군가로부터 지식과 기술을 전수받는데, 무엇이 얼마나 전수되는지는 학습자 개인의 성향, 투자 시간과 노력에 따라 제각각이다. 게다가 크게는 나라별로, 작게는 선생님마다 교수법 또한 천차만별이다. 그러다 보니 실력의 우열을 떠나서 눈에 보이는 결과물이 달라질 수밖에 없다.

　언어학자들에 따르면 세상에는 수많은 언어 교수법이 존재한다. 그렇다면 언어 역사상 큰 영향을 미친 교수법은 무엇이 있는지 간단히 정리해서 살펴보고자 한다. 그 이유는 두 가지다. 하나는 언어 교수법의 역사와 흐름을 통해 선인들의 다양한 경험과 노하우를 배울 수 있기 때문이며, 다른 하나는 비록 서로 다른 교수법이지만 언어 공부에 있어서 반드시 겪어야 하는 공통분모가 무엇인지 알 수 있기 때문이다. <u>공부법은 다양한 교수법으로 지식을 전수받은 후, 자신의 것으로 소화하는 과정에서 만들어진다.</u> 그래서 이미 성공한 사람들과 멘토들은 "자신만의 공부법을 찾아야 한다."라고 입을 모은다. 그럼 자신에게 맞는 공부법을 찾기에 앞서 도움이 될 만한 언어 교수법을 살펴보도록 하자.

1. 문법 번역식 교수법(The Grammar-Translation Method)

문법 번역식 교수법은 쉽게 말해서 '문법에 의존한 번역식 교수법'이다. 이 교수법은 유럽에서 먼저 시작되었고 라틴어와 그리스어를 가르치기 위해 고안되었다. 그 당시 라틴어 공부는 번역을 통해 이루어졌다. 라틴어를 한 단어씩 모국어로 완벽하게 번역하거나 모국어를 라틴어로 번역하는 방식으로 수업이 진행됐다고 한다.

르네상스 시대 유럽에는 라틴어와 그리스어 외에도 영어와 프랑스어 수업이 생겨났다. 그러나 새로운 외국어가 등장했음에도 불구하고 사람들은 여전히 전통적인 문법 번역식 교수법으로 수업했다. 새로운 교수법은 결코 뚝딱 만들어지는 것이 아니기 때문이다.

그럼 문법 번역식 교수법의 주요 특징을 살펴보자.

※ 문법 규칙을 중요하게 생각하며 번역 위주로 수업을 진행한다.
※ 모국어 사용빈도가 높다. 외국어를 모국어로 번역하거나 작문하는 방법으로 학생들의 문법

이해도와 숙달 정도를 판단한다.

※ 읽기(리딩)를 중요하게 생각하고 방대한 원서 읽기를 요구한다.

※ 회화와 듣기 공부를 소홀히 한다.

실용적인 외국어 학습을 중요하게 생각하는 오늘날에 있어서 문법 번역식 교수법은 상당히 고리타분하고 지루한 교수법처럼 여겨질지 모르겠다. 그러나 우리가 취해야 할 큰 장점이 있는데 그 것은 바로 다량의 원서 읽기이다. 다만 읽는 과정에 있어서 무조건 한국어로 완벽하게 번역할 필요가 없다. 나는 개인적으로 원서를 읽을 때 한국어로 딱히 뭐라고 설명은 못 하겠으나 그 원문의 뜻이 확 와 닿으면 그걸로 만족한다. 당신이 번역가 또는 소설가가 되는 것이 꿈이 아닌 이상 토씨 하나 빼놓지 않고 정확하게 해석할 필요는 없다.

2. 직접식 교수법(The Direct Method)

직접식 교수법은 '모국어처럼 자연스러운 학습 과정을 주장하는 교수법'으로 문법 번역식 교수법의 대안개념으로 등장했다. 19세기 유럽인들은 의사소통의 중요성을 깨닫기 시작했고 외국어 공부에 있어서 문어체보다는 살아 있는 회화가 더 중요하다는 새로운 인식이 생겨났다. 그 결과 문법 공부보다는 직접적인 의사소통 능력을 키우는 것이 언어 교육의 핵심 목표로 떠올랐다.

직접식 교수법의 원칙은 모국어 설명과 번역 대신 실물, 그림, 손동작, 표정 및 동작 등 방식으로 언어와 사물 간의 연결고리를 만드는 것이다. 그러고 나서 이미 공부한 내용은 반복 학습과 훈련을 통해 숙달되게 하는 방법을 사용했다.

직접식 교수법의 주요 특징은 다음과 같다.

※ 성인도 유아가 언어를 습득하듯이 자연스러운 환경에서 외국어를 배워야 한다고 주장한다.
※ 문법 설명과 번역은 최대한 배제한다.
※ 회화를 중심으로 듣기와 말하기를 병행하며 나중에 읽기와 쓰기를 시킨다.
※ 모국어를 전혀 사용하지 않고 통문장과 패턴을 외우는 방식으로 수업을 진행한다.

직접식 교수법은 오래되고 틀에 박힌 고전적인 문법 번역식 교수법을 뒤흔드는 큰 혁명이었다. 기계적 문법 암기식 교수법에서 듣기, 말하기, 읽기와 쓰기 능력을 함양시키는 방법으로 변화한 것이다. 그러나 단점이 없는 것은 아니다. 유아와 성인의 지적 수준 차이, 성장 환경을 무시한 채 성인들에게 모국어 습득의 방식으로 제2외국어를 배울 것을 강조했다는 것이다. 게다가 외국어 공부에 있어서 모국어는 간섭이 된다고 여겨 모국어 사용을 배제했는데 이 또한 극단적인 방법이었다. 오늘날 우리가 참고할 수 있는 부분은 회화와 말하기를 중심으로 하는 통문장 암기법이다. 요즘 유행하는 "패턴으로 영어 회화 공부하기"가 바로 이 점에서 착안된 것이 아닌가 하는 생각이 든다.

3. 청화식(청각 구두) 교수법(The Audio-Lingual Method)

청화식 교수법은 '구두 교수법' 또는 '패턴 교수법'이라고도 불린다. 청화식 교수법은 제2차 세계대전 때 미국 군인들에게

외국어를 가르치기 위해 개발된 교수법으로 일명 '군대 교수법'
이라고도 한다. 짧은 시간에 외국어를 구사해야 했기 때문에 쓰
기나 읽기보다는 오로지 듣기와 말하기만 집중적으로 가르쳤다.

청화식 교수법은 직접식 교수법과 비슷하게 듣기와 말하기를
강조하면서 읽기와 쓰기보다 선행시키는 경향이 있다. 청화식
교수법의 주요한 특징을 살펴보면 다음과 같다.

※ 듣고 말하기가 읽기와 쓰기보다 우위이다.
※ 기계적으로 모방하고 암기한다.
※ 모국어의 개입을 제한시킨다.
※ 문장패턴을 중심으로 반복 학습을 강조한다.

아무래도 특정된 교재도 없이 모국어 사용을 배제한 채 무조
건 듣기와 말하기를 강조하다 보니 문장을 외웠음에도 불구하
고 전혀 이해하지 못하는 극단적인 경우가 발생하기도 한다.

청화식 교수법이 유행하면서 한때 카세트 플레이어가 선풍적
인 인기를 끌었고 급기야 오디오 테이프 교재도 등장했다. 수능
영어 듣기 평가가 시행되면서 사실상 청화식 교수법이 현재 한
국의 외국어 교육 시장을 장악했다고 볼 수 있다. 청화식 교수
법은 듣기와 회화 능력을 향상할 수 있다는 장점이 있다. 하지만
외국어를 언제까지 패턴만으로 공부할 것인가? 형식적으로 패
턴만 외우면 실제 의사소통에서 응용할 수 없고 생각과 의사를
제한적으로 전달할 수밖에 없다. 더군다나 패턴의 형식은 무궁
무진하여 마스터하기란 여간 힘든 일이 아니다.

이 밖에 청화식 교수법의 가장 큰 단점은 바로 읽기와 쓰기 공부가 취약해진다는 것이다. 외국어의 4대 영역이 균형적인 발전을 이루지 못하고 알아듣고 간단한 회화만 할 수 있는 반쪽짜리 교수법이 될 수 있다.

4. 의사소통 중심 교수법(The Communicative Language Teaching)

의사소통 중심의 교수법은 1970년대 유럽에서 시작되었다. 당시 언어학자들은 언어의 사회적 기능을 중요하게 생각했다. 과거에는 전통적인 문법 규칙과 언어 구조에 관한 공부가 우위였다면 이제는 언어가 실생활에서 어떻게 사용되는지 그 목적과 역할 기능이 강조되기 시작했다. 우리는 평소에 언어의 기능적 측면에서 만들어진 교과서, 참고서와 회화 사전들을 손쉽게 접할 수 있다. 예를 들어, '안부 묻기', '동의 구하기', '거절하기', '사과하기', '요청하기' 등이 바로 언어의 기능이다.

자, 그럼 아래 의사소통 중심의 교수법은 어떤 특징이 있는지 간단하게 살펴보도록 하자.

※ 무엇을 가르칠지는 배움의 목적에 따라 결정되고 의사소통이 주된 목적임을 강조한다.
※ 가르치는 과정에서 상대방과의 교류를 중요하게 생각한다.
※ 실제상황과 관련된 교재나 자료를 사용함으로써 살아 있는 언어를 가르친다.
※ 문법이나 발음의 정확도보다는 의사소통 능력과 유창성 제고에 중점을 둔다.

의사소통 중심의 교수법은 자기가 필요한 부분만 따로 공부할 수 있다는 점과 달라도 괜찮다는 부분으로 인해 외국어 공부에 흥미와 자신감을 가질 수 있다. 그러나 문법을 강조하지 않고 오류에 대해 지나치게 관대하다는 점이 단점이라서 언어의 정확도를 떨어뜨리기도 한다.

이렇게 살펴본 4가지 교수법은 오래되었지만 새로운 교수법의 등장에도 불구하고 밀려나거나 도태되지 않았다. 그만큼 그 효과를 인정받은 이 교수법들의 공통점을 모아 결론을 내리자면 <u>어떤 교수법을 사용하든 외국어 공부에 있어서 반드시 겪어야 하는 과정이 있다는 것을 알 수 있다.</u>

첫째, 언제가 됐든 문법 설명은 꼭 필요하다.
둘째, 단계별 모어어의 적절한 개입은 절대적으로 필요하다.
셋째, 언어의 4대 영역 공부는 '따로 또 같이' 공부해야 한다.
넷째, 틀린 부분은 제때 바로잡아야 한다. 엄한 스승 밑에서 훌륭한 제자가 나온다고 했다.
다섯째, 철저한 복습과 연습이 필요하다.

우리는 여러 언어 교수법을 이해하고 나서 그들의 장점만 취해 자신의 중국어 공부에 적용만 하면 된다. 중국 개혁개방의 지휘자 덩샤오핑은 "검은 고양이든 흰 고양이든 쥐만 잘 잡으면 좋은 고양이다(不管黑猫白猫, 能捉老鼠的就是好猫。)."라고 했다. 언어 교수법도 마찬가지다. 17세기에 나온 교수법이든 1년 전에 나온 교수법이든 언어를 공부하는 데 도움만 된다면 좋은 교수법이라 할 수 있다.

02

발음(소리), 중국어 공부의 진짜 시작

◆ ◆ ◆ ◆ ◆

발음은 처음부터 확실하게 배워라

발음은 사람으로 따지면 외모이자 첫인상이다. 겉모습만으로 사람을 판단해서는 안 되겠지만 현실 생활에서는 잘생긴 얼굴과 예쁜 외모가 눈길을 끄는 것은 인지상정이다. 시간이 흐르고 보니 학식도 없고 유머도 없으며 더 심한 경우 멍청하기까지 할지라도 어찌 됐든 첫 기회는 얻은 것이다.

중국어 발음은 어렵다. 독학은 더더욱 금물이다. 돈과 시간을 아끼려고 급하게 배우면 독이 된다. 처음부터 제대로 배우지 않으면 나중에 100% 후회한다. 중국어 공부에 있어 한국인은 서양인에 비해 유리하다. 서양인들보다 한자를 접할 기회가 많아 뜻을 이해하는 데 도움이 되기 때문이다. 그러나 한국인들이 중국어 발음을 공부할 때 독이 되는 두 가지가 있다. <u>하나는 영어 알파벳 발음이고 다른 하나는 한자의 독음이다.</u>

제1외국어로 영어를 먼저 접하다 보니 알파벳의 모든 발음과 기준이 영어의 파닉스에 맞춰져 있다는 것이 걸림돌이 된다. 영어에 a, e, i, o, u라는 다섯 개의 모음이 있듯이 중국어에도 a, o, e, i, u, ü라는 여섯 개의 단모음이 존재한다. 쓰는 것은 똑같아도 읽었을 때 나는 소리는 완전히 다르다. 영어의 간섭으로 인해 한국인들은 영어 모음의 발음으로 중국어 단모음을 단숨에 읽어버린다. 이와 같이 절대 해서는 안 되는 실수가 모음에만 해당하는 것이 아니라 자음에서도 마찬가지로 발생한다.

영어의 간섭보다 좀 더 심한 것이 바로 한자 독음이다. 이건 아예 한국어로 중국어 병음을 읽는 것이기 때문에 전혀 중국어처럼 들리지 않는다. 실제로 중국인들을 붙잡고 "당신 월량대표아적심(月亮代表我的心) 알아요?", "학이시습지 불역열호(学而时习之不亦说乎), 유붕우자원방래 불역락호(有朋友自远方来不亦乐乎), 인부지이불 불역군자호(人不知而不不亦君子乎)는 제가 좋아하는 문장입니다."라고 하면 중국인들은 대개 멍한 얼굴로 바라볼 것이다. 한자 독음은 중국어가 아니라는 점을 명심하길 바란다.

아래의 도표는 실제로 가르치면서 학습자들이 많이 실수했던 단어들이다.

한국어	중국어 및 발음	한자 독음이 들어간 잘못된 발음
가족	家人[jiārén], 쨔런	가런['집 가'의 독음으로 발음]
회사	公司[gōngsī], 꿍쓰	공쓰['공평할 공'의 독음으로 발음]
동아시아	东亚[dōngyà], 뚱야	동야['동녘 동'의 독음으로 발음]

한국어	중국어 및 발음	영어 알파벳의 간섭으로 잘못된 발음
딸기	草莓[cǎoméi], 차오메이	카오메이['c'를 영어식으로 발음]
전부, 모두	全部[quánbù], 취안뿌	쿼안뿌['qu'를 영어식으로 발음]
사람	人[rén], 런	륀['r'을 영어식으로 발음]

"제가 보기에는 거의 비슷한 것 같은데 중국인들도 다 알아듣지 않을까요?"라는 생각은 일찌감치 버려야 한다. 한자 독음이나 잘못된 영어식 발음으로는 의사소통할 수 없기 때문이다. 그런 환상을 깨기 위해 나는 중국어 가이드 면접시험대비반 강의를 하면서 스터디 그룹을 만들었다. 스터디 그룹의 원칙은 바로 반드시 한국인과 중국인으로 구성되어야 한다는 것이다. 처음에 스터디를 하라고 했더니 한국인은 한국인들끼리, 중국인은 중국인들끼리 공부를 했다. 그렇게 스터디를 한 내용으로 그다음 수업 시간에 서로 중국어로 질문하고 대답하는 시간을 가졌다. 그런데 한국인 학생이 중국어로 질문하면 중국인 학생들이 전혀 알아듣지 못했다. 반면에 한국인 학생들은 질문을 다 이해한 듯 고개를 끄덕이는 웃지 못할 상황이 벌어졌다. 반대로 중국인 학생이 앞에 나와서 유창한 중국어로 질문을 했는데 한국인 학생들은 절반만 이해하거나 전혀 알아듣지 못했다. 한국인이 중국어를 했는데 중국인들이 알아듣지 못하고 한국인은 알아듣는다? 정작 중국인이 중국어를 하면 한국인들은 잘 알아듣지 못한다? 이상하지 않은가? 이것은 한국인 학습자들의 중국어 발음이 정확하지 않다는 것을 방증한다. 한국인들이 알아들을 수 있었던 것은 한자 독음이 섞여 있었기 때문이다. 10년 이상 공부해서 완벽한 문법에 고사성어까지 써가면서 중국어를 했더니 상대방이 못 알아들었을 때 그 허망함과 좌절감은 이루 말할 수 없을 것이다.

"한국에서는 강사들이 제가 하는 중국어를 다 알아듣던데요?"

그건 당연하다. 강사들은 학생들의 실수를 알아서 걸러 듣는 귀가 발달했다. 그리고 경력이 쌓이고 노하우가 생기면 학생들이 이쯤 되면 무슨 말을 하고 싶어 하는지도 알 수 있다. 그러나 중국에 가면 다르다. 누가 당신의 틀린 문장에 신경을 써줄까? 그냥 "이상한 소리 하네!", "도대체 무슨 말이야?"라고 생각하고 넘어간다.

대부분의 학원에서는 이렇게 중요한 발음 설명을 2~3번의 수업을 통해 끝내버린다. 그리고 그냥 수업하면서 그때그때 발음을 잡아준다. 학원으로서는 발음만 가르치고 연습시키면 학습자들이 쉽게 지루해한다는 것 때문에 빨리 진도를 나간다. 그리고 학습자도 3개월 동안 몇십만 원을 내고 발음만 공부한다고 생각하면 왠지 돈 낭비, 시간 낭비처럼 느껴질 것이다. 그러다 보니 발음 관문을 제대로 넘은 학습자들을 찾아보기 쉽지 않다.

중국어 발음 공부에는 최소 20~30시간은 쏟아야 한다. 주 5회, 1회 1시간이라고 했을 때 적어도 꼬박 한 달 또는 한 달 반 정도의 시간이 필요하다. 중국인 초등학생들도 1학년 때에는 1년 내내 발음 공부를 병행한다. 그러니 한국인이 한국에서 몇 시간 만에 중국어 발음을 마스터할 수 있다고 생각하는 것은 어불성설이다. 아무리 뛰어난 선생님이라고 해도 이것만큼은 불가능하다. 발음은 무한 반복 연습과 시간만이 해결해줄 수 있는 영역이기 때문이다.

돈과 시간을 아끼려다가 나중에 더 큰 낭패를 볼 수 있다. 처

음부터 교정을 받으면서 정확한 중국어 발음을 배워나가기를
진심으로 바란다.

◆ ◆ ◆ ◆ ◆

한국어에 없는 발음을 집중 공략하고 성조는 1분 만에 끝내라

매년 10월 9일 한글날만 되면 "한글은 과학적이고 세계에서
인정한 가장 뛰어난 문자"라고 여기저기서 홍보한다. 세종대왕
이 입 모양과 혀의 위치, 발음기관과 천지인(天地人) 사상에 근
거해서 만든 훈민정음은 독창적이라는 것에 세계 석학들은 입
을 모아 칭찬한다. 그러다 보니 "한글은 세상의 모든 소리를 다
적을 수 있다."라고 과대 해석하거나 추측한다. 하지만 인정할
것은 인정하고 넘어가야 한다. 한글은 결코 모든 발음과 소리를
다 적을 수 있는 만능 글자가 아니다.

소강춘 국립국어원장은 한 인터뷰에서 "국제음성기호 중 한
국어에 없는 발음은 70개가 넘는다."라고 밝혔다. 한글은 어디
까지나 한국인들이 사용하는 언어를 표기하기 위해 만든 수단
이기 때문이다. 이런 점을 고려하여 중국어 발음을 공부할 때도
한국어에 없는 발음을 집중적으로 공략하면 된다.

우선 중국어의 병음을 구성하는 자음(성모)과 모음(운모)을
살펴보도록 하자. 중국어 병음은 모음 35개와 자음 23개로 구성

되었다. 아래 도표는 내가 발음을 가르칠 때 활용하는 순서이다. 선생님마다 노하우가 있고 자신만의 교수법이 있으니 그냥 참고만 하길 바란다.

모음 1조(6개)	a, o, e, i, u, ü
모음 2조(7개)	ao, ai, ou, ei, ua, uo, ui
모음 3조(9개)	an, ang, en, eng, uan, uang, uen, ueng, ong
모음 4조(9개)	ia, ian, iang, ie, iu, in, ing, iao, iong
모음 5조(4개)	üe, ün, üan, er

자음 1조(3개)	b, p, m	양순음, 두 입술 사이에서 만들어지는 소리
자음 2조(4개)	d, t, n, l	설첨중음, 혀끝이 윗니 뒤쪽에 닿으면서 나는 소리
자음 3조(3개)	g, k, h	설근음, 혀뿌리와 목젖 사이에서 나는 소리
자음 4조(3개)	j, q, x	설면음, 혓바닥소리라고 하여 혀를 펴서 내는 소리
자음 5조(3개)	z, c, s	평설음, 혀를 펴고 윗니 뒤쪽에 닿거나 근접했을 때 나는 소리
자음 6조(4개)	zh, ch, sh, r	권설음, 혀를 살짝 만 상태에서 혀끝이 입천장 앞부분에 살짝 닿으면서 나는 소리
자음 7조(1개)	f	순치음, 아랫입술과 윗니 사이에서 만들어지는 소리
자음 8조(2개)	y, w	i, u, ü가 단독으로 쓰일 때 앞에 쓰임

중국어의 자음과 모음을 살펴보았으니 한국인이 어려워하거나 많이 틀리는 중국어 발음에 관해 이야기해보자. 자음의 경우 f, zh, ch, sh, r, j, q, x를 가장 어려워하고 모음은 i, ü, er, ong에서 실수가 자주 난다.

f는 영어가 됐든 중국어가 됐든 한국인들이 가장 어려워하고 많이 틀리는 발음이다. 한국어에는 순치음 발음이 없다. 윗니와 아랫

입술이 만나 마찰하면서 나는 소리가 없다는 뜻이다. 그래서 'f' 발음은 항상 'p' 발음으로 잘못 발음된다. 전형적인 예로 "식사 하셨어요?"의 "吃饭(chīfàn)了吗?"는 보통 '츠판러마'로 부정확하게 발음된다. 설상가상으로 'ch' 자음도 어려운 발음인데 이 것까지 틀려버리니 그나마 좀 봐주려고 했던 '츠판러마'가 '치판러마' 또는 '취팔러마'로 되어버린다. 심지어 욕처럼 들린다는 사람들도 있다. 간단한 인사말이 돌고 돌아 욕이 되어버린 격이다. 'f' 발음을 가르칠 때 우리는 보통 토끼 앞니 모양으로 아랫입술을 깨물었다가 바람을 부는 순간 떼라고 설명한다. 현재까지는 가장 확실한 방법인 듯싶다.

i가 뭐가 어려워, 하고 말할 수 있지만 의외로 많이 틀린다. 'i'의 관문을 제대로 넘지 못하면 'j, q, x' 발음, 'z, c, s'와 'zh, ch, sh' 발음은 물 건너갔다고 봐도 무방하다. 중국어 모음 'i'는 두 가지 발음이 있다. 한국어에 해당 발음이 존재하기 때문에 한글로 표기하려고 한다. 하나는 '이' 소리가 나고, 다른 하나는 '으' 소리가 난다. 'i' 앞에 어떤 자음이 오느냐에 따라 발음이 달라진다.

j, q, x는 'ji, qi, xi'로 발음되고 이때 'i'는 '이' 소리가 난다. 한글로 발음을 적는다면 '지/찌, 치, 시/씨'의 소리를 갖게 된다. 중국어에는 성조와 강약이 있으므로 'ji'와 'xi'는 '지/찌', '시/씨' 소리를 모두 갖고 있다.

z, c, s는 'zi, ci, si'로 발음하며 이때 'i'는 '으' 소리가 난다. 한글로 발음을 표기한다면 '즈/쯔, 츠, 스/쓰'의 소리를 내게 된다.

zh, ch, sh의 발음 규칙은 'z, c, s'와 똑같다. 'zhi, chi, shi'로 쓰고 'i'는 '으' 소리가 난다. 다만 이 발음은 혀가 말리면서 나는 소리이기 때문에 한글 표기가 불가능하다. 혀를 말아야 한다고 해서 심하게 말아버리면 '즐, 츨, 슬'의 소리가 나는데 이것은 잘못된 소리이다. 혀를 살짝 만 상태에서 혀끝이 입천장 앞부분에 살짝 닿았다가 떨어지면서 나는 소리여야 정확하다.

r도 한국인을 괴롭히는 어려운 발음 중 하나이다. 영어에 있는 발음이어서 쉬울 거로 생각하는데 생각보다 쉽지 않다. 한글로 보통 영어 'r'의 음가를 '뤄'라고 표기하는데 사실, 이 발음표기도 틀린 것이 아닌가? 한국어에는 이 발음이 없으니 말이다. 'r'의 발음은 'ri'인데 여기서 'i'는 '으' 소리가 난다. 혀가 말리되 입안에서 그 어디에도 닿으면 안 되는 소리이다.

ü도 한국어에 없는 발음이다. 한국어의 '위' 발음과 같다고 우기는 학습자들이 있는데 엄밀히 따지면 다르다. 한국어에서 '위'는 입술을 양옆으로 살짝 당기면서 나는 소리이다. 그러나 중국어에서 'ü'는 입술을 오리 입처럼 모으고 앞으로 쭉 내민 채 나는 소리이다. 'ü' 발음을 잘못하면 나는 "소리가 샌다."라고 짚어준다. 'ü' 발음이 틀리면 'u' 또는 'i' 발음으로 넙뛰기하는 수가 있다.

er은 한국어의 '얼빠지다'는 단어를 생각하면서 '얼'이라고 발음하면 된다. 이렇게 단독으로 발음할 때는 문제없다. 그러나 다른 음절 뒤에 붙어서 앞에 나온 음 일부로 동화될 때 어려움을 많이 느낀다. 이런 변화를 우리는 '얼화(儿化)'라고 한다. 보통 명사 뒤에 붙인다. 그렇다고 모든 단어에 다 쓰이는 것은 아니므로 그때그때 중요한 몇 개만 알아두면 되겠다. 사실 '얼'은 붙여도 되고 붙이지 않아도 그만이다. 다만 좀 더 중국 현지인처럼 보이고 싶다면 알아둬서 나쁠 건 없다.

ong은 한국어 '옹'에 해당하는 정말 쉬운 발음인데 이상하게 '옹'으로 알고 있는 사람들이 대부분이다. 단군신화에 나오는 '웅녀'의 '웅'이 정확한 발음이다. '나폴레옹'의 '옹'으로 잘못 알고 있었다면 하루빨리 고치기 바란다.

성조를 설명하기 전에 마지막으로 한 가지만 더 짚고 넘어가겠다. 중국어 병음을 공부할 때 절대 한글로 적혀 있는 발음을 그대로 외우지 말라. 최대한 원래의 발음을 살리려고 노력은 했겠으나 80~90%는 그 정확한 소리를 전달하지 못한다. 모든 중국어 입문 학습서에는 외래어 표기법에 따라 적어놓은 한글 발음이 나와 있다. 작가, 편집자나 출판사를 욕하고 싶은 생각은 추호도 없다. 외래어 표기법이 그렇게 발음을 정해놓았으니 울며 겨자 먹기로 선택한 궁여지책이라고 생각한다.

가끔 외래어 표기법으로 중국어 병음을 설명한 부분을 보면 어이가 없다. 'iong'을 '이옹'으로, 'ian'은 '이안'으로, 'yuan'은 '위안'으로……. 중국인 앞에서 한 글자 한 글자 또박또박 읽어봤자 못 알아듣는다. 중국어에 없는 발음이기 때문이다. 차라리 표기한다면 '융, 앤, 웬'으로 표기하는 게 훨씬 더 비슷한 발음이다.

한때 쟁점이 되었던 '중국인 관광객'이라는 단어도 예로 들어보자. '游客(yóukè)'를 그냥 기존대로 '여행객' 또는 '관광객'이라고 하면 될 것을 언제부터인가 언론매체에서 갑자기 중국 현지 발음을 따서 '요커', '여우커', '요우커'라고 제각각 다루기 시작했다. 외래어 표기법에는 어떻게 등재되었나 싶어서 찾아보다가 기사에 실린 내용을 보고 더 어이가 없었다. 2014년 12월에 정부·언론외래어심의공동위원회는 중국어 표기법에 따라 '유커'로 통일하라고 결정했다는 것이었다.

엉터리 발음이 난무한다. 외래어 표기법이 가져온 폐단일 수도 있다. 착각하지 마라. 외래어 표기법은 절대 발음기호가 아니다.

성조로 넘어와서 이야기를 해보자. 중국어에는 음의 높낮이를 나타내는 4개의 성조가 있다. 각각 1성, 2성, 3성, 4성이라고 부른다. 그러나 이 4개의 성조 외에 늘 강조하는 부분이 있는데 바로 '경성'이다. 경성은 보통 표기를 잘 안 하기 때문에 많은 학습자가 소홀히 대하는 경우가 많다. 그래서 그런지 경성을 자연스럽게 내는 학습자들이 많지 않다.

제목에 성조는 1분 만에 끝내라고 했다. 그렇다고 1분만 공부하면 앞으로 다시는 연습하지 않아도 된다는 말로 오해해서는 절대 안 된다. 1분 만에 4가지 성조와 경성의 특징을 마스터할 수 있다는 말로 이해하길 바란다. 'a'를 예로 들어 성조를 표기해보려고 한다. 제1성은 ā, 제2성은 á, 제3성은 ǎ, 제4성은 à, 그리고 마지막 경성은 a로 쓰면 된다.

제1성은 같은 음의 높이로 길게 쭉~~ 읽어주면 된다. 어떤 책에서는 "솔 톤으로 출발하세요."라고 하는데 매번 기타를 튜닝하듯이 '솔' 음을 잡고 1성을 낼 수는 없는 노릇이다. 음 변화 없이 길게만 읽어주면 된다.

제2성은 땅속에 박힌 무를 단번에 확 뽑아내는 느낌으로 음을 위로 끌어당겨야 한다. 2성을 읽을 때는 망설임이 없어야 한다. 2성을 가르칠 때 내가 많이 드는 예는 두 가지다. 하나는 한국어의 "뭐?"이고 다른 하나는 영어의 "What?"이다. 이 두 가지 예면 2성은 더 긴 설명이 필요 없다.

제3성이 가장 어려운 이유는 뒤에 어떤 성조가 오느냐에 따라서 2성으로 변했다가 반 3성으로 변했다가 변덕이 심하기 때문이다. 그러나 항상 기본 성조만 잘 알아두면 얼마든지 응용과 변형을 할 수 있기 때문에 여기서는 제3성의 기본 성조에 대해서만 다룬다. 제3성은 표기법과 비슷하게 음이 아래로 내려갔다가 다시 위로 올라온다. 이해하기 쉽게 강의 때마다 드는 예문이 있다. 바로 한국어에서 우리가 무언가를 깨달았을 때 "아~, 그렇구나!"라고 하는 표현이다. 여기서 "아~"를 내렸다가 올리면 제3성이 된다.

제4성은 무거운 물건이 아래로 갑자기 떨어지는 느낌으로 읽어주면 된다. 제4성을 설명할 때도 자주 사용하는 예문이 있다. 만약 옆에 있던 친구가 갑자기 당신을 때렸다고 가정하자. 그럼 당신은 "아!(↓) 왜 때려?" 또는 "아!(↓) 아프잖아!"라고 대답할 것이다. 이때 '아!'를 강하게 발음하면 중국어의 제4성과 같아진다.

마지막으로 **경성**은 제1성을 짧게, 즉 잠자리가 꼬리로 물 위를 '탁' 치고 날아가듯 가볍게 발음하면 된다. 경성은 없는 듯 있는 듯 조용하지만, 상당히 중요하다. 예를 보면 알게 될 것이다.

예 1: [wén zì] - [wén zi]
예 2: [dì dào] - [dì dao]

예 1과 2를 살펴보면 각자 세트별로 병음이 똑같다. 다만 마지막 글자의 성조가 다르다. 전자들은 다 제4성이고 후자들은 모두 경성이다. 어떤 차이가 있을까? 예 1에서의 [wén zì]는 '글자, 문자'라는 뜻이지만 [wén zi]는 '모기'라는 뜻이다. 예 2에서의 [dì dào]는 '지하도, 땅굴'의 의미로 쓰이지만 [dì dao]는 '정통의, 진짜의, 오리지널의'라는 완전히 다른 뜻을 나타낸다.

4가지 성조의 발음 규칙과 경성의 특징을 알았다면 이제는 반복 연습할 숙제만 남았다. 그럼 언제까지 연습해야 한단 말인가? 우주로 발사된 위성이 정상궤도에 진입하여 자리를 잡는 원리를 떠올리면 된다. 다시 말해 머리로 생각하지 않고 조건반사적으로 성조와 발음이 나올 때까지 연습하면 된다. 발음과 성조는 절대적으로 일정한 시간을 들여 연습해야 한다.

♦ ♦ ♦ ♦ ♦

효과적인 발음 공부를 위한 노하우

효과적으로 발음 공부를 하기 위해서 어떻게 해야 할까? 중국어 발음, 즉 병음과 성조를 가르치는 방법에는 크게 두 가지가 있다. 하나는 일정 기간 집중적으로 발음만 교육하는 방법이다. 15일이 될 수도 있고 한 달이 될 수도 있으며 개인 성향에 따라 심지어 한 달이 넘어갈 수도 있다. 이 기간에 강사들은 보통 자음, 모음과 성조를 쉬운 것부터 시작해서 학습자들에게 완벽하게 전수한다.

발음 집중 훈련 과정에서 학습자들의 부담을 덜어주기 위해 한자는 아예 공부하지 않는다. 병음을 익힐 때 등장하는 단어들은 외울 필요조차 없다. 그냥 발음 규칙을 익힌 뒤 보는 대로 읽으면 된다. 이와 같은 집중훈련의 장점은 학습자들이 체계적으로 중국어 병음의 모든 것을 마스터할 수 있다는 것이다. 이 공부 방법은 정석 중의 정석이라 할 수 있다. 단점이라면 기계적이고 반복적인 발음 훈련이 무미건조하게 느껴질 수 있다는 것이다. 학습자들의 의지가 약하면 약할수록 쉽게 지쳐버리거나 아예 포기해버린다.

이런 단점을 보완하기 위해 새로운 방법이 등장한다. <u>그것은 바로 대화나 텍스트, 즉 말 속에서 바로바로 발음을 공부하는 방법이다.</u> 모든 것을 빨리빨리 공부해버리고 자격증을 취득해야 하는 학습자들 처지에서는 이 방법이 매력적으로 느껴질 것이다.

중국어에 대해 아무것도 모르는데 대화와 텍스트를 가지고 단어를 따라 읽으며 공부한다. 그리고 그때그때 배우는 단어에서 등장하는 자음과 모음을 즉흥적으로 배운다. 시간이 흐르고 공부의 양이 쌓이면 알아서 양적 변화가 질적 변화로 이어질 거라고 주장한다. 장점은 학습자들이 지루하다고 여겨지는 발음 공부를 생략하고 첫 시간부터 바로 간단한 말을 할 수 있다는 자신감을 심어줄 수 있다는 것이다. 그러나 중국어 병음을 체계적으로 배울 수 없고 규칙도 없이 중구난방으로 발음을 공부하게 된다. 게다가 난이도가 쉽고 어렵고를 전혀 신경 쓰지 않는다. 첫 단어부터 발음 때문에 고생할 수도 있다. 두 번째 방법으로 공부하면 꽤 오랫동안 중국어를 공부했어도 발음 규칙과 중국어 병음에 대한 전반적인 이해가 부족할 수밖에 없다.

나는 첫 번째 정석적인 공부 방법을 선호한다. 나 자신조차도 체계적인 발음 공부법으로 중국어를 배웠기 때문에 첫 시작이 얼마나 중요한지 잘 알고 있다. 아직 걸음마도 떼지 못한 아이에게 달리기를 시키는 것과 같은 어리석은 실수는 하지 않았으면 한다. 모든 것에는 과정이 필요하고 시간이 필요하다.

축구선수 손흥민이 세계적인 스타로 성장한 데에는 아버지의 역할이 컸다는 것은 잘 알려진 사실이다. 전술은 언제든지 펼쳐도 늦지 않다고 하면서 철저하게 기본기와 개인기를 훈련시켰다고 한다. 6년 동안 하루도 게으름을 피우지 않고 3~4시간씩 다양한 각도와 상황설정에서 혹독한 훈련을 통해 기본기를 다졌다고 한다. 그러니 우리가 한두 달의 투자로 평생 완벽한 발음을 구사할 수 있게 된다면 이건 결코 손해 보는 장사가 아니다.

중국어 발음을 공부할 때 조금이라도 시너지 효과를 볼 수 있는 단어카드 훈련법, 병음 비교 훈련법과 받아쓰기 훈련법을 소개한다. 아래 훈련법들은 선생님 없이도 혼자서도 충분히 활용 가능하다. 이 3가지 훈련법을 하기 위한 전제조건은 일단 중국어 병음의 기본 발음은 알고 있어야 한다는 것이다.

단어카드 훈련법

아이들이 영어단어나 한글을 익힐 때 많이 사용하는 전통적인 방법이다. 처음 만들 때 손이 많이 가긴 하지만 한번 잘 만들어놓으면 꽤 유용하게 사용 가능하다. 시중에서 마음에 드는 두툼한 링 단어장 2개를 산다. 하나는 중국어 자음 전용이고 다른 하나는 모음 전용이다. 중국어 모음이 35개를 넘기 때문에 단어장 페이지는 적어도 35장을 넘겨야 한다. 이렇게 구매한 링 단어장에 모음과 자음을 따로따로 적어둔다. 연습할 때 자음 단어장은 왼쪽, 모음 단어장은 오른쪽에 놓고 시작한다.

중국어 교재나 온라인 사전에 나와 있는 단어 음성 파일을 들으면서 링 단어장을 활용해 중국어 병음 스펠링을 만들어본다. 만든 후 정답과 비교해보고 어떤 소리가 구분이 잘 안 되는지, 자주 틀리는 자음과 모음은 무엇인지를 직관적으로 보아낼 수 있다. 이 훈련법에서 성조는 굳이 신경 쓰지 않아도 된다.

받아쓰기 훈련법

중국어 병음의 소리와 철자(스펠링)가 어느 정도 구분이 가능한 수준이 되었을 때 추천하는 훈련법이다. 얇은 공책 하나를 준비한다. 새 공책 하나를 병음 받아쓰기로 다 채운다는 각오로 덤벼야 한다. 이 훈련 단계에서는 자음과 모음의 정확도만 확인하는 것이 아니라 성조도 제대로 파악하고 있는지 이 부분까지 점검한다. 병음은 맞게 썼으나 성조가 틀린 경우가 있고, 성조는 맞았으나 병음이 틀리는 때도 있다. 선생님에게 수업 전 2~3분 정도 받아쓰기 훈련을 요청할 수도 있고, 시중에 팔리고 있는 녹음 파일을 활용할 수도 있다.

온라인 단어장 활용법

요즘은 다양한 단어 외우기 애플리케이션들이 많이 출시되고 있다. 다양한 애플리케이션을 사용해보고 자신에게 맞는 것을 선택하길 바란다. 새롭게 공부한 단어나 알고 싶은 단어를 검색해 '나만의 단어장'에 추가하여 수시로 들으면서 따라 하길 바란다.

발음이라는 첫 단추를 잘 끼워야 중국어 공부도 쉽게 풀린다. 첫걸음부터 삐끗하거나 잘못 시작되면 다시 원점으로 돌아가야 하기 때문이다. 어학 공부가 됐든 기타 학문이 됐든 첫 시작의 잘못된 지식과 이미지는 생각보다 깊이 각인되어 큰 영향을 미치게 된다. 기본기에 충실했던 손흥민 아버지의 축구 훈련법은 중국어를 포함한 어학 공부에 시사하는 바가 매우 크다.

03

한자(뜻글자), 중국어 공부의 대들보

◆ ◆ ◆ ◆ ◆

실용한자 1,000개면 중국어 신문을 읽을 수 있다

중국 국가 어언 문자 공작위원회 한자처(国家语言文字工作委员会汉字处)는 교육, 도서 편찬, 한자 전산화 및 정보처리 등 여러 가지 수요에 발맞춰 1986년부터 '현대한어상용자표'[16] 연구 제작에 착수했다. 이듬해 국가 어언 문자 공작위원회는 교육, 언어 및 정보처리 등 다양한 연구 분야의 전문가들을 초청하여 자문하고 논증의 과정을 거쳤다. 여기서 말하는 논증은 컴퓨터공학과에 상용한자 샘플링 검사(표본추출검사)를 의뢰하는 방식으로 이루어졌다.

컴퓨터공학과는 정부의 요구대로 200만 자에 달하는 언어 텍스트를 샘플링 한 후 사용빈도가 높은 상용한자들을 골라냈다. 다음 내용은 표본 자료로 활용되었던 언어 텍스트들이라고 한다.

---

16) 중국 포털사이트 바이두 백과사전(百度百科)을 참조.

1. 1987년 7월 『인민일보』, (삽화, 광고, 제목 및 부호를 제외한 150만 자)

2. 1987년 7월 『북경과학기술신문』, (삽화, 광고, 제목 및 부호를 제외한 20만 자)

3. 1987년 『당대(当代)』 제3기, (삽화, 제목 및 부호를 제외한 30만 자)

　　그 결과를 바탕으로 관련 부처와 전문가들의 의견을 수렴한 뒤 1988년 1월에 '현대한어상용자표'를 최종 발표했다. '현대한어상용자표'는 상용자 2,500자와 차상용자 1,000개를 수록하고 있다. 컴퓨터 샘플링 검사 결과 3,500개의 한자가 거의 모든 출판물의 99.48%를 차지하는 것으로 밝혀졌다.

　　표본 검사 과정을 거친 한자들이 최종 선택되는 데에는 4가지 원칙이 있었다고 한다.

원칙 1. 사용빈도가 높은 한자여야 한다.

원칙 2. 여러 학과에서 공통으로 많이 사용되는 한자여야 한다.

원칙 3. 글자 및 단어 조합 능력이 뛰어난 한자여야 한다.

원칙 4. 한자의 실제 사용 상황에 따라 취사선택해야 한다. 어떤 한자들은 텍스트 중에서는 잘 사용되지 않아 통계가 어렵지만, 일상생활에서는 사용빈도가 높다. 이런 한자들은 당연히 포함되어야 한다.

　　이것만 봐도 한자 하나를 선택하더라도 위 4가지 원칙을 종합적으로 적용하며 신중한 선택을 하였음을 알 수 있다. 1988년에 만들어져서 오래되었다고 생각할지 모르겠지만 이 3,500자는 결코 탁상공론이 낳은 결과물이 아니다.

　　세월이 흘러 세대가 바뀌면 사전도 업그레이드되기 마련이다.

2013년에 발표된 '통용규범한자표'의 경우 비록 8,105개의 한자를 수록하고 있지만 가장 기본이 되는 1급 실용한자는 여전히 3,500개로 규정하고 있다. 새로운 버전의 사전이 나오면 보통은 새로운 단어(신조어)나 외래어가 수록된다. 또는 시대에 맞지 않는 예문들이 사라지고 그 대신 새로운 예문들이 들어간다. 한자는 오히려 더 간소화되어 어려운 한자는 빠지는 경향이 있다.

위에서도 한번 언급했지만 1,000개 좀 넘는 한자만 알아도 중국 현지 생활이 전혀 문제 될 것이 없다. 그래서 이 글의 제목도 "실용한자 1,000개면 중국어 신문을 읽을 수 있다."라고 자신 있게 적었다. 아직도 믿지 못하는 학습자분들이 있으실 것 같아서 내가 직접 무작위로 뽑은 중국 기사문 10개의 한자 수를 보여주려고 한다. 아래 표에 나와 있는 중국 기사문들은 바로 중국에서 영향력이 있는 『인민일보』와 『신화왕』두 언론매체 위주로 발췌한 것이다. 이 두 언론매체에 등장하는 기사문들은 한국에서 통번역대학원을 준비하는 학습자들의 필수 학습 자료로 사용된다.

NO.	기사 제목	출처 및 날짜	한자(자)
1	中文: 保健食品不是 "神药" 不能被妖魔化 한글: 건강식품은 만병통치약 아니야, 과대광고는 금물	『신화왕』 2018.06.15.	893
2	中文: 游学不是游玩 教育应回归本质 한글: 유학, 교육의 본질로 되돌아가라	『인민일보』 2018.08.08.	1,053
3	中文: 机器人实力比颜值更重要 한글: 로봇, 비주얼보다 실력이 중요	『인민일보』 2018.10.15.	1,064
4	中文: 共享单车为什么越骑越少 한글: 공유자전거, 날이 갈수록 인기 시들	『북경일보』 2018.11.02.	1,009

5	中文: 中国保护知识产权再添 "利剑" 한글: 지식재산권 보호, 강력한 정책 추가 시행	『신화왕』 2018.11.08.	984
6	中文: 自媒体绝不是法外之地 한글: 1인 미디어, 법의 사각지대 아니다	『인민일보』 2018.11.13.	1,205
7	中文: 移动支付不能成为拒收现金理由 한글: 모바일 결제, 현금을 거부하는 이유가 될 수 없어	『법제일보』 2018.11.15.	1,148
8	中文: 靠假住院赚钱, 如此医保该一查到底 한글: 가짜 입원으로 돈 벌기 행태, 철저한 조사가 필요	『신화왕』 2018.11.16.	806
9	中文: 必须下大力气解决酒店卫生乱象 한글: 고급 호텔 위생 논란, 해결 시급	『신화왕』 2018.11.18.	609
10	中文: 柏林茶文化节传播中国文化 한글: 베를린 다도 문화 페스티벌, 중국 문화를 알리다	『신화왕』 2018.11.18.	934

보다시피 1,000자가 안 되는 기사도 있고 1,000자를 넘는 것도 있다. 기사의 성격과 내용에 따라 글이 길어질 수도 짧아질 수도 있기 때문이다. 그러나 기사문은 통상적으로 1,000자를 기준으로 쓰인다는 것을 알아두었으면 좋겠다. 아무리 1,000자라고 해도 그중에는 똑같은 한자들이 중복되어 나오기 마련이다. 엄밀히 따지고 보면 1,000자에 훨씬 못 미치는 수준이다. 겁먹을 필요 없다.

◆ ◆ ◆ ◆ ◆

노벨문학상 수상자 모옌(莫言)은 얼마나 많은 한자를 알고 있을까?

날고뛰는 중국 작가들은 셀 수 없이 많다. 그러나 내가 소설가 모옌(莫言)을 예로 든 데에는 그만한 이유가 있다. 바로 모옌이 중국 최초의 노벨문학상 수상자(2012년)로서 상징적인 의미가 크기 때문이다. 여기서 내가 논하고자 하는 것은 그의 작품성이 아니다. 나의 궁금증은 "모옌의 글들은 도대체 어떤 언어적 특징을 가지고 있나?"에서부터 시작되었다.

"말을 하지 않는다."라는 뜻의 '모옌'은 사실 그의 필명이고 본명은 관모예(管谟业)이다. 모옌은 이 필명을 쓰게 된 가장 큰 이유는 "어릴 적 말실수가 심해 부모님께 많은 폐를 끼쳤기 때문이다."라고 답했다. 또 다른 이유로는 "작가가 입에 말을 달고 살면 좋은 글을 쓸 겨를이 없다. 작가로서, 적게 말하고 자기 생각을 글로 풀어야 한다."라고 했다. 모옌의 이 인터뷰 발언이 감명 깊게 다가왔다.

모옌은 어린 시절 공부를 마음껏 해본 적도 없는 사람이다. 초등학교 5학년 때 '문화대혁명'으로 학업을 그만두었고 시골에서 10년 넘게 생활했다. 그 세월 동안 모옌은 수수와 목화를 심고 소를 방목했으며 풀을 베는 일들을 해왔다. 그는 당시를 떠올리며 볼 수 있는 책이 없었기 때문에 『신화사전(新华字典)』 한 권을 구해 한자를 외웠다고 했다. 당연히 나중에 다량의 독서를 통해 지식을 쌓은 것은 잘 알려진 사실이다.

모옌과 관련된 자료를 훑어보다가 그의 언어적 특징에 대한 공통된 평들을 찾아볼 수 있었다. "언어에 격정이 넘쳐흐른다", "언어 기초가 탄탄하다", "언어가 천태만상이다", "언어의 바닷속에서 마음껏 노닐 수 있다." …… 하지만 도대체 얼마나 많은 한자와 단어를 알아야 이런 찬사를 들을 수 있는 것일까?

사실 아무리 뛰어난 학자일지라도 한자라는 큰 산을 완벽하게 정복할 수는 없다. 중국인이 살면서 끝까지 다 하지 못하는 세 가지 일이 있는데 그중 하나가 바로 한자를 다 배우지 못하는 것이다. 자신의 관심 분야라면 어려운 한자도 쉽게 느껴질 수 있지만 잘 모르는 학문을 접했을 경우 낯선 한자들의 괴롭힘을 피하기는 어렵다.

아래는 『교문작자(咬文嚼字)』의 하오밍젠(郝铭鉴) 편집장이 『신화왕』 기자들[17]과의 인터뷰 내용을 정리한 것이다. '교문작자'는 1995년에 창간된 한자 관련 월간지이다. 이 잡지는 주로 신문·잡지 등의 간행물, 책, 광고, 영화와 드라마에서 등장하는 언어적 결함이나 실수를 찾아내고 발표한다. 그야말로 "언어의 해충을 골라 먹는 딱따구리"라는 별명이 무색하지 않다.

"우리는 2010년 모옌의 작품에서 총 5개의 잘못된 부분을 찾아냈다. 작가들의 작품에서 실수나 잘못된 부분을 찾아내기 시작한 이유는 다음과 같다. 작가라는 유명인의 사회적 영향력을 빌려 사람들이 이와 비슷한 실수를 하지 않도록 하기 위함이었다. 작가들도 자신의 작품에서 실수가 나오지 않게 하기 위해서는 책임이 뒤따른다. (중략) 모옌의 작품에 사용된 한자는 그다지 어렵지 않다. 그가 사용한 한자들은 일반인이라면 모두 익히 알고 있는 상용한자들이었다. 실수가 나올 확률이 비교적 낮다. 모옌의 작품에서 발견되었던 5가지 내용은 고대문학, 고대사학과 역사 일화와 관련된 지식 오류에 관한 것들이었다."

---

17) 기자문고(记者文库), http://www.xinhuanet.com/comments/jzwk/6.htm 중 ≪咬文嚼字≫主编: 明年还打算给莫言作品挑错에서 발췌.

모옌은 한자 실수가 가장 적은 작가 중 한 명으로 손꼽힌다. 국가에서 발표한 1급 한자표가 3,500자라고 했을 때 작가라는 특수한 신분을 고려하여 4,000~4,500개 정도의 한자를 알고 있지 않을까 하는 추측을 조심스럽게 해본다. 사실 한 사람이 한자를 몇 개 알고 있는지 그 정확한 숫자를 계산하기란 쉬운 일이 아니다. 그냥 책을 읽을 때 불편함이 없으면 될 정도이다. 그러니 노벨문학상 수상자든 학식이 뛰어난 지식인이든 결국에는 일반 독자들을 위해 3,500자 또는 2,500자 안에서 글을 쓸 수밖에 없다. 한자 5,000개 또는 10,000개를 익혀 화려한 미사여구를 많이 안다 할지라도 독자의 마음을 잡을 수는 없다. 간결한 문장이 때로는 정곡을 찌르기도 하고 때로는 눈물샘을 자극하기도 한다.

학습자분들도 모쪼록 자신 있게 상용한자에 도전장을 내밀기를 바란다.

♦ ♦ ♦ ♦ ♦

한자 공부, 때로는 그림으로 때로는 스토리텔링으로

한자 공부의 필요성을 알았다면 이제는 "어떻게 효율적으로 한자들을 외울 것인가?" 하는 현실적인 문제에 직면하게 된다. 한자는 '형상을 본떠서 만든' 초창기 상형문자(象形文字)의 특징을 가지고 있는 뜻글자(表意文字, 표의문자)이다. 그러나 오늘날의 많은 한자는 그 형태만 갖고는 뜻을 유추하기 어렵다.

한자는 그 형태 구조에 따라 크게 독체자(独体字)와 합체자(合体字)로 구분할 수 있다. 독체자는 쉽게 말해서 더 쪼갤 수 없는 독립적인 한자를 뜻한다. 예를 들면, 日(일), 月(월), 口(구), 人(인), 王(왕), 山(산), 木(목) 등은 모두 전형적인 독체자이다. 합체자는 두 개 또는 두 개 이상의 독체자들이 결합하여 만들어진 한자이다. 예를 들면, 休(휴), 众(중), 囚(수), 男(남), 明(명) 등과 같은 한자들이 합체자에 속한다.

이런 점을 고려해서 한자를 공부할 때에는 두 가지 방법을 병행해야 한다. 하나는 그림(이미지)으로 외우는 것이고, 다른 하나는 그 뒤에 숨어 있는 이야기, 신화와 전설로 공부하는 것이다. 나는 학습자분들이 독체자를 먼저 공부하고 그다음 합체자를 익히는 걸 추천한다. 대략적인 통계이긴 하지만 오늘날 한자의 80~90%가 합체자이다. 양이 적은 독체자를 먼저 공부하면 심적 부담도 적고 이미지로 쉽게 그 뜻을 이해할 수 있다. 합체자는 어차피 독체자들로 만들어졌기 때문에 그 조합 규칙과 담긴 이야기만 알면 생각보다 쉽게 다가올 수 있다.

그림으로 공부하면 시각적인 효과가 뛰어나 순간 기억력이 높아진다. 중국 어린이들도 한자를 이미지화해서 외운다. 아래 그림은 실제로 중국 초등학교 1학년 교재에 나오는 것으로 간단한 독체자 '日, 月, 云, 雨'를 이미지화한 자료이다.

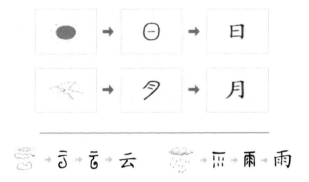

해(日)와 달(月)로 만들어진 합체자 '明'은 말 그대로 '밝다, 환하다'는 의미가 있다. 해도 있고 달도 있으니 당연히 밝을 수밖에 없지 않은가?

모든 한자가 이처럼 그림만으로 쉽게 이해가 된다면 또 얼마나 좋을까? 그러나 아쉽지만, 이미지만 가지고는 한자를 다 외울 수 없다. <u>그 보완책의 하나로 스토리텔링, 즉 이야기를 통해 한자의 기원과 변천사를 공부하는 방법이 인기를 끌고 있다.</u> 내가 강의할 때 예로 많이 들었던 '술 주(酒)'와 '제사 전(奠)' 이 두 한자를 살펴보자.

술의 역사는 중국 5천 년 역사와 흐름을 같이한다. 중국인들이 즐겨 마시는 차보다 그 역사가 더 오래되었다. 한국인들은 "중국의 백주는 도수가 높다", "중국술은 향이 강하다", "중국에서 사업하려면 술을 꼭 잘 마셔야 한다."라는 등의 말을 많이 한다. 틀린 말은 아니지만, 술을 그냥 이렇게 치부하고 넘어가기에는 너무 아쉽다. 시대별로 제조법이 달라지고 지역마다 서로 다른 술 문화가 있으며 술을 마시는 데에도 예법이 있기 때문이다.

나는 여기서 술(酒)의 한자가 어떻게 만들어졌는지 그 이야기를 해보려고 한다. 한국에서 큰 인기를 얻었던 중국영화 '적벽대전'을 기억하시는가? 위, 촉, 오 3국이 패권쟁탈을 위해 대립하던 당시 시대상을 담아낸 영화로 한때 흥행수익이 어마어마했던 기억이 생생하다. 무수히 많은 전쟁을 치르고 최고의 자리에 오른 위나라의 조조가 적벽대전을 앞두고 술잔을 높이 들고 시를 읊었다. 그 시가 바로 유명한 '단가행(短歌行)'이다. '단가행'에서 유명한 구절 '何以解忧? 唯有杜康'을 따왔다. 이 구절은 '무엇으로 시름을 덜꼬? 오직 두강주뿐이라네.'라는 뜻이다. 조조가 천하통일을 위한 자신의 큰 포부를 나타내는 시로 유명하다. 하지만 술로 마음을 달래는 장면은 숱한 전쟁으로 점철된 자신의 인생에 대한 안타까움과 탄식도 엿볼 수 있는 대목이다.

여기서 등장하는 '도강(杜康)'은 옛날 중국에서 최초로 술을 빚었다고 전해지는 전설적인 인물이다. 후세 사람들은 술의 별칭으로 도강의 이름을 사용하기 시작했다. 조조가 읊었던 시 중 '도강'은 바로 술을 의미한다. 도강은 어떻게 술을 만들게 됐고 또 왜 이 음료에 '주(酒)'라는 이름을 사용했는지에 얽힌 재미있는 일화가 있다.

어느 날 도강은 새로운 음료수 개발에 몰두하다가 깊은 잠에 빠진다. 꿈속에서 백발의 노인이 그의 앞에 나타나 "물과 곡식을 주원료로 사용하시오. 곡식을 물에 불려 9일째 되는 날 유시(酉时)[18]에 세 사람의 피를 한 방울씩 떨어뜨리면 될 것이오."라는 말을 남기고 홀연히 사라졌다. 잠에서 깬 도강은 그 노인의 말대로 음료를 만들기 시작했다.

9일째 되던 날 유시에 도강은 세 명의 사람을 찾으러 밖으로 나갔다. 도강이 만난 첫 사람은 소박하고 예의 바른 선비였다. 도강이 자초지종을 설명하자 그 선비는 흔쾌히 자신의 손가락을 베어 피한 방울을 떨어뜨렸다. 선비가 지나가고 등장한 두 번째 사람은 바로 위풍당당한 장군이었다. 도강의 설명을 듣고 이 장군 또한 손가락의 피 한 방울을 선사했다.

그런데 야속하게도 유시가 거의 지나가고 있었지만, 도강은 세 번째 사람을 만나지 못했다. 급한 나머지 도강은 그냥 아무 사람이면 다 된다는 생각에 그 마을에서 외톨이로 지내는 거지를 찾아간다. 도강은 거지의 동의도 없이 손가락을 찔러 마지막 피 한 방울을 얻어낸다. 거지는 고래고래 소리 지르기도 하고 머리가 어지럽다고도 호소했다.

과정이야 어찌 됐든 도강은 끝내 새로운 음료를 만들어내는 데 성공했다. 그러나 이번에는 이름을 뭐라고 지어야 할지 또 고민에 빠졌다. 곰곰이 생각해보니 세 사람의 피가 들어갔으니 삼수변 '氵'을, 그리고 유시에 떨어뜨렸으니 '酉'자를 따서 '酒'라는 글자를 만들어냈다. 그렇다면 이제는 이 글자를 어떻게 발음할 것인가? 9일째 만들어졌기 때문에 숫자 '9(九)'의 발음을 따서 'jiǔ'라고 발음하게 되었다.

---

18) 유시: 오후 5시에서 7시 사이.

우스갯소리지만 나는 이렇게 부연설명을 덧붙인다. "사람들은 보통 술자리에서 초반에는 서로 예의를 차리면서 조심스럽게 마신다. 시간이 좀 흐르면 술기운에 목소리도 커지고 대담해진다. 그러다 막판에는 술에 취해 인사불성이 된다. 이것은 아마도 도강이 술을 만들 때 떨어뜨린 선비, 장군 그리고 거지라는 세 사람의 성격 때문이 아닐까 싶다. 도강이 선비만 세 명 만났더라면 참 좋았을걸."

이번에는 '제사 전(奠)'에 대한 이야기를 해보려고 한다. 사실, 이 한자도 위에 설명한 '술 주(酒)'만 알면 된다. '전(奠)'자는 위에서 아래로 '酋'와 '大'로 나눠볼 수 있다. '酋'는 술을 의미한다. 술을 발효시키기 위해 뚜껑으로 항아리를 덮은 모습을 상상해보라. 그리고 '大'는 제사 때 술을 올리기 위해 마련한 제사상의 형태를 본뜬 것이다. 일각에서는 제사상이 아니라 두 손으로 공손히 술잔을 떠받든 모습이라고도 이야기한다.

성균관 문묘에서는 매년 두 번 공자를 기리기 위해 '석전대제(釋奠大祭)'를 연다. 무조건 그냥 석전대제라고 하면 학습자분들은 이해가 잘 가지 않는다고 했다. 큰 제사인 건 알겠지만 '대제' 앞에 붙은 '석전'이 도대체 무슨 뜻이냐고 물어보는 학생들이 많았다. 그러면 나는 '석전'의 의미를 '정성들여 빚은 제삿술을 마음껏 드실 수 있도록 풀어놓다.'라는 것이라고 설명한다.

이렇게 그림과 이야기로 한자를 공부하면 일단 재미가 있다. 또한, 그 한자가 들어간 단어와 사자성어들을 쉽게 받아들일 수 있는 계기가 될 수도 있다.

마지막으로 한자 공부에 도움이 될 만한 책 몇 권을 추천하고 자 한다. 첫 두 시리즈는 중국 원서로 된 한자 참고서이다. 하나는 『有故事的汉字(全四辑, 全12册)』라는 책인데, 한국어로는 『이야기가 있는 한자』라는 뜻이다. 여러 차례 수상경력이 있는 책으로 남녀노소 불문하고 강력히 추천한다. 또 다른 하나는 『画说汉字(小学版)』라는 원서인데, 한국어로 해석하면 『그림으로 배우는 한자(초등학교용)』라는 뜻이다. 초등학교 1~2학년 1,000개 한자, 초등학교 3~4학년 900개 한자, 초등학교 5~6학년 800개 한자, 총 2,700개의 한자를 그림으로 풀어쓰고 있다. 전자와 비교했을 때 다소 아쉬운 부분이라면 바로 흑백 버전으로 컬러가 사용되지 않았다는 것이다. 그래도 한자를 공부하면서 중요한 참고서가 될 것임에 틀림없다.

그래도 아직 원서가 부담돼서 나는 한국어로 된 책으로 공부하고 싶다면 『자동암기 한자 1000자』를 추천한다. 적어도 내가 직접 사용해봤고 도움을 받은 적이 있는 한자 서적이기 때문이다. 여러분들이 한자의 매력을 하루빨리 발견하고 한자와 사랑에 빠지길 바란다.

04

어휘(단어), 중국어 공부의 밑천

◆ ◆ ◆ ◆ ◆

중국어 어휘(단어) 공부, 제대로 알고 시작하자

모든 언어는 어휘를 빼놓고 논할 수 없다. 문법을 뼈대라고 한다면 단어는 바로 피와 살이라 할 수 있겠다. 어휘의 중요성을 누구나 인지하고 있으므로 영어를 공부해본 사람들이라면 단어장 한 번쯤은 다 만들어본 경험이 있을 것이다. 모르는 단어가 나오면 무작정 영어로 쓰고 그 뒤에 한국어로 뜻풀이를 적는다. 매일 가지고 다니면서 중얼중얼 암기한다. 취지는 좋았으나 그다지 효율적이지 않다는 것이 단점이다.

영어 단어를 외우던 방법이 고스란히 중국어 단어 공부에도 전염이 됐다. 특히 짧은 기간 내에 시험과 자격증 취득을 목표로 하는 학생들이라면 더더욱 그렇다. 단어만 무턱대고 외우는 학습자들은 이상한 착각에 빠져 있다. 그것은 바로 "하루에 단어 20개씩 외운다고 가정할 때 한 달이면 평균 600개, 1년이면 7,200개 정도의 단어를 외울 수 있다."라는 것이다. 안타깝지만 그렇게는 절대 안 된다. 매일 새로운 단어만 외우고 복습을 안 하면 결국에는 모든 단어를 잊어버린다는 것을 깨달아야 한다. 그래서 어떤 선생님들은 외국인 친구를 사귀거나 놀이처럼 공부하라고 한다. 그 순간에는 재미있고 단어를 기억한 것 같지만 제대로 말하면 그냥 듣고 흘려 넘긴 것뿐이다. 이렇게 해서는 단어뿐만 아니라 모든 지식을 제대로 배워낼 수 없다.

그럼 도대체 어떻게 중국어 단어를 공부하란 말인가? <u>단어를 외우기 전에 중국어 어휘에는 어떤 특징이 있고 어떤 부분을 주의해서 공부하는지를 알아야 한다.</u> 즉, 제목에 적은 것처럼 제대로 알고 시작하는 게 중요하다.

현대 중국어 어휘는 고대 중국어 단어와 근대 중국어 단어들로 구성된 하나의 방대한 집합체이다. 2012년에 출간된 『현대한어사전(现代汉语词典) 제6판』에는 7만 가까이 되는 어휘가 수록되었고 2016년에는 제7판이 출판되면서 어휘가 더 늘어난 것으로 보인다. 항상 강조하지만, 숫자가 중요한 게 아니라 하나를 알더라도 제대로 아는 게 중요하다. 아래 중국어 어휘 중에서 꼭 잘 이해하고 넘어가야 할 다의어, 문어체 단어, 구어체 단어, 성어, 관용어, 속담, 헐후어 등을 간단히 설명하고자 한다.

다의어(多义词)

<u>다의어란 무엇인가? 다의어는 한 개의 단어에 여러 개의 의미가 포함된 것을 가리킨다.</u> 단, 하나의 낱말에 포함된 여러 가지

의미가 서로 관련이 있어야 한다는 전제조건이 있다. 만약 단어 한 개가 하나의 뜻만 전달했다면 인간은 아마도 수십만 개 또는 수백만 개의 단어를 외워야 했을 것이다. 이런 문제를 해결하고 자 선인들은 단어 하나에 여러 가지의 의미를 부여하는 '경제적 인 방법'을 생각해냈다. 장점은 적은 단어로 하고 싶은 말을 할 수 있다는 것이다. 그러나 외국인의 입장에서 볼 때 다의어는 그야말로 넘어야 할 높은 벽이 아닐 수 없다. 아래 예문을 보면 쉽게 이해가 될 것이다.

1) 病从**口**入, 祸从**口**出。(중심 의미: 입)
   한국어 해석: 병은 **입**으로 들어오고, 화는 **입**에서 나온다.
2) 你家有几**口**人? (파생 의미: 양사로 쓰여 사람을 세는 단위를 뜻함)
   한국어 해석: 당신의 가족은 몇 **명**입니까?
3) 这个花瓶瓶**口**儿坏了。(비유 의미: 용기 등의 주둥이 또는 아가리)
   한국어 해석: 이 꽃병은 **주둥이**가 깨졌다.

예문을 통해 알 수 있다시피 똑같은 '口'자이지만, 기본이 되는 중심 의미가 있고 문맥과 상황에 따라 중심 의미가 파생(확장)되어 쓰인다. 그러니 단어를 공부할 때 수량에 신경 쓰지 말아야 한다. 단어 한 개를 공부하더라도 평소에 자주 쓰는 주변 의미 2~3개를 같이 외운다면 오히려 1석 3조가 될 수 있다.

문어체 단어(书面语词汇)와 구어체 단어(口语词汇)

쉽게 설명하면 문어체 단어는 공식적인 자리나 문서에 많이 사용

된다. 문어체 단어는 점잖고, 정제되었으며 세련미가 있다. 반면에 구어체 단어는 자유분방하고 친근하며 쉽게 사용할 수 있다는 장점이 있다.

중국어와 비교해볼 때 한국어는 문어체와 구어체의 구분이 명확하지 않다. 가끔 공문서를 보면 '귀하' 또는 '귀사' 등의 단어가 나오는데 이런 것은 문어체에 속한다고 볼 수 있다. 그리고 순한글보다는 한자어를 더 많이 사용하는 경향이 있다.

제2외국어로 중국어를 공부하다 보면 처음에는 구어체 위주로 공부할 수밖에 없다. 그러나 비즈니스 업무차 중국으로 출장 갈 때, 이메일 또는 서신을 주고받을 때, 공식 또는 비공식 석상에서 연설할 때 문어체 단어 사용은 필수이다. 그리고 중국 뉴스, 특히 정부 측 견해를 밝히는 기자회견 연설문에는 100% 문어체가 사용된다. 그럼 구어체 단어와 문어체 단어 사용에 따라 문장이 어떻게 달라지는지 한번 비교해보자.

구어체	문어체	한국어 해석
很久没有给您写信问好了。	久未奉函致意。	오랜만에 편지로 안부 인사드립니다.
实在抱歉!	甚感抱歉!	정말 죄송합니다.
祝你一切顺利!	祝你诸事顺遂!	모든 일이 순조롭길 바랍니다!
请不要挂念。	请释念。	걱정하지 마세요.
这份礼物不足以表达对您的感激之情。	小小心意，不成敬意。	작은 성의입니다. 약소하지만 받아주세요.

문어체 단어 공부는 중국 원서, 기사문과 연설문을 많이 접하면 자연스럽게 익힐 수 있다. 요즘은 중국어 비즈니스 이메일 작성에

도움이 될 만한 책들도 있으니 참고하면 도움이 된다.

성어(成语)

　성어는 중국인들이 생활 속에서 습관적으로 사용해오던 말로서, 문장이 간결하고 내용이 함축적이다. 보통 고정된 구나 짧은 문장으로 만들어지는 성어는 그야말로 선인들의 지혜 결정체이자 역사의 흔적이며 중국 문화의 버팀목이다. 때문에 성어는 중국인들의 학습, 업무와 생활 속에서 광범위하게 사용되고 있다. 중국 기사문 한 편을 정독해보면 성어가 기본적으로 10개 이상은 등장한다. 심할 경우 짧은 한 문장에도 성어 두 개씩 들어갈 때도 있다.

　한자문화권에 속하는 한국도 성어를 많이 사용한다. 한국에서 사용하는 성어의 대부분이 중국에서 인용된 것이라 할 수 있다. 그런데 가만히 살펴보면 한국은 평소에 성어를 잘 사용하는 분위기는 아니다. 아이러니하게도 매년 연말 연초가 되면 갑자기 사자성어 바람이 분다. 저물어가는 올해의 사자성어와 희망을 담은 새로운 한 해의 사자성어를 선정하는 게 하나의 유행이 되어버린 듯하다. 때가 되면 정계의 고위인사들은 물론 기업들의 CEO들조차도 앞다퉈 '멋진' 사자성어를 찾느라 여념이 없다. 앞에서도 말했지만, 성어는 중국 국민들이 실생활 속에서 사용하고 전파하면서 발전되어 왔다. 그러나 한국에서는 특정 시간과 장소에서, 특정 인물들에 의해, 특수한 사건과 계기가 있어야만 사용하는 '특수한 화법'이 된 것 같다. 평소에 사자성어를 많이 쓰면 괜히 '유식한 척한다.' 하는 불편한 시선을 받을 때도 있다.

　그러나 이유 불문하고 중국어를 공부하고, 중국과 관련된 일을 하려는 모든 분은 성어 공부를 게을리해서는 안 된다. 나는 학습자들한테 "굳이 뭔가를 외워야 할 것 같다면 1대1 단어장을 만드느니 차라리 성어 사전을 외우세요."라고 조언한다. 내가 이렇게 말하는 데에는 그만한 이유가 있다. 장점이 많기 때문이다. 성어는 고정된 패턴으로 안정적이고 형태가 변하지 않는다. 한마디로 성어는 학습자 마음대로 내용을 빼거나 추가할 수 없다는 것이다. 게다가 성어는 하나의 독립적인 문장으로 사용할 수 있어 외워두면 상황별로 적절하게 사용할 수 있다. 성어는 보통 4글자로 구성되었다. 3글자, 5글자, 8글자 또는 더 긴 것도 있지만 그 수가 많지 않다.

　성어를 공부함으로 인해 중국어 공부를 넘어서 중국인들의 문화, 역사와 생각까지도 엿볼 수 있다. 이쯤 되면 성어책 한 권 정도는 장만할 필요가 있지 않을까? 나의 책장에는 상무인서관(商务印书馆)에서 펴낸 제1판 『중화 성어 대사전(中华成语大词典)』이라는 성어 사전이 있다. 평소에 자주 사용되는 성어들을 위주로 45,000여 개의 성어가 수록되어 있다. 병음 순으로 찾아볼 수도 있고, 성어 첫 글자의 한자 획수로도 검색 가능하다. 현재 이 사전은 보완 작업을 통해 제2판이 출간되었다. 기회가 된다면 하나 장만해도 좋다.

관용어(惯用语)

　관용어도 성어와 마찬가지로 고정된 형식을 가진 단어조합, 즉 구(词组)이다. 관용어의 역사는 성어처럼 그렇게 유구하지 않을뿐더러 현실 생활 속에서 계속해서 대량으로 만들어지고 있다. 중국어를 공부하는 한국인들도 익히 들어서 알고 있는 관용어 몇개를 예로 들면 다음과 같다.

중국어	병음	한국어 뜻풀이
拍马屁	[pāi mǎ pì]	아첨하다. 아부하다.
碰钉子	[pèng dīng zi]	거절당하다. 난관에 부딪히다.
啃老族	[kěn lǎo zú]	캥거루족
炒鱿鱼	[chǎo yóu yú]	해고하다. 회사에서 잘리다.
马后炮	[mǎ hòu pào]	뒷북치다. 사후 약방문
走后门儿	[zǒu hòu ménr]	뒷거래를 하다. 로비하다.
豆腐渣工程	[dòu fu zhā gōng chéng]	부실 공사

　관용어는 크게 다음과 같은 몇 가지 특징이 있다. 첫째, 성어와 비교해봤을 때 관용어는 '유연성'을 갖고 있다. 그 말의 뜻인즉 다른 성분을 추가해서 사용할 수 있다는 뜻이다. '거절당하다'의 '碰钉子'를 우리는 '碰了一个软钉子' 또는 '碰了一颗硬钉子'라고 고쳐 쓸 수 있다. 둘째, 관용어는 본연의 뜻보다는 비유의 뜻으로 많이 사용된다. '炒鱿鱼'만 봐도 알 수 있다. '오징어볶음 요리'가 아니라 '해고하다'는 의미가 있다. 셋째, 관용어는 유행을 타며 시대의 흐름을 재빠르게 반영한다. '啃老族'나 '豆腐渣工程'과 같은 관용어들은 시대상과 사회적 현상을 적나라

하게 보여주고 있다. 넷째, 관용어는 보통 3글자로 되어 있고 '동사+목적어'와 '수식어+중심어'의 두 가지 형태를 가지고 있다. '拍马屁'는 동사와 목적어로 구성되었고, '马后炮'는 수식어와 중심어의 형태를 띤다. 마지막으로, 관용어는 보통 부정적인 뜻을 가지고 있고 풍자나 비꼬는 듯한 뉘앙스를 풍긴다.

성어 못지않게 관용어 공부도 중요하다. 관용어 사전을 추천한다면 역시나 중국에서 가장 오래된 출판사 상무인서관에서 편찬한 『신화 관용어 사전(新华惯用语词典)』이다. 4,500여 개의 관용어가 수록되어 있어 소장할 만한 가치가 있다.

속담(俗语)

속담은 옛날부터 민간에서 전해져 내려오는 쉬운 말로 풀어쓴 잠언 같은 것이다. 중국어 속담은 성어나 관용어와 비교하면 통속적이고 거칠어 '우아함'과는 거리가 멀다. 자, 아래 비슷한 뜻을 가진 문장을 성구와 속담으로 표현했을 때 어떤 차이가 있는지 한번 살펴보자.

한국어: 목표가 달라 각자 자신의 갈 길을 가다.
속 담: 你走你的阳关道, 我走我的独木桥。
성 어: 分道扬镳

한국어: 손뼉도 마주쳐야 소리가 난다.
속 담: 一个巴掌拍不响。
성 어: 孤掌难鸣

한국어: 늘 강가에서 거니니, 어찌 신발이 젖지 않을 수 있겠는가?
속 담: 常在河边走, 哪能不湿鞋。
성 어: 近墨者黑(近朱者赤)

조선 시대 상류층에게 '아악(雅乐)'이라고 하는 궁중음악이 있었다면 백성들 사이에서는 타악기를 위주로 한 '민속 음악'이 있었다. 언어도 마찬가지다. <u>속담은 중국 일반 백성들이 살면서 겪은 경험담의 결정체이기 때문에 강한 '국민성'을 띤다.</u> 어려운 단어나 문구보다는 국민들이 쉽게 접할 수 있는 일상용어로 생동감 있게 비유하거나 설명한다. 속담은 보통 한 문장 또는 짧은 병렬 구로 만들어져 읽기가 편하고 좋다. 속담은 글자 그대로 읽고 해석하면 되기 때문에 숨은 뜻을 찾거나 확장된 의미를 생각할 필요가 없어 좋다.

중국 학생들도 공부할 때 속담을 보고 사자성어를 맞힌다거나 사자성어를 보고 속담으로 풀어 설명하는 게임을 한다. 때로는 그림을 보고 사자성어를 맞히는 연습도 한다. 상무인서관 출판사의 『속담 대사전(俗语大词典)』과 상해사서출판사의 『중국어 속담 대사전(中国俗语大辞典)』을 추천한다. 전자는 34,000여 개의 속담을, 후자는 15,000여 개의 속담을 수록하고 있다. 개인의 목표와 수요에 따라 취사선택하면 될 것 같다.

헐후어(歇后语)

헐후어는 이름 자체만으로 왠지 모르게 낯설다. 한국어에는 없는 독특한 형태의 중국식 숙어 표현이기 때문에 더욱 그렇게 느껴질지 모르겠다. 헐후어는 유머러스하고 해학적인 것이 가장 큰 특징이다.

헐후어는 보통 두 개의 부분으로 나뉜다. 굳이 비유하자면 앞부분은 문제, 뒷부분은 답으로 구성되었다. 헐후어는 결국 자문자답의 형식으로 재치가 넘친다. 헐후어라는 이름이 어려우면 '우스갯소리, 재치 있는 말(俏皮话)' 정도로 이해하면 될 것 같다. 좀 더 확 와 닿게 비유하면 아재개그를 연상하면 된다. 예를 들어, "세상에서 가장 긴 기름은? 참기름", "왕이 집에 가기 싫을 때 하는 말은? 궁시렁궁시렁" 등의 우스갯소리 말이다. 그러나 '중국어의 헐후어는 아재개그다.' 라는 오해는 없었으면 한다. 100% 비슷할 수는 없지만, 유머의 코드가 비슷하다는 것만 알아두었으면 좋겠다.

나는 개인적으로 헐후어는 중국어 공부의 맨 끝자락에 해도 괜찮다고 생각한다. 개그 콩트나 짧은 시나리오를 읽듯이 공부해도 된다. 4,000여 개의 헐후어를 담고 있는 『신화 헐후어 사전(新华歇后语词典)』만 있으면 두려울 게 없다.

♦ ♦ ♦ ♦ ♦

단어는 말뭉치로 암기해야 한다

"열심히 하는 게 중요한가? 잘하는 게 중요하지." 영화 '미녀는 괴

로워'에서 영화배우 주진모가 했던 명대사다. <u>열심히 하고 끊임없이</u> <u>노력하는데도 잘 안 된다면 방법에 문제가 있는 것일 수도 있다. 이</u> <u>럴 때는 생각을 전환해서 과감하게 새로운 방법을 마련해야 한다.</u>

　단어를 외울 때 가장 많이 등장하는 방법이 바로 단어장 만들기다. 나도 학창 시절에 단어장을 만들어 손에 들고 다니면서 외웠던 기억이 있다. 바로 이런 식이다. apple-사과, man-남자, school-학교……. 중얼중얼하면서 외우고 손짓과 발짓 해가면서도 외우고 그래도 잘 외워지지 않으면 공책에 수십 번, 수백 번 써보기도 했다. 참으로 열심히도 단어를 외웠다. 그런데 세월이 지나고 나서야 그렇게 1대1로 단어를 외우는 게 얼마나 위험하고 무식한 일인지 알게 되었다. 어린 시절 일찍 깨우쳤더라면 더 효율적으로 단어공부를 했을 텐데 말이다.

　나도 러시아어를 공부할 때 단어장을 만들었는데, 성종환 원장(러시아어 에듀랑 통역학원)이 30년 넘게 현장에서 터득한 경험을 쓴 글을 보고 큰 깨달음을 얻었다. 우리는 보통 배우고자 하는 외국어 단어를 앞에 쓰고 그 뒤에 한국어 뜻을 적는다. 그런데 단어장을 보면서 암기할 때 사람들의 시선은 보통 뒤에 나오는 단어, 즉 한국어에 더 오랫동안 머문다고 한다. 듣고 보니 일리가 있었다. 드라마가 됐든 책이 됐든 우리는 항상 결말이 궁금하고 빨리 다음 장으로 넘어가고 싶은 욕구가 있듯이 단어장도 마찬가지였다. 이 도리를 깨닫고 나서부터 나는 단어장을 만들 때 배우고자 하는 외국어 단어를 뒤에 쓰기 시작했다. 사랑-love, 자전거-自行车, 봄-весна…… 이런 식으로 말이다.

어휘를 늘리겠다는 생각에 어휘집만 외워서는 안 된다. 단어는 반드시 문장 속에서 맥락과 함께 외워야 실제 상황에서 써먹을 수 있다. 단어는 이렇게 정리하면 더 효과적이다. 예를 들어 '영화'를 중국어로 공부한다고 치자. 영화-电影[diànyǐng]만 적을 것이 아니라 추가내용을 이어서 정리하는 것이다. 중국어 발음 관문을 완벽하게 넘었으면 병음은 굳이 적지 않아도 된다. 중국어는 품사도 중요하기 때문에 병음 대신 단어 옆에 품사를 밝혀주는 것도 좋은 방법이다.

영화: 电影[명사]

영화 한 편: 一部电影

영화를 보다: 看电影

무슨 영화를 보면 좋을까? 看什么电影好呢?

그 영화는 한 번쯤은 볼 만한 가치가 있어. 那部电影值得一看。

이 영화 너무 감동적이야. 这部电影非常感人。

어제 본 영화 완전 재미없었어, 괜히 봤어. 昨天看了一部电影, 但一点意思都没有, 白看了。

이렇게 내용을 써 내려가다 보면 단어장이 아니라 말뭉치 또는 문장 정리가 되어버린다. 내가 원하는 것이 바로 이런 말뭉치 또는 문장형 단어장이다. 예전에는 두꺼운 공책에 하나씩 써가면서 정리했지만, 요즘은 굳이 공책을 고집할 필요가 없다. 개인적으로 단어 정리는 엑셀을 많이 사용한다. 최근 들어 구글 드라이브의 스프레드시트도 꽤 많이 활용한다. 어디서든 인터넷에 접속할 수 있는 요즘 시대에 스마트폰 또는 노트북만 있으면 언제든지 손쉽게 작업이 가능하기 때문이다.

나는 분야별로 단어장을 정리한다. 정치, 경제, 사회, 문화, 군사, 스포츠, 사전에 없는 단어 등 이렇게 세분화하여 자신만의 단어장을 만들어 사용하고 있다. 10년 넘게 사용하다 보니 어마어마한 양의 단어와 문장들을 정리하고 수집했다. 신조어가 나오거나 새롭게 좋은 문장을 접하게 되면 그때그때 메모하거나 캡처했다가 단어와 말뭉치 정리에 들어간다. 필요한 단어는 검색만으로 손쉽게 찾아볼 수 있다. 그러니 앞으로 중국어를 공부할 계획이 있다면 처음부터 제대로 된 단어장 만들기에 공을 들여라. 그리고 중국어에 이미 일가견이 있다 할지라도 자신의 노하우를 누군가에게 전수한다는 마음가짐으로 자신만의 단어장 만들기에 도전해볼 필요가 있다.

<u>자, 제대로 된 단어장을 만들었다면 이제는 외우는 일만 남았다.</u> 암기라고 하면 다들 싫어하고 지겨워하는데 이것은 지식을 배움에 있어서 반드시 거쳐야 하는 과정이다. 쉬운 일은 아니겠지만 피할 수 없다면 받아들이고 즐겨야 한다.

기업 출강 의뢰가 들어오면 가끔 이런 조건을 제시하는 학습자분들이 있다. "무조건 재미있게 수업을 해줬으면 합니다." 그러면 나는 이렇게 되묻는다. "제가 1시간 동안 재미있게 강의하면 다음 시간까지 100% 완벽하게 소화해서 오실 수 있나요?" 학습자들의 대답은 당연히 "아니다."이다. 심지어 어떤 학습자들은 "수업 시간이 끝나는 순간 책을 덮으면 다음 시간까지 중국어 한 글자도 볼 시간이 없어요."라고 한다.

가르치는 선생님의 태도와 지적 수준도 중요하지만 가장 중요한 것은 학습자의 태도와 의지이다. 중국어가 됐든 다른 학문이 됐든 난도와 레벨이 올라갈수록 무조건 재미만 강조해서는 안 된다. 암기는 하지 않고 그냥 놀이처럼 수업을 들으며, 선생님의 설명과 대략적인 이해만으로 중국어를 대한다면 밑 빠진 독에 물 붓기에 불과하다. 돈과 시간을 쏟아부어도 보람을 느낄 수 없다. 중국에는 "배웠음에도 불구하고 도리와 이치를 정통하지 못했다면 그것은 배운 것이 아니다(学而不化, 非学也)."라는 말이 있다. 단어를 외웠는데 실제 중국인과의 대화에서 말문이 막힌다면 그 단어는 죽은 단어에 불과하다.

암기는 결코 나쁜 것이 아니다. 암기는 선택이 아니라 필수이다. 그러니 암기를 두려워할 필요 없다. 대부분의 선생님이 그러하겠지만 한두 시간의 강의를 위해서 많은 수업 준비를 한다. 그리고 어떻게 수업을 이어갈지 미리 외워둔 멘트와 자료들을 머릿속에 그려본다. 연설자도 마찬가지다. 제19대 문재인 대통령은 취임사에서 대본을 보지 않은 채 시종일관 정면을 바라보며 연설을 하였다. 멋진 장면이었다. 물론 한 나라의 대통령으로서 연설문 내용을 완벽하게 이해하고 있었겠지만, 연설문의 대부분을 암기했기 때문에 가능한 일이었다고 생각한다. 그러니 오늘부터 당장 단어장을 만들어라. 그리고 단어는 말뭉치로 암기하라.

◆ ◆ ◆ ◆ ◆ ◆

단어 암기, 연계법(联系法)과 연상법(联想法)을 병행하라

말뭉치 단어 암기법 외에도 연계법과 연상법 두 가지를 더 설명하려고 한다. 사실 이 두 방법은 어린아이들보다 사고력, 논리력과 이해력이 뛰어난 성인들에게 더 도움이 될 수도 있다. 아이들은 굳이 연상하지 않아도 자동으로 또는 기계적으로 기억할 수 있는 언어 장치가 활성화되어 있기 때문이다. 나이 먹을수록 기억력이 감퇴하는 것도 서러운데, 힘들게 외운 단어들이 한순간에 잊힌다면 얼마나 비참한가? 그래서 우리는 머릿속에 들어온 단어들이 안식처를 찾지 못하고 떠돌아다니게 해서는 안 된다. 왜냐하면, 이 단어들도 학습자가 자리를 내어주지 않으면 새로운 주인과 보금자리를 찾아 떠나기 때문이다. 그것도 아주 미련 없이 말이다. 그러니 새로운 단어들을 공부하고 나면 무언가와 연결을 시켜서 쉽게 생각나게끔 유도해야 한다.

한 학생을 가르칠 때 있었던 재밌는 일화가 있다. 성인 학습자분이셨지만 어린이용 중국어 교재로 수업을 듣다 보니 동화 속 여주인공들이 유난히 많이 등장했다. 신데렐라, 백설 공주, 인어 공주 등 말이다. 갑자기 '라푼젤'의 중국어 이름이 궁금하다고 해서 '창파꾸냥(长发姑娘)'이라고 했더니 "어머나~, 재밌네요. 장바구니야로 들렸어요." 그 뒤로 내가 수업 때마다 '라푼젤'이 뭐냐고 물어보면 중국어 정답이 즉각적으로 튀어나온다. 당연히 장바구니란 한국어도 함께 말이다. 어찌 됐든 이 학생은 라푼젤의 중국어 단어를 장바구니와 연결하여 확실하게 자기 단어로 만들어버렸다.

또 한 번은 한 학생이 "아침에 운전해서 강남으로 출근하는 건 정말 힘들어요."라고 하소연하기에 내가 "강남은 중국어로 '쨩난'이라고 발음해요. '쨩난' 가는 거 정말 장난 아니죠?"라고 대답했다. 내 말에 폭소를 터뜨리더니 그분은 강남의 중국어 발음을 절대 잊을 수 없다고 했다. 그러던 어느 날 그분이 갑자기 흥분된 상태로 나한테 문자를 보내왔다. 알고 봤더니 지하철을 타고 강남역으로 가는 길이었다고 했다. 그런데 안내방송에서 "다음 역은 강남역입니다."를 중국어로 방송하고 있었는데 '쨩난'이라는 중국어 단어가 귀에 쏙쏙 들어와서 기분이 너무 좋았다는 문자였다. 아는 만큼 들리고 아는 만큼 보인다는 말이 맞는 말인 것 같다. 평소에 모르고 있던 단어가 어느 날 갑자기 들리는 일은 절대 일어날 수 없다.

단어와 단어 사이에는 꼭 이런저런 연결고리가 있기 마련이다. 그 연결고리를 이용해서 단어를 이해하고 배우는 방법이 바로 연계법이다. 연계법은 의외로 간단하다. 첫째, 새로운 단어를 배우면 이미 알고 있는 단어 중에 그 단어와 비슷한 뜻을 가진 낱말을 떠올려본다. 둘째, 서로 비교하며 어떤 미묘한 차이가 있고 용법이 어떻게 다른지를 가려본다. 셋째, 새로운 단어를 배울 때마다 이런 방식으로 추가하고 연결시키면서 공부한다.

좋은 점이라면 새로운 단어를 배움과 동시에 이미 알고 있는 단어를 자연스럽게 복습할 수 있다는 것이다. 생각을 통해 단어를 기억해내는 과정은 두뇌를 자극해 단어 암기에 도움을 줄 수 있다.

실제 수업 때 나는 대화 텍스트나 본문 설명에 급급해하지 않는다. 수업이 보통 1시간이라고 했을 때 나는 새 낱말 설명에만 30분이나 40분을 쓴다. "장난하십니까?"라고 할지도 모르겠지만 나는 단어 공부 시간을 중요하게 생각한다. 설명이라고 해서 나 혼자 떠들어대는 그런 수업이 아니다. 만약 새로 배우는 낱말이 명사라면 어떤 동사와 같이 쓰이는지, 동의어와 반의어는 무엇인지, 양사는 무엇을 쓰는지, 또 다른 뜻은 없는지를 꼼꼼히 체크한다. 새로운 낱말이 동사일 경우, 똑같이 동의어와 반의어는 무엇인지, 뒤에는 어떤 목적어가 오는지, 이합동사인지, 부정문과 의문문 만들어보기 등 다양한 연계학습을 시킨다. 우선 학생들에게 질문하고 최대한 알고 있는 모든 대답을 끄집어낼 수 있도록 유도한다. 대답이 더는 안 나오면 그제야 나는 부연설명을 한다. 경험상 효과 만점이다. <u>평소에 많이 쓰는 연계법은 주로 동의어, 반의어, 상·하위 개념 등 3가지가 있다.</u>[19] 하나씩 간단히 살펴보도록 하자.

동의어 찾기

常常[chángcháng](늘, 항상, 자주, 언제나): 经常, 通常, 往往, 频频, 不时, 时时, 屡屡

愉快[yúkuài](기쁘다, 즐겁다, 유쾌하다): 快乐, 高兴, 欢快, 喜悦, 开心, 欢悦, 怡悦

美丽[měilì](아름답다, 곱다, 예쁘다): 秀美, 俏丽, 俊美, 艳丽, 美貌, 俊俏

普通[pǔtōng](보통이다, 일반적이다): 一般, 平凡, 平常, 日常, 普遍

---

19) 李先银、吕艳辉、魏耕耘、《国际汉语教学词汇教学方法与技巧》, pp.66~68 참조.
　　张亚军、《怎样教外国人学汉语》, pp.135~138 참조.

반의어 찾기

困难[kùnnan](어려움, 곤란): 容易, 简单, 简易

轻松[qīngsōng](수월하다, 부담이 없다): 紧张, 沉重, 压抑

便宜[piányi](저렴하다, 싸다): 贵, 昂贵, 高贵, 费钱, 不便宜

大方[dàfāng](대범하다, 시원시원하다): 小气, 忸怩, 吝啬, 拘谨, 俗气, 害羞

상·하위 개념

家电[jiādiàn](가전): 电话, 电视, 冰箱, 电脑, 洗衣机, 冰箱, 空调, 音响, 空气净化器
　　　　　　　　　(전화, TV, 냉장고, 컴퓨터, 세탁기, 냉장고, 에어컨, 오디오, 공기청정기)

厨具[chújù](주방용품): 电饭锅, 炒锅, 平底锅, 微波炉, 菜刀, 汤勺, 菜板, 榨汁机
　　　　　　　　　(전기밥솥, 무쇠웍, 프라이팬, 전자레인지, 부엌칼, 국자, 도마, 착즙기)

花[huā](꽃): 玫瑰花, 茉莉花, 无穷花, 梅花, 樱花, 菊花, 冬柏花
　　　　　　(장미꽃, 재스민, 무궁화, 매화, 벚꽃, 국화, 동백꽃)

车[chē](차): 自行车, 汽车, 火车, 跑车, 出租车
　　　　　　(자전거, 자동차, 기차, 스포츠카, 택시)

　<u>또 다른 방법은 바로 연상법이다.</u> 말 그대로 한 단어를 보고 떠올릴 수 있는 상황과 모든 단어를 말해보는 것이다. 연상법을 사용할 때에도 학생들이 대답할 수 있도록 유도 질문을 멈추지 말아야 한다. 유도 질문에도 3단계가 있다.

　예를 들어 '번화하다'는 단어 '繁华(fánhuá)'를 배운다고 가정하자. 그러면 나는 1단계 질문을 던진다. "이 단어를 들었을 때 생각나는 모든 것들을 무작위로 말해보세요."라고 주문한다. 그리고 학생들이 말하는 모든 단어를 메모한다. 서울(首尔), 상하이(上海), 미국 뉴욕(美国纽约), 대도시(大都市), 북적북적하다(热闹), 사람이 많다(人山人海), 상가(步行街) 등 단어들이 가장 많이 나온다. 2단계 질문은 난도가 올라간다. '번화하다(繁华)'

라는 단어를 보고 새로운 단어를 말하되 연결고리가 있어야 한다는 것이다. 예를 들어 번화(繁华)→서울(首尔)→아름답다(美丽)→제주도(济州岛)→세계자연유산(世界自然遗产)→한라산(汉拿山)→일출(日出)……. 이런 식으로 알고 있는 단어들을 끄집어낸다. 3단계는 질문하고 답하는 형식이다. 이 방식으로 배우고자 하는 낱말을 집중적으로 공략함으로써 학생들이 다양한 문장을 접할 수 있도록 한다.

★ 在韩国哪个城市最**繁华**? (한국에서 가장 번화한 도시는 어디인가요?)
★ 你喜欢生活在**繁华**的地方吗? (당신은 번화한 곳에서 생활하는 것을 좋아하십니까?)
★ 你都去过哪些**繁华**的城市? (당신은 어떤 번화한 도시에 가보셨나요?)
★ 釜山**繁华**不**繁华**? (부산은 번화한가요?)
★ 上海是一座**繁华**的城市, 对吧? (상하이는 번화한 도시예요, 그렇죠?)
★ 我喜欢**繁华**的大都市, 你呢? (저는 번화한 대도시를 좋아해요. 당신은요?)

이렇게 연결고리로 묶어서 기억하거나 연상법을 통해 단어를 공부하면 어휘를 더욱 쉽게 외울 수 있다. 그러나 한 가지 명심할 점은 꼭 복습이 필요하다는 것이다. '온고지신'이라는 말도 있지 않은가? 공자께서 말씀하시기를 "옛것을 복습하고 그것을 통해 새로운 것을 아는 사람이라면 남의 스승이 될 자격이 충분하다."라고 했다. 복습할 때 자주 사용하는 방법 두 가지가 있다. 그것은 바로 끝말잇기와 단어 알아맞히기이다. 사실 이 두 방법은 그룹 수업이나 스터디에서 활용하면 효과적이다.

예: 苹果(사과) - 果实(수확/성과) - 实话(솔직한 말) - 话语(말) - 语言(언어) - 言行(언행) - 行动(행동) - 动物(동물) - 物理(물리) - 理论(이론) - 论文(논문) - 文章(문장)……

끝말잇기를 하다 보면 다른 수강생들은 어떤 단어를 알고 있는지, 그리고 자기 자신은 어떤 단어를 모르고 있었는지를 알 수 있다. 다시 말해 상호 학습이 자연스럽게 이루어진다. 끝말잇기는 사자성어를 복습할 때에도 요긴하게 써먹을 수 있다.

예: 人山人海(인산인해) - 海底捞针(잔디밭에서 바늘 찾기) - 针锋相对(쌍방이 첨예하게 대립하다) - 对牛弹琴(소귀에 경 읽기) - 琴瑟之好(부부 금실이 좋다) - 好学不厌(학문을 좋아하고 싫증을 내지 않다)……

중국어 어휘 실력이 어느 정도 수준에 올라오면 단어 알아맞히기 퀴즈를 통해 테스트해볼 수 있다. 방법은 간단하다. 중국어 설명을 듣고 단어나 사자성어를 말하면 된다. 도전해보실 분은 아래 중국어 설명을 보고 답이 무엇인지 알아맞혀 보아도 좋다.

1) 春为岁首, 它为一年希望的关键所在。
   (한국어 힌트: 봄은 한 해의 시작이다. 한 해의 농사는 봄에 달려 있다.)
2) 祝福语。祝你心里所想的事都能实现。
   (한국어 힌트: 덕담. 간절히 바라면 이루어진다.)
3) 比喻某一事物规模很小, 但内容俱全。
   (한국어 힌트: 참새는 작다. 크기는 작아도 있을 것은 다 있다.)
4) 形容对人或地方有了感情, 十分留念, 不想离去。
   (한국어 힌트: 정이 들어 헤어지기 아쉽다.)
5) 比喻已为完成某一个计划做了种种准备, 但还差最后的关键条件。[20]
   (한국어 힌트: 삼국지연의에 등장하는 문구. 모든 준비는 끝났다. 동풍을 빌려라.)

---

20) 5개의 예문의 설명은 『중화성어대사전(中华成语大辞典)』에서 발췌함.

정답: 1) 一年之计在于春。2) 心想事成 3) 麻雀虽小，五脏俱全。4) 依依不舍 5) 万事俱备，只欠东风。

다 맞혔다면 당신은 이미 수준급의 중국어 실력자이다.

읽기(독해)와 문법(어법), 두 마리 토끼를 동시에

♦ ♦ ♦ ♦ ♦

중국어 문법은 읽기를 통해 익혀라

『언어공부』라는 책에서 '무엇을, 왜 읽어야 할까?'라는 장절을 읽다가 가슴에 와 닿는 문구 하나를 만났다. 19세기 말에 등장했다는 이 독일어 문구는 "사람은 언어에서 문법을 배우지 문법에서 언어를 배우지 않는다."라고 말한다. 완벽한 문법 공부에 목을 매는 한국인들이 반성하고 받아들여야 할 부분인 것 같다. 한국인이 외국어 공부에서 많은 공과 시간을 들이는 부분이 바로 단어 암기와 문법이 아닐까 싶다. 영어 하나만 놓고 봐도 그렇다. 문법이 전혀 필요하지 않은 것은 아니지만 지나치게 얽매이다 보니 문법에 어긋나는 것을 용납하지 못한다. 문법이 틀릴까 봐 입을 열지 못한다. 문법 교재를 세트로 사서 처음부터 끝까지 다 읽어보고 연습문제를 풀며 시험이라는 방식으로 무한 반복 테스트한다.

몇십 년 동안 문법과 시험 위주의 공부법으로 영어 공부를 했다. 영어 포기자는 오히려 더 많아졌고 영어 공포증에 시달리는 학습자들의 현실은 여전히 변함이 없다. 해마다 수능 시험이 끝나면 재밌는 동영상들이 떠다닌다. 2018년 한 해는 유난히 그랬던 것 같다. '역대급 불수능'이라는 타이틀을 거머쥔 2018년의 시험문제들은 공중파, 지상파, 케이블과 유튜브를 타고 전 세계로 퍼져나갔다. 한국 학생들의 수능문제를 풀어본 외국인들의 반응이 장안의 화제로 떠올랐다.

외국인들은 "답을 찍었는데 운 좋게 맞혔다", "진짜 어렵다", "지문이 너무 길어서 난해하다", "원어민인 나도 모르는 단어가 있었다", "왜 꼭 짧은 시간에 이런 문제를 풀어야 하는지 모르겠다", "한국 학생들은 스트레스가 많겠다", "영어가 싫어질 만도 하다." 등 부정적인 답변을 내놓았다. 이 정도면 거의 실패한 영어교육이 아닌가 싶다.

개인적으로 중국어 문법 교육은 제발 이렇게 되지 않았으면 하지만 현실은 그렇지 않다. 중국어 발음 공부를 한두 시간 만에 끝내고 새로운 단어를 배움과 동시에 문법 공부로 돌입한다. 대부분의 학원에서는 문법도 소위 시험에 자주 나온다고 하는 것 위주로 '정답 찍기' 기술을 전수한다. 사실 한때 나도 HSK 고급반을 맡은 적이 있었는데 가르치면서도 회의적인 생각이 들었다. 학습자들이 한 달 뒤 자격증 시험을 봐야 하고 이 시험 결과에 따라 학점이나 진급이 결정된다고 애걸하니 나도 어쩔 수 없이 '찍기 기술'을 전수한 적이 있었기 때문이다.

1) 시험시간이 제한적이고 지문은 길기 때문에 정답이 어디에 있는지 빨리 찾아내라. 핵심과 정답은 보통 문장 맨 앞과 뒤쪽에 등장한다.

2) 질문과 답을 먼저 보고 그와 비슷한 단어와 문장을 지문에서 찾아라. 그리고 그 앞뒤 문장을 읽으면 답이 보일 수 있다.

3) 단문보다는 복문 공부를 많이 하고 자주 나오는 연결사를 외워라.

4) 듣기 부분에서 들리는 단어를 그대로 찍으면 100% 틀린다.

5) 작문할 때 모르겠으면 빈칸으로 남기지 말고 시험지에 나와 있는 문장이라도 몇 개 써라.

합격했다고 좋아하는 학생들을 보면서 같이 기뻐해주긴 했지만 마음은 그다지 편하지만은 않았다. '이렇게 공부를 해서 도대체 무슨 의미가 있나?'라는 생각이 내 머릿속을 떠나지 않았다.

그리고 한 가지 짚고 넘어갈 부분이 있다. HSK 시험공부를 하는 학생들 중 어떤 친구들은 역대 기출 독해문제와 힘겹게 씨름을 한다. 한 번 시험으로 나왔던 문제는 다시 출제되지 않는다. 만약 똑같은 문제가 출제되었다면 그 시험은 공정성을 잃었다고 봐야 한다. 나는 학생들에게 기출문제는 그냥 한번 풀어보는 정도로만 생각하라고 조언한다. 기출문제라 함은 시험 유형을 파악하고 실제 시험을 보듯이 자신의 실력을 평가해보는 것일 뿐 그 이상도 그 이하도 아니다. 그런데 한국에서는 기본 회화 교재 외에 HSK 기출문제집과 HSK 문법책이 주 교재로 사용되니 그저 안타까울 뿐이다. 중국어 문법을 시험 문제 풀이로 익히다니 잘못돼도 한참 잘못됐다. 시험은 보는 족족 합격이고 자격증은 수두룩한데 정작 한마디도 못한다. 중국인들이 보는 기사문을 제대로 읽지도 해석도 못한다. 뉴스나 드라마는 아예 알아듣지도 못한다. 이것이 중국어 교육의 현주소일지도 모르겠다.

문법을 공부하면 중국어가 다 이해되고 모든 게 술술 풀릴 거라고 생각하면 오산이다. 문법으로 설명이 안 되는 부분도 충분히 있을 수 있다. 나는 종종 문법을 법규에 비유한다. 법규는 국민들의 권리와 의무를 규정한다면 문법은 언어에서 지켜야 할 기본적인 룰이라 할 수 있다.

TV를 보면 변호사들이 자주 하는 말이 있다. "아직 우리나라 법에 명시되어 있지 않아서 어떻게 판결이 날지는 두고 봐야 할 것 같습니다", "법으로 규정되어 있지 않은 부분이라 이 사건은 참으로 애매합니다." …… 큰 사건이 터지면 그제야 또 그와 관련된 새로운 법을 만들고 추가한다. 법이라고 해서 완벽한 것이 아니다. 문법도 마찬가지다. 일반적인 상황에서는 그 문법에 따라 문장을 만들면 80~90%는 다 맞을 수 있다. 그러나 항상 예외라는 것은 있기 마련이다. 그 예외 사항은 어떻게 설명할 것인가? 그래서 사람들은 문법으로 설명 안 되는 것만 따로 모아서 정리하고는 '특수' 또는 '불규칙'이라는 이름을 지어준다. 가만히 보면 참으로 무책임하다는 생각이 든다. 설명이 제대로 안 되는 것은 그냥 '특수한 상황', '원래부터 이런 것', '이것만은 예외', '불규칙 동사'라고 하면서 그냥 외울 수밖에 없다고 한다.

한마디로 요약하면 문법은 만능이 아니다. 이젠 문법의 굴레에서 벗어나야 한다. 수영 이론만 달달 외운다고 수영이 잘되는 건 아니다. 운전을 책으로만 공부한다고 베스트 운전사가 되는 것도 아니다. 훈련과 실습이 더 필요하다. 처음에는 이론을 모르고 시작했지만 다 익히고 나서 되돌아보니 이론과 문법이 이해가 되는 경우가 오히려 더 많다. 훈련과 실습의 가장 좋은 방법은 바로 읽기이다. 책과 기사문 읽기는 자연스럽게 문법을 가르쳐줄 뿐만 아니라 단어 공부도 덤으로 시켜준다. 모든 문법을 다 마스터하고 문장을 읽겠다는 생각은 버려라. 문법을 잘한다고 회화가 잘되는 것은 아니다. 문법과 말은 별개의 문제이기 때문이다. 문법은 읽기를 통해서 익혀라. 체계적이고 학문적인 문법 공부는 나중으로 미뤄도 괜찮다. 문법 교재나 다른 누군가가 떠먹여준 지식보다 학습자 스스로가 읽기를 통해 직접 터득한 문법이 더 기억에 오래 남는다.

예를 하나 들어보겠다. 한국에서 중국어 문법 공부할 때 거의 1순위로 등장하는 것이 바로 '了' 용법이다. 자세히 따지고 본다면 '了'에는 열 가지가 넘는 용법이 있다. 솔직히 '了'의 용법이 뭔지 정확히 다 알고 사용하는 중국인들도 극히 소수일 것이다. 하물며 외국인들은 어떨까? "무슨 말인지 잘 모르겠다", "차라리 설명을 안 듣는 편이 더 낫다", "공부하면 할수록 헷갈린다."라는 반응을 보인다. 이 때문에 문법을 완벽하게 외우려고 할 필요가 없다. 이해할 수만 있으면 된다. 학습자들은 초반에 '了'는 문장 맨 끝에 쓰여 과거를 나타낸다고 배운다. 듣고 보니 너무 쉽지 않은가? 그래서 학습자들은 자신 있게 문장을 만든다.

1) 我没吃晚饭了。 (X)　　　　我没吃晚饭。 (O)　　　　(나는 저녁밥을 먹지 않았다.)
2) 您吃饭吗了? (X)　　　　您吃饭了吗? (O)　　　　(당신은 식사하셨어요?)

두 문장은 당연히 다 틀렸다. 1)의 경우 '没'가 있으면 '了'를 사용할 수 없다는 규칙을 몰랐기 때문이고 2)의 경우 일반 의문문에서는 '吗'가 문장 끝에 쓰이기 때문이다. 학습자는 이쯤만 돼도 머리가 지끈거리기 시작한다.

나는 학습자들에게 보통 다음 두 구절을 적어주고 한국어로 번역해보라고 시킨다. 그러면 거의 70~80%는 오답을 이야기한다. 오답은 다음과 같다.

3) 快要下雨了。　　막 비가 내렸다. (X)　　　　곧 비가 올 거야. (O)
4) 我该走了。　　나는 갔어야 했다. (X)　　　　나는 이제 가야 한다. (O)

'了'의 과거 용법이 너무나도 깊게 각인되어 '了'만 보면 무조건 '~했다, ~했었다'라고 과거로 해석해버리니 단어를 알아도 실제 문장을 접했을 때 이해가 되지 않는 것이다. 이렇게 잘못 받아들이면 차라리 안 배우는 것보다 못하다.

다시 한번 강조하지만 언어가 있고 나서 문법이 생겼지 문법이 있고 언어가 생긴 것은 아니다. 시험공부와 별개로 제대로 된 중국어를 공부하고 싶다면 망설이지 말고 읽어라. 처음에는 속도가 나지 않아도 괜찮다. 3줄 또는 한 문단밖에 읽지 못해도 좋다. 시작이 반이다. 작위적으로 만들어낸 시험용 문장은 영혼이 없다고나 할까. 그러나 완전한 기사문이나 또는 책을 통해 글을 읽다 보면 흐름과 상황에 근거하여 유추가 가능하다. 확실한 부분은 넘어가고 궁금한 부분만 문법책을 참고하여 어떤 용법으로 쓰였는지 확인만 하고 넘어가면 된다. 문법 공부는 이렇게 하는 게 바람직하다.

◆ ◆ ◆ ◆ ◆

읽기 공부에도 단계가 있다

읽기 훈련을 하는 이유는 간단하다. 그것은 바로 읽기를 통해 이해력, 논리력과 언어 실력을 향상하기 위함이다. "아니, 이제 겨우 고작 한자와 단어를 좀 외웠는데 무슨 수로 문장을 읽고 글을 읽으란 말인가? 단어 좀 더 외우고, 문법도 어느 정도 마스터한 다음에 읽어야지."라고 하는 사람들이 대부분이다. 읽기라고 하면 학습자들은 막연하게 어려운 기사문이나 장편의 문장만을 떠올리는데 꼭 그럴 필요는 없다.

읽기 공부 방법은 학습 대상과 실력 수준에 따라 달라야 한다. 대상은 크게 초급 레벨의 학습자와 중·고급 레벨의 학습자 이렇게 두 부류로 나눌 수 있다. <u>입문자나 초급자의 경우는 문장이 아닌 한자와 단어를 읽어야 한다.</u> 한자와 단어가 읽기의 첫 단계라고 얘기하면 다들 코웃음을 친다. 문법을 적용해가면서 긴 문장을 독해해야만 진정한 읽기라고 생각하는 듯하다. 중국 사람들은 흔히 "글을 읽으려면 한자를 깨우쳐야 한다."라고 말한다. 한자가 결국 단어와 읽기 공부로 이어지는 첫 관문이기 때문이다. 이 단계에서는 욕심을 부리지 말고 선생님의 정확한 발음이나 음성 파일을 많이 듣고 모방 훈련을 해야 한다.

첫 단계를 뛰어넘어 단어와 기본 문법(중국어의 기본 어순 정도)을 어느 정도 익혔다면 단문, 복문, 짧은 문단, 짧은 텍스트 순으로 본격적인 읽기에 돌입해야 한다. <u>이 두 번째 단계에서는 '단어 끊어 읽기' 문제를 해결해야 한다.</u> 이 책 앞부분에서도 말했지만, 중국어는 글자와 글자, 단어와 단어 사이에 띄어쓰기가 없고 기껏해야 문장부호 몇 개만 있을 뿐이다. 현장에서 학생들에게 문장을 읽어보라고 하면 십중팔구 한 글자 한 글자씩 읽거나 한 개 단어가 아닌 한자들을 묶어서 새로운 단어처럼 읽어버린다. 이렇게 되면 "한자는 다 알겠는데 문장 전체의 뜻이 무엇인지 도통 알 수 없다."라는 말이 나오게 마련이다. '단어 끊어 읽기'는 이 단계에서 가장 중요한 학습 포인트다.

'단어 끊어 읽기'의 예문으로 환치우왕(环球网)에서 미국 블랙프라이데이[21]와 관련된 기사문 첫 문단을 따왔다. 빗금 또는 슬래시라고 하는 부호로 문장에 표시를 해가면서 읽는다.

随着 / 感恩节 / 和 / "黑色星期五" / 的 / 到来, / 美国 / 也 / 开启了 / 美国版 / "双十一" / 购物季。英国路透社 / 25日 / 报道 / 称, 美国 / 实体店 / 销售额 / 持续 / 下降, 人们 / 更 / 倾向于 / 选择 / 线上购物, 越来越 / 多 / 的 / 美国人 / 选择 / 在 / 家 / 用 / 手机 / 买 / 东西。

---

21) 기사 원제목은 美国 "黑五"创纪录 消费者更青睐线上购物이다.

이렇게 끊어 읽기만 잘 표시해도 명사(고유명사), 연결사, 조사, 동사, 전치사 등이 한눈에 들어온다. 내용이 궁금하면 모르는 단어를 찾으면 된다. 그리고 꼭 소리를 내서 또박또박 읽기 연습을 해야 한다. 한국어로 뜻풀이할 때에는 제발 완벽하게 하려고 하지 마라. 통·번역사가 아니므로 굳이 그렇게 하지 않아도 된다. 그냥 순서 그대로 직독직해를 하는 게 좋다. <u>직독직해는 거칠고 정교하지 않지만, 중국인들의 문장 구조와 화법을 가장 빨리 깨칠 수 있는 지름길이다.</u>

<u>세 번째 단계는 묵독 단계이다.</u> 소리를 내지 않은 채 글을 빨리 보는 시각 훈련 단계라고 할 수 있다. 바로 이 단계에서 어휘량을 늘려야 한다. 알다시피 어휘량은 결국 읽기의 속도와 이해능력을 좌우하는 키포인트다. 분야를 가리지 말고 다양한 텍스트로 어휘를 늘려야 한다. 이때 문장을 읽다가 모르는 단어가 나오면 즉각적으로 사전에서 뜻을 찾아야 하느냐 마느냐의 문제가 발생한다. 영어만 봐도 현장에서 잔뼈가 굵고 오래된 강의 노하우를 가진 선생님들은 하나같이 "글을 읽다가 모르는 단어가 나오면 그냥 넘어가세요. 앞뒤 문맥으로 유추 가능합니다. 그리고 정말 중요한 단어라면 쉬운 말로 풀어쓰거나 부연설명이 나올 겁니다."라고 입을 모은다. 나도 이 말에 공감한다. 실제로 또 이렇게 책을 읽었던 적이 있기 때문이다. 모르는데 사전도 안 찾고 그냥 넘어가면 솔직히 찜찜하고 불안하다. 그래도 꾹 참고 50%만 이해하더라도 책 한 권을 완독한다는 목표를 가지고 러시아어와 영어 원서를 읽어 내려간 적이 있다. 아직도

기억에 생생한 두 작품이 있다. 러시아의 안톤 체호프의『개를 데리고 다니는 여인(Дома с собачкой)』과 미국의 아동문학 작가 루이스 새커의『구덩이(Holes)』라는 작품이다. 호기롭게 시작했지만, 뒤로 가면 갈수록 모르는 단어가 쌓여갔다. 유명한 두 분의 책을 앞에 놓고 감히 내가 이래도 되나 싶을 정도로 추측과 상상이 난무했다. 심지어 "한국어 번역판도 있는데 내가 왜 스스로 무덤을 파나?"라는 생각에 포기하고 싶은 마음이 굴뚝같았다.

그래도 칼을 뽑았으니 두부라도 썰자는 마음가짐으로 완독했다. 시간은 꽤 걸렸고 내용은 어설프게 이해했을지언정 원서 두 권을 읽어냈다는 그 성취감은 이루 말할 수 없었다. 이상하게도 책을 다 읽고 나니 처음부터 다시 읽고 싶은 생각이 들었다. 두 번째는 더 쉽게 읽혔다. 신기한 경험이었다. 이 경험 덕분에 나는 지금도 원서를 읽는 데 전혀 부담을 느끼지 않는다. 당연히 모르는 단어는 계속 나온다. 그래도 두렵지 않다. "그까짓 것 얼마든지 나오라고 해."라는 배짱도 두둑해졌다. 여러분들도 한번 도전해보길 바란다.

내가 만났던 대부분의 중급 실력자들은 1~2년이고, 몇 년이 지나도 교과서나 문제집만 붙잡고 있는 경우가 많았다. 자신의 중국어 실력이 여전히 부족해서 책 읽기는 부담스럽다는 것이다. 나는 이런 경우에 "역시나 핑계 없는 무덤은 없다."라고 꼬집는다.

교과서나 문제집은 다른 누군가가 처음부터 끝까지 뜻풀이와 해석을 달아놓았기 때문에 학습자로서는 편할 수밖에 없다. 아무것도 모르는 입문자는 당연히 교과서와 참고서를 활용해야 한다. 그러나 일정 수준에 이를 때쯤 되면 학습자도 모르는 사이에 편안이라는 안일함 속에 젖어 스스로 무엇인가를 해보려는 수고를 두려워한다. 그래서 몇 년이 지나도 "새로운 교재를 하나 사서 볼까?", "단어장이나 사서 외울까?", "회화 교재 하나 장만해야겠네!" ……. 늘 이렇게 교재나 참고서 타령을 하며 한 권 두 권 책들만 쌓여간다. 솔직히 이렇게 사들인 책들을 처음부터 끝까지 글자 하나 빼놓지 않고 다 읽어본 사람이 과연 몇 명이나 있을까? 단언컨대 집 어딘가에 한 자리 잡고 앉아 주인의 손길을 기다리고 있을 것이다.

이런 읽기 단계와 방법이 모든 사람의 공감을 불러올 수는 없다. 이해가 안 되는 것도 아니다. 시간과 노력을 쏟아부어 책을 읽었는데 뜻도 모른다고 생각하면 시간 낭비처럼 느껴지고 회의적인 생각이 들 것이다. 그런데 이렇게 하다 보면 정말 신기하게도 글의 흐름과 뜻이 눈에 들어오기 시작하는 순간이 있다. 이 정도면 됐다는 생각이 들 때 정말 궁금했던 사전을 찾아 자신이 이해했던 뜻과 비슷한지 의미를 확인해라. 오로지 자기 생각과 느낌으로 익힌 단어는 남이 만들어준 단어장 또는 교과서와는 달라서 절대 잊히지 않는다.

언제까지 학원 커리큘럼에만 의존하면서 중국어 공부를 할 것인가? 언제까지 남이 떠서 먹여주는 중국어에만 의지할 것인가? 자기 수준에 맞는 중국어 원서 또는 중국어로 번역된 세계 명작들을 구해 과감하게 읽기를 시작해라. 6개월이 걸리든 1년이 걸리든 본인이 스스로 직접 겪어봐야 한다. 이 정도 노력도 하지 않고 중국어를 잘하려고 한다면 정말 망상에 불과하다.

◆ ◆ ◆ ◆ ◆

읽기를 통해 발음과 문법을 다 잡아라

언어 학습의 공통적인 규칙은 바로 인풋(Input)이 있어야 아웃풋(Output)이 있다는 것이다. 나는 언어에서의 인풋은 읽기를 통해 완성된다고 믿는다. 입력된 정보와 데이터가 없으면 컴퓨터는 무용지물이 되듯이 사람도 책을 읽지 않으면 언어를 효과적으로 배울 수 없다.

앞서 중국어 원서를 사전 없이 느낌만으로 읽는 것을 추천했다면 이번에는 정독(精读)에 대해 이야기해보려고 한다. 정독은 말 그대로 문장이나 책 전체를 빠짐없이 자세히 읽어 내려가는 것을 말한다. 두꺼운 책이 부담스러우면 중국어 기사문이나 단편소설도 괜찮다. 앞에서 사전 없이 텍스트를 읽었다면 그다음 단계는 정독이다.

정독을 추천하는 이유는 내용과 흐름만 파악하는 속독(速读)에 비해 모르는 모든 내용을 빼놓지 않고 꼼꼼하게 공부할 수 있기 때문이다. 나는 개인적으로 중국어로 된 좋은 문장이나 기사문을 보게 되면 신조어나 좋은 문구들을 따로 정리해둔다. 학습자들도 마찬가지다. 단어, 말뭉치(搭配, 따페이), 사자성어, 관용어 등 본인이 알고 싶은 것들은 모두 정리해두면 좋다. 정독을 통해 어휘량을 많이 늘린다고 생각하면 된다. <u>정독의 또 다른 좋은 점은 어휘나 문장 외에도 중국에 대한 다양한 배경지식을 쌓을 수 있다는 데 있다.</u>

문장 전체를 정독했다면 그다음 순서는 바로 소리 내어 읽어야 한다. 특히 초급 단계 학습자들과 발음이 안 좋은 학습자들에게 이 부분은 필수코스이다. 그런데 여기서 보통 건너뛴다. 눈으로 읽고 손으로 단어 정리하고 머리로 뜻과 내용을 이해하면 그 텍스트 공부는 끝났다고 생각한다. 천만에! <u>적어도 큰 소리로 3번은 읽고 자기 목소리로 원문을 녹음해야 한다.</u> 처음부터 발음과 성조가 완벽할 수 없다. 처음에 자기 목소리를 들으면 손발이 오글거린다. 그래도 이런 과정을 거치지 않으면 자신의 발음에 어떤 문제가 있는지 어느 부분을 교정받아야 하는지 절대 알 수 없다. 발음을 교정하고 싶으면 꼭 소리 내어 읽고 녹음해야 한다.

실제로 내가 영어 발음을 교정받을 때도 소리 내어 읽고 녹음하는 방법을 사용했다. 이 방법으로 나의 영어 인생에 큰 영향을 미친 Wallace와 Sam 선생님께 늘 고마운 마음을 안고 있다. 한 주에 100~150개 정도의 엄선된 대본 스크립트(문장)를 받았는데, 원어민 발음과 억양을 최대한 유사하게 모방함과 동시에 속도까지 잡을 수 있으면 잡아보라는 것이 과제였다. 지금도 기억이 생생한데 첫 과제를 완성하는 데 거의 10시간이나 걸렸다. 나름대로 발음은 좋았다고 자신하고 있었는데 평가는 'Good!'이 나왔다. 최고의 평가는 'Beautiful!'이었기 때문에 아마도 응원 차원에서 '좋아요.'를 주신 것 같았다.

과정은 참으로 힘들었다. 입과 혀가 얼얼하고 자신이 무슨 말을 하는지는 모르겠으나 입에서는 영어가 나오고 있고 엉덩이가 마비되는 느낌을 받아본 적 있으신가? 밥을 먹다가도 주인공에 빙의된 것처럼 문장을 툭툭 내뱉다 보니 마주 보고 앉아 있던 남편은 깜짝깜짝 놀라기도 했다. 이렇게 하루도 쉬지 않고 꼬박 3개월을 읽고 녹음했더니 발음을 의식하지 않아도 자연스럽게 혀와 입이 알아서 정확한 음을 내주는 느낌을 받았다. 'Beautiful!'이라는 평은 덤으로 따라왔다. 3개월 동안 최소 1,500개 정도 되는 영어 문장을 읽고 녹음했다. 읽고 녹음하는 데만 매일 평균 2시간을 썼다. 3개월이면 180시간이라는 계산이 나온다. 영어권 국가로 유학을 가지 않고도 읽기 연습과 녹음만으로 충분히 발음 교정이 된다는 것을 직접 느꼈다.

중국어 발음도 똑같은 방법으로 얼마든지 연습할 수 있다. 다만 절대적인 시간과 노력이 수반되어야 한다. 발음 부분에서도 다룬 적이 있었지만 몇 시간이나 한 달 만에 정확한 발음을 구사하기란 쉬운 일이 아니다. 당신이 언어 천재가 아닌 이상. 나는 직접 해봤기 때문에 자신 있게 추천한다. 안 해보고 뭐라고 하는 사람에게는 "해보지 않았으면 말을 하지 말라!"라고 충고한다.

읽기 연습에 있어서 최고 난도는 쉐도우 리딩(Shadow reading)이 아닐까 싶다. 통번역대학원을 준비하는 학생들이 매일같이 연습하는 방법 중 하나가 쉐도우 리딩이다. 뉴스나 녹음파일을 들을 때 한 박자 늦게 시작하여 그림자처럼 따라 읽는 것을 의미한다. 발음뿐만 아니라 미처 몰랐던 악센트와 끊어 읽기가 자연스럽게 눈에 들어오게 된다. 귀를 뚫어야 한다며 무턱대고 100번 듣는 것보다 제대로 된 '쉐도우 리딩' 한 번이 더 큰 학습효과를 가져다준다.

나는 주로 대중교통을 이용할 때 '쉐도우 리딩' 방법을 많이 활용한다. 평소에 좋은 문장이 있으면 정독한 뒤 스마트폰 녹음기로 녹음해뒀다가 쉬는 시간이나 출퇴근 때 듣는다. 내용이 기억나면 동시에 입속으로 독백하거나 아직 내용이 숙지 안 됐을 경우에는 '쉐도우 리딩'을 한다. 그냥 쉬면서 음악을 감상하는 것도 좋지만, 왕복 이동 시간이 1~2시간이라고 했을 때 들을 수 있는 뉴스나 문장은 생각 외로 많다.

읽기를 통한 발음 연습과 발음 교정에 대해서는 여기서 마무리하고 문법으로 넘어가보자. 다독(多读)도 중요하지만 좋은 글 한 편을 제대로 읽는 것도 매우 중요하다. 예전과 달리 한글 책과 신문도 많이 읽지 않고 소셜 미디어로 짧은 글 또는 파편화된 정보만 접하는 요즘 "중국어를 다독하세요."라는 말을 꺼내기가 참으로 민망하다. 다독은 못 하겠다고 한다면 그럼 제대로 된 글 한 편이라도 완벽하게 공부해서 자신의 지식으로 만들어야 하지 않겠는가?

중국어 텍스트를 읽음과 동시에 문법을 공부할 수 있는 노하우를 알려주고자 한다. 옥스퍼드 공책을 준비하고 A4 용지 2/3 기준으로 읽고자 하는 중국어 기사문이나 글을 준비한다. 공책을 펼친 후 왼쪽에 출력한 A4 용지를 붙인다. 시간이 된다면 출력 대신 손으로 직접 옮겨 써도 된다. 오른쪽 한 면에는 다음과 같은 순으로 문법 체크 조항을 만든다.

1	양사	一双袜子(양말 한 켤레), 五条鱼(생선 다섯 마리)
2	전치사	在办公室(사무실에서/사무실에 있다.), 对中国文化(중국 문화에 대해)
3	조동사	会开车吗?(운전할 줄 알아요?), 该走了。(가야겠어요.)
4	조사	哭着说(울면서 말하길), 没有去过(가본 적 없어요.)
5	접속사	虽然~但是(비록 ~하지만, 그래도), 因为~所以(~하기 때문에, 그래서)
6	把자문	帮我把窗户关一下。(창문 좀 닫아주세요.)
7	被자문	听说他被女朋友甩了。(듣자 하니 그는 여자 친구에게 차였대.)
8	이합동사	吃三顿饭(밥 세끼를 먹다.), 生我的气(내게 화나다.)
9	보어	晚饭做好了(저녁밥이 다 됐어요.), 钱花光了(돈 다 썼어요.)

어휘, 사자성어, 관용어는 별도로 정리하고 이 공책에는 문법만 정리하면 된다. 나는 9가지를 샘플로 적었는데 경험상 한국인들이 중국어를 공부할 때 가장 어려워하고 실수가 자주 나는 부분이라 여겨서다. 개인 실력 차에 따라 문법 체크 조항은 알아서 조절하면 된다.

이 표를 활용하는 방법은 이러하다. 문장을 처음 읽을 때는 양사만 찾아서 정리한다. 양사 하나만 적는 것이 아니라 그 양사가 들어간 단어 전체를 정리한다. 두 번째 읽을 때는 전치사만, 세 번째 읽을 때는 조동사만 찾는다. 이런 식으로 9번 보어까지 정리하면 적어도 아홉 번 정도 문장을 훑어보게 된다. 습관 되기까지는 상당한 시간이 걸린다. 그러나 익숙해질수록 가속도가 붙을 것이다. 어떤 학생들은 9가지 형광펜으로 칠하면서 정리를 했는데 A4 용지가 그야말로 알록달록한 가을풍경을 연상시켰다.

시간이 걸리더라도 이 방법으로 중국어 텍스트(A4 용지 기준) 100편만 정독하면 장담컨대 중국어 실력은 일취월장할 것이다. 어떻게 읽느냐가 중요하다. 읽기는 어휘량 증가뿐만 아니라 발음 교정과 문법을 공부할 수 있는 종합적인 인풋 방법이다.

06

듣기(리스닝), 아는 것만 들린다

♦ ♦ ♦ ♦ ♦

듣기가 안 된다면 그 이유부터 찾아라

중국어의 듣기, 말하기, 읽기, 쓰기 4가지 영역 중 가장 어렵거나 점수가 잘 안 나오는 부분이 바로 듣기이다. 사지선다형 읽기 문제는 얼마든지 풀 수 있다. 쓰기는 시험 전에 중요한 문장이나 필요한 내용을 암기했다가 죽이 되든 밥이 되든 기억해내서 쓰면 된다. 말하기 영역도 어렵지만 일단 말을 하려면 상대방의 질문을 알아들어야 동문서답이라도 할 수 있지 않겠는가?

중국어 면접시험을 대비하던 학생 중에 간혹 "정답만 적어주시면 제가 완벽하게 외우겠습니다."라고 하는 경우가 있었다. 10명 중 8~9명은 떨어진다고 보면 된다. 면접관의 질문을 전혀 알아듣지 못한 채 "죄송합니다. 다시 한번만 말씀해주세요."를 무한 반복만 하다가 결국 탈락하고 만다. 설령 운이 좋게 회사에 취직했다고 치자. 중국에서 손님이 오거나, 회사를 대표해서 중국 출장을 가거나, 중국어로 된 문서를 번역하거나 중국어로 이메일을 보내야 할 때 당신의 실력은 결국 적나라하게 드러난다.

"그럼 어떻게 하면 중국어 듣기를 잘할 수 있나요?"라는 질문을 하기보다는 자신이 왜 듣기가 안 되는지 그 이유부터 정확히 알아야 처방을 내릴 수 있다. 들리지 않는 이유는 크게 2가지로 설명된다. 첫째, 중국어 소리에 전혀 노출되지 않았거나 익숙하지 않은 경우이다. 둘째, 들은 내용을 소화하기에는 어휘가 턱없이 부족한 경우이다. 학습자 스스로 자신이 어디에 속하는지 자가 체크해보시기 바란다. 둘 다 있을 수도 있다.

첫 번째 경우를 먼저 살펴보자. 중국어를 1~2년(심지어 5~6년도 있음) 공부한 학생들에게 중국 드라마, 시트콤이나 토크쇼의 한 장면을 보여주면 다들 허망한 표정으로 나를 바라본다. 길지도 않다. 1~2분 정도 되는 분량이다. 처음에는 대사가 너무 빨라서 못 알아들었다는 의견이 많다. 그러면 속도를 느리게 조절해서 들려준다. 그래도 잘 안 들리면 학생들은 고개를 갸우뚱거리면서 아마도 단어를 몰라서 그렇다고 우긴다. 그때 준비해뒀던 단어장이나 텍스트를 나눠준다. 막상 중국어 텍스트를 읽어보면 대부분 이미 알고 있는 단어들이거나 쉬운 문장이라는 것에 다들 어이없다는 표정을 짓곤 한다.

알고 있는 표현이고 쉬운 단어인데 왜 두 번이나 들어도 안 들리는 걸까? 영어의 경우 미국식 발음과 영국식 발음의 차이, 연음 현상, 성문폐쇄음, 자음의 묵음 처리 등 다양한 이유가 있다고 치자. 그런데 중국어의 경우 연음 현상, 성문폐쇄음 또는 자음의 묶음 처리와 같은 골치 아픈 법칙도 없다. 이유 여하를 불문하고 중국어가 들리지 않는 것은 정확한 중국어 소리를 모르기 때문이다. 중국어 소리를 제대로 모른다고 해서 기분이 나쁘다면 중국어 소리에 아직 익숙하지 않아서라고 해두자.

"저 중국어 교재에 나와 있는 음성 파일 듣는데요?", "저 HSK 듣기 파트만 수십 번 들었어요."라는 핑계를 더는 대지 않았으면 좋겠다. 듣는 행위 그 자체보다 중요한 3가지가 있다. '어떤 자료를 들었는지?', '어떻게 들었는지?', '듣는 시간은 얼마나 투자했는지?'이다. 시험을 위한 듣기 문제집이나 천천히 또박또박 읽은 정제된 문장을 그냥 한 번 또는 두 번 들었다면 효과는 미비할 수밖에 없다. 하물며 교재에 나와 있는 음성 파일을 집중해서 10번 이상 들어본 학습자들도 생각보다 많지 않을 것이다.

아기들이 말을 배울 때 뜻을 먼저 알고 나서 소리를 배우는 게 아니다. 몇 년 동안 '맘마, 엄마, 아빠, 응가' 등의 소리에 노출되다가 언어 인지 발달 단계가 되면 갑자기 엄마나 아빠를 가리키며 정확한 발음을 낸다. 중국어 듣기도 마찬가지다. 단어의 뜻을 이미 알고 있고 눈으로 보면 구분할 수 있다 해도 그 단어의 소리를 한 번도 들어본 적이 없다면 백 번, 천 번 들어도 알 수 없다. 그 단어의 소리를 처음부터 잘못 알고 있었다면 문제는 더 커질 수도 있고 배가 산으로 갈 수도 있다. 한마디로 요약하면 중국어 단어 낱개의 소리만 익혀서는 듣기를 잘할 수 없다는 것이다. 중국어 낱말들의 성조는 문장 속에서 앞뒤 단어에 따라 변하기도 하므로 중국어 전체 소리 흐름에 익숙해지는 것이 중요하다.

"그러면 중국어 라디오나 방송 아무거나 틀어놓고 무작정 들으면 언젠가는 귀가 뚫리겠죠?"라고 반문할 수 있다. 그럴 리가 없다. 그냥 알고 있는 소리 또는 간단한 인사말 정도만 들릴 것이다. 30분~1시간 틀어놔도 들리는 단어는 고작 몇 개에 불과할 수도 있다. 이 방법이 무식하고 틀렸다고 비난하려는 게 아니다. 내용의 뜻은 이해 못할지언정 무작정 들으면 하나 건질 수 있는 것은 있다. 바로 느낌이다. 다른 말로 바꾼다면 중국어다운 억양과 톤을 배울 수 있다. 들리지 않아도 굳이 듣겠다고 한다면 억양과 말투에만 신경을 써라. 이 방법으로 '단어 공부, 발음 공부와 완벽한 내용 숙지'를 기대하고 있다면 일찌감치 냉수 먹고 정신 차리는 게 심신 건강에 좋다. 스트레스와 고통 속에서 중국어를 포기할 수도 있으므로 무분별하게 아무거나 막 들으면 안 된다.

자, 이번에는 어휘가 부족한 두 번째 경우에 관해 이야기해보자. 원어민이 아닌 이상 듣는 과정에 모르는 단어가 나올 수밖에 없다. 그 단어 중 문장 전체에 영향을 줄 수 있는 중요한 단어가 있는 반면에 놓쳐도 괜찮은 단어들이 있다. 그런데 모든 걸 다 알아들어야 한다는 강박관념에 사로잡혀 모르는 단어가 들리면 거기서 멈추거나 멘탈이 흔들린다. 그러다 보니 뒤에 나오는 내용에 집중할 수 없게 되고 들더라도 해석이 안 된다.

어휘량이 정말로 적은 사람이라면 자신의 중국어 실력보다 너무 어려운 레벨의 듣기자료를 선택한 것부터 잘못됐다. 오디오가 첨부된 쉽고 짧은 텍스트를 골라 매일같이 연습하면 된다. 어느 정도 실력이 쌓이기 전까지는 선생님의 도움이 무조건 필요하다. 입문자나 초보자들의 경우 어떤 자료가 좋은지 선별하기에는 다소 어려움이 있기 때문이다.

결국, 듣기가 제대로 되려면 일정한 수준의 어휘량과 중국어 소리에 노출된 시간이 뒷받침되어야 한다. 중국어라는 소리가 낯설고 익숙하지 않은 이유는 너무 어려운 뉴스나 정치적 연설문을 들으려고 하기 때문이다. 동화책이나 만화로 듣기 연습을 하라고 하면 왠지 그건 유치해 보이고 쉬울 것 같다면서 꺼린다. 듣기 실력은 중국 초등학생 수준에도 미치지 못하면서 눈은 높아서 뉴스만 선택하려고 한다. 뱁새가 황새 쫓다가 가랑이 찢어진다는 말이 괜히 있는 게 아니다.

한국어를 유창하게 잘하는 외국인들에게 그 비결을 물어보면 하나같이 "한류를 좋아해서 한국 드라마나 영화를 보면서 배웠어요."라고 대답한다. 그런데 중국어를 공부하는 학생들에게 즐겨 보는 중국 드라마나 TV 프로그램이 있냐고 물어보면 10명 중 9명은 없다고 대답한다. 옛날 홍콩 영화 이야기를 꺼내는 학생들이 간혹 있긴 한데 홍콩 영화로 표준 중국어 듣기 연습을 할 수는 없다. 오늘날 중국은 유구한 전통과 문화를 바탕으로 문화 강국의 청사진을 계획하고 있다. 영화, 드라마, 다큐멘터리, 다양한 TV 교육과 문화 프로그램들을 만들기 위해 나라 전체가 큰 관심을 기울이고 있다. 한국의 한류만 전 세계에 영향을 주고 있다고 생각하면 오산이다. 중국의 화류(华流)도 전 세계의 시선을 끌기 위해 만반의 준비와 대처를 하고 있다. <u>이제는 재미있고 따끈따끈한 중국 현지의 드라마와 프로그램으로 귀가 즐거운 듣기 공부를 해야 할 때가 됐다. 중국어를 재미있게 배우고 잘할 수 있다면 만화, 동화, 시트콤, 드라마 등 모든 자료를 최대한 활용하라.</u>

♦ ♦ ♦ ♦ ♦

듣기의 노하우는 반복과 암기이다

아기들이 모국어를 습득하는 과정은 듣기, 말하기, 읽기, 쓰기의 순서로 나아간다. 그래서 성인들도 아이들의 모국어 습득 방법처럼 공부해야 한다고 강조하는 사람들도 있다. 일리가 있긴 하지만 안타깝게도 성인이 된 이상 모국어 습득 방법으로 외국어를 공부한다는 것은 다소 무리가 있다고 본다. 한국에서 제2외국어를 본격적으로 공부하는 사람들의 연령대는 옛날보다 많이 낮아졌다. 현재 20~30대가 가장 많이 배우고 빠르면 10대 초반에 시작하는 학생들도 많아졌다. 설령 10대에 시작했다고 해도 모국어 습득 방법을 완벽하게 적용할 수는 없다. 그럼 성인이 돼서 외국어를 배울 때에는 어떻게 해야 할까?

아이들과는 달리 순서를 좀 바꿔서 공부하는 것도 하나의 방법이라고 할 수 있다. 소위 어학 전문가라고 하는 사람들의 경험담을 정리해본 결과 두 가지 공통점을 발견했다. 첫째, 독해가 듣기보다 먼저다. 둘째, 듣기가 말하기(회화)보다 먼저다. 쓰기는 가장 어렵고 모든 영역의 지식이 결합된 복합체라는 것은 인정하고 넘어가야 할 것 같다. 정리해보면 우리는 독해(읽기), 듣기, 말하기, 쓰기의 순서로 외국어를 공부해야 한다는 말이 된다. 앞에서 이미 이야기했지만 중국인 앞에서 중국어를 했는데 상대방이 못 알아들으면 대화가 이어질 수 없게 된다. 입장 바꿔서 중국인이 뭐라고 했는데 못 알아들으면 서로 난감한 상황에 부닥치게 된다. 결국, 귀가 열리지 않으면 회화는 불가능하다.

중국어에 이미 입문했다면 처음에 중국어를 어떻게 배웠는지 한번 되돌아보자. 아마 거의 모든 중국어 교재가 발음 설명이 끝나면 바로 '첫 만남' 또는 '첫인사'를 가르친다. 선생님이 '니하오'를 먼저 읽고 나서 바로 똑같이 말해보라고 시키지 않는가? 중국어를 한 번도 제대로 들은 적이 없는데 첫 수업 시간에 말부터 시킨다. 나는 개인적으로 단어나 문장을 음성 파일로 여러 번 들어보게 하고 중국어 소리가 어떻게 들리는지 들리는 대로 한번 이야기해보라고 시키는 편이 낫다고 생각한다. 앞으로 중국어를 공부하실 계획이라면 처음부터 말하는 것에만 급급해하지 말고 충분히 듣는 것부터 시작해보자. 듣기는 한 번 듣고 넘어가면 효과가 없다. 듣기의 지름길은 반복 학습이다. 듣기 실력을 업그레이드하는 단계에서는 같은 내용을 반복해서 듣는 것이 다양한 자료를 한두 번 듣는 것보다 훨씬 도움이 된다. 오디오북이 됐든 드라마 대사가 됐든 하나를 선택해서 손때가 묻고 너덜너덜해질 때까지 반복하여 듣기를 연습하기 바란다.

텍스트를 눈으로 봤을 때 바로 해석이 안 되면 소리를 들어도 이해가 되지 않는다. 글자는 보는 것보다 소리로 들었을 때 더 빨리 귓전을 때리며 지나간다. 그러므로 소리 없는 상태에서 독해(읽기)하고 듣는 것이 바람직하다. 드라마나 TV 프로그램으로 중국어 공부를 할 때 효과를 보려면 무작정 들어서는 안 된다. 자막이나 스크립트를 보면서 완벽한 독해 공부를 해야 한다. 그러고 나서 소리를 들어야 소위 귀가 뚫린다는 게 어떤 건지 느껴볼 수 있다.

듣기 반복 학습에 이어 암기를 하라고 하면 다들 궁금해한다. 암기가 듣기와 도대체 무슨 관련이 있냐는 것이다. 예를 들어보자. 요즘 K-POP이 대세다. 한국어를 공부해본 적도 없는 외국인들이 자신이 좋아하는 가수의 노래를 수십 번 수백 번 듣다 보니 가사를 외운다고 한다. 어려운 랩까지도 청산유수처럼 읊는다. 반복해서 듣다 보면 암기가 될 수밖에 없다. 자연적으로 암기된다면 가장 좋겠지만 만약 반복해서 듣는 게 어렵다면 수단과 방법을 가리지 말고 '암기'해야 한다. 암기해야 할 양이 꼭 많을 필요는 없다. 자신이 암기할 수 있는 정도만 하면 된다.

한국외국어대학교 통번역대학원 2017학년도 석사과정 입학 설명회에서 한중과 김진아 교수는 "어떠한 주제가 되었든 제2외국어, 제3외국어로 10분간 능수능란하게 스피치를 할 수 있을 정도로 공부하다 보면 합격할 수 있을 것"[22]이라고 했다. 여러

---

22) http://www.cine21.com/news/view/?mag_id=83948

분은 지금, 이 순간 한국어로 '지구온난화'라는 주제를 10분, 아니 5분 동안 유창하게 말할 수 있는가? 한국어로도 안 되면 중국어나 영어로도 안 된다. 듣기에 이어 스피치나 회화가 되려면 관련 내용을 외울 수밖에 없다. 배경지식이 쌓이면 듣기가 쉬워진다. 80~90%밖에 듣지 못해도 익숙한 내용이 나오면 유추할 수 있기 때문에 듣기 이해도가 높아진다. 반복 학습과 암기만이 듣기를 잘할 수 있는 유일한 방법이다.

♦ ♦ ♦ ♦ ♦

정확히 듣고 난 다음 배속을 높여서 들어라

중국어 듣기에 도움이 될 만한 방송이나 TV 프로그램을 추천해달라고 하는 학습자가 많다. 그러면 나는 이들에게 중국 공영방송인 CCTV나 신화통신 등을 알려준다. 시간이 좀 지난 뒤 "내용이 들리시던가요?"라고 물으면 "아니요, 언젠가는 들리겠지 하는 마음으로 틀어놓아요."라는 대답이 돌아온다. 전혀 듣지 않는 것보다는 이렇게라도 중국어에 노출해 귀를 적응시키는 것도 좋은 방법이다. 그러나 뜻을 이해하지 못한 문장이나 자신이 모르는 말은 아무리 들어도 절대 들리지 않는다. 장면이 있는 자료를 많이 보면서 듣다 보면 몇 개 정도는 주먹구구식으로 알아낼 수는 있다. 하지만 너무 비효율적이지 않은가? 이렇게 들어서 어느 세월에 중국어를 제대로 할 수 있을지는 아무도 모른다.

날마다 새로운 뉴스를 듣는 것은 수준급 실력이 되었을 때 시사와 문화를 익히기 위한 도구로 활용하면 적격이다. 그 전에는 이런저런 고민에 시간 낭비하지 말고 재미있고 자신의 수준에 맞는 교재나 스크립트를 구해 듣기 공부를 해야 한다. 단, 매일 꾸준히 해야지 작심삼일이 되어버린다면 그것은 아예 시작하지 않느니만 못하다.

아직 중국어가 부담스럽다면 나의 영어 듣기 공부법이 도움이 되었으면 좋겠다. 당연히 영어 선생님들의 가이드와 도움이 있었다. 공짜로는 언어를 제대로 배워낼 수 없기 때문에 제대로 배우려면 대가를 지급해야 한다. 선생님들은 지루하지 않고 대화로 된 만화 스크립트를 준비해주셨다. 꾸준히 하려면 공부 자료가 재미있어야 하기 때문이다. 에피소드 하나는 20분 정도밖에 되지 않지만, 스크립트는 양면으로 인쇄해도 10장은 족히 넘는다. 나는 바로 이런 대화 자료로 듣기와 말하기를 공부했다. 내가 했던 듣기 공부의 순서는 다음과 같다.

1) 자막과 스크립트를 보지 않고 에피소드 하나를 본다. 원어민의 발화 속도가 너무 빨라 들리는 부분보다 놓치는 부분이 더 많다. 다행히 장면을 볼 수 있으므로 분위기나 뜻은 대충 짐작은 가지만 안 들리는 부분은 죽어도 안 들린다.
2) 스크립트를 처음부터 끝까지 완벽하게 해석하고 공부한다. 단어는 영한 사전이 아닌 영영 사전을 사용해서 뜻을 파악한다. 그리고 들리지 않았던 문장이 나오면 단어 때문인지

발음 때문인지 아니면 관용어 때문인지 그 원인을 파악한다.

3) 자막 없이 에피소드를 다시 한번 본다. 전반적인 내용을 숙지한 후 다시 한번 보면 처음보다는 훨씬 편하게 감상할 수 있다.

4) 스크립트에 나와 있는 좋은 문장을 암기한다. 주의할 것은 그냥 무식하게 암기하는 것이 아니라 수십 번 들으면서 외운다는 점이다. 원어민의 대화 속도가 너무 빨라 도저히 발음을 따라갈 수 없을 때는 동영상 플레이어의 도움을 받는다. 재생속도를 자유자재로 컨트롤할 수 있으므로 자신에게 맞는 속도로 정확히 듣는 것이 중요하다.

옛날에는 카세트테이프가 늘어져서 고생하고 컴퓨터 CDROM이 맛이 가서 애를 먹는 등 언어 공부에 불편함이 컸다. 요즘은 스마트폰 하나로 모든 것을 할 수 있는 세상이다. 다양한 애플리케이션의 도움을 받으면서 얼마든지 듣기 공부를 할 수 있다. 문제는 개인의 의지가 얼마나 강하냐가 언어 공부의 성공과 실패를 가늠하는 중요한 척도가 되었다.

5) 원어민의 억양과 발음을 최대한 흉내 내면서 따라 읽는다. 완벽하게 한 문장을 할 수 있게 되면 2배속, 4배속 이런 식으로 배속을 높여서 듣고 따라 한다. 이렇게 스크립트에 나와 있는 좋은 문장들을 하나씩 마스터하다 보면 자연스럽게 원어민의 원래 대화 속도대로 말을 할 수 있게 된다.

6) 스크립트와 장면을 보지 않고 에피소드를 그냥 귀로만 듣

<u>는다</u>. 처음에 들리지 않았던 문장들이 콕콕 귀에 박힐 것이다. 그래도 잘 들리지 않은 부분이 있다면 그 부분을 다시 공부한다.

영어든 중국어든 원어민 속도를 그대로 따라 듣고 말하기가 쉽지 않다. 처음에는 속도보다는 정확한 내용을 듣는 것이 중요하다. 스트레스 받지 말고 즐기면서 공부하는 게 최우선이다. 그리고 교육 목적으로 지나치게 인위적으로 만들어진 듣기 교재를 사용하여 귀로 듣고 암기하는 방법은 추천하지 않는다.

요즘은 옛날보다 온라인으로 중국어 청취 자료를 쉽게 구할 수 있어서 양적인 면에서도 큰 도움이 된다. 새로운 내용보다 이미 알고 있는 내용을 반복해서 들어보고 배속을 높이는 것이 효과적인 듣기 방법이다. 듣기가 된다면 언젠가는 입에서 말이 튀어나올 날이 올 것이다.

07

글쓰기(작문), 생각과 문제해결의 과정이다

◆ ◆ ◆ ◆ ◆
초급 단계에서도 글쓰기는 필요하다

한마디로 글쓰기는 중국어 공부에서 최고봉이라고 할 수 있다. 그래서 그런지는 몰라도 학습자들은 글쓰기를 유난히 두려워하고 어디서부터 어떻게 손을 대야 할지 막막해한다. 또 어떤 학습자들은 글쓰기를 아예 포기해버린 채 그냥 대화만 통하면 된다고 생각한다. 글쓰기를 하지 않으면 어디까지나 반쪽짜리 중국어에 불과하다. 요즘은 중국에서도 업무를 볼 때 정확한 전달과 소통의 문제를 해결하기 위해 이메일이나 문자 등 글과 메시지로 처리하는 경우가 많다.

중국어의 다른 영역에 비해 초급 단계에서의 글쓰기는 학자들의 주장이 여러 가지로 엇갈린다. 초급 단계에서는 글쓰기가 필요 없다는 것이 하나의 주장이고, 글쓰기를 듣기·말하기·읽기에 자연스럽게 접목해 연습해야 한다는 주장도 있으며, 마지막 하나는 별도로 글쓰기 과목을 만들어서 집중 훈련을 해야 한다는 의견도 있다.

나는 초급 단계에서도 글쓰기가 필요하다는 주장에 한 표를 준다. 그리고 별도로 글쓰기 과정을 만들어 집중 훈련을 해야 한다고 생각한다. 대부분의 선생님과 학습자들은 글쓰기는 난도가 있기 때문에 어휘와 문법을 어느 정도 공부하고 나서 시작해야 한다고 생각한다. 일리가 있지만, 처음부터 글쓰기를 아예 배제한다면 나중에 더 힘들어질 수 있다.

초급 단계에서의 글쓰기는 진정한 의미에서의 '글쓰기'라고 보기는 어렵다. 자신 생각과 주장을 조리 있게 써 내려갈 수 없기 때문이다. 결국, 초급 단계에서의 글쓰기는 한자 쓰기부터 시작한다. 한자는 한자일 뿐 글쓰기와는 아무런 상관이 없다고 생각하는 사람들이 많은데 한자는 모든 것의 기초가 된다. 중국어 글쓰기는 병음이 아닌 한자로 쓰는 것이다.

요즘 병음을 강조하고 한자는 나중에 쓰면 된다는 중국어책을 종종 보게 된다. 특히 어린이들을 상대로 하는 책들이 그러하다. 이유인즉슨 한자는 어렵고 또 학습자들이 부담을 느낄 수 있으므로 처음부터 한자를 쓰게 하는 것은 바람직하지 않다는 것이다. 게다가 지필 시험 대신 IBT라는 컴퓨터시험 방식이 도입된 이래 한자 쓰기는 더욱더 외면을 받고 있다. 지필 시험일 때는 쓰기 부분에서 한자로 작문을 써야 해서 한자를 모르면 써 내려갈 수 없다. 이러다 보니 지필 시험과 달리 한자 스트레스를 해소해준다는 컴퓨터시험이 응시료가 훨씬 비쌈에도 불구하고 학습자들 사이에서 인기가 높다. 그래서 "지필 시험 자격증이 컴퓨터시험 자격증보다 더 인정받는다." 하는 유언비어도 생겼다고 한다. 돈이 문제가 아니라 성적만 잘 나오면 된다는 일념으로 중국어 글쓰기는 점점 요원한 미래가 되고 있다.

중국에서도 상황은 비슷하다. 중국어의 4가지 영역 중에서 중국 학생들이 가장 어려워하는 부분이 바로 '쓰기'이다. 중국에서도 보통 고학년에 올라가서야 글쓰기 수업을 본격적으로 진행한다. 그러다 보니 듣고 말하고 읽는 스킬에 비해 쓰기가 뒤처진다. 쓰기에서도 가장 걸림돌이 되는 것이 바로 '한자'이다. 한자를 제대로 쓸 줄 모르면 글은 써 내려갈 수 없다.

오늘날 중국인들 사이에서는 "펜을 잡으면 한자가 생각나지 않는다(提笔忘字)."라는 현상이 만연하다. 성인뿐만 아니라 청소년들에게서도 똑같은 현상이 나타나고 있어 학자들은 그 심각성을 지적하고 있다. 컴퓨터와 스마트폰 등 다양한 디지털 기기의 지나친 사용으로 한자의 형태를 까먹는 '기억 상실증'에 걸린 것이다. 한자를 굳이 외우지 않아도 병음으로 타이핑만 하면 선택할 수 있는 한자들이 눈앞에 나타난다. 많은 외국인은 한자 공부와 서예 삼매경인데 중국인들은 오히려 한자를 까먹고 있으니 참으로 아이러니하지 않은가? 한자 쓰기를 소홀히 하면 결국 글쓰기의 어려움으로 이어지게 된다. 쓰고 또 써야 한다. 알고 있는 한자는 외워서 쓰고 모르는 한자는 베껴 써서라도 외워야 한다. 쓰다 보면 자신감이 붙는다.

언어를 통한 소통과 의사전달은 주로 구두와 서면에 의해 이루어진다. 중국어를 구두와 서면을 자유롭게 넘나들면서 교류할 수 있어야 완벽한 소통의 스킬을 갖췄다고 할 수 있다. 한 사람의 중국어 능력을 유창한 회화 실력만 보고 평가할 수는 없다. 글쓰기, 즉 서면으로 전달하는 중국어는 또 다른 '말하기'에 속한다.

초급 단계에서 서면 형태의 글쓰기 훈련이 없으면 공부가 일정 수준에 이르렀을 때 학습자의 중국어 실력의 향상에는 제동이 걸리게 된다. 한 편의 뛰어난 연설문은 정교한 글쓰기의 뒷심 없이는 절대 불가능하다. 쉽게 말해서 회화를 잘하려면 잘된 문장과 글을 많이 읽고 외워야 한다. 점, 선, 면의 순으로 확장되듯 중국어 쓰기도 초급 단계에서는 한자부터 시작해서 단어, 구문, 문장으로 이어져야 한다.

◆ ◆ ◆ ◆ ◆ ◆

초급 단계에서는 무엇을, 어떻게 쓸 것인가?

초급 단계든 중·고급 단계든 글쓰기는 재능이 아닌 훈련이 만들어내는 결과물이다. 태어날 때부터 글을 잘 썼던 사람은 없다. 학창 시절을 제외하고 한국어로도 글을 제대로 써본 적이 없는데 중국어로 글쓰기를 하라고 하면 다들 어이없어한다. 자타공인 대한민국 1호 책 쓰기 코치라고 불리는 아이디어 바이러스의 송숙희 대표는 "글쓰기는 가르칠 수 없다. 쓰면서 배워라!"라고 강조한다.

조정래 작가는 『황홀한 글 감옥』이라는 책에서 글쓰기와 관련해 이런 말을 남겼다. "글 잘 쓰는 요령은 없다. 그러나 글을 쓴다는 것은 어느 일면 기술적인 측면도 없지 않다. 많이 읽고, 많이 생각하고, 많이 쓰는 이 방법보다 더 좋은 방법은 없다. 이것은 글을 잘 쓸 수 있는 가장 확실한 방법이면서 유일한 방법이고, 또한 첩경이다." <u>나는 중국어 글쓰기도 마찬가지라고 생각한다. 방대한 한자와 어휘, 관용어와 성구들을 한정된 수업 시간을 통해 하나씩 가르칠 수는 없다. 중국어 글쓰기도 결국에는 많이 읽고 쓰면서 실력을 쌓아갈 수밖에 없다.</u>

그렇다면 도대체 초급 단계에서 중국어는 어떻게 쓰란 말인가? 나는 자신 있게 '중국어 베껴 쓰기'를 하라고 말하고 싶다. 사실 베껴 쓰기는 필사(抄寫)라고도 하는데 '중국어 베껴 쓰기'는 송숙희 작가의 『최고의 글쓰기 연습법, 베껴쓰기』라는 책으로부터 영감을 얻었다. 송숙희 작가는 학창 시절 엽서에 출처미상의 인생론을 적으면서 베껴 쓰기에 눈을 떴다. 처음에는 베껴 쓰기가 어설프고 별거 아닌 듯했으나 결국 그녀는 문학을 전공하게 되었고 작가의 길을 걷게 된다. 방송국, 신문사, 출판사 등 언론 현장에서 글을 써온 그녀는 지금도 베껴 쓰기로 훈련을 계속하고 있다.

요즘은 논어, 명심보감 등 고전 필사 노트도 팔리고 있다. 마음이 복잡하고 불안할 때, 또는 여유를 찾고 싶을 때 필사를 하다 보면 잡념이 사라지고 자기도 모르게 마음의 여유를 가지게 된다. 초급 단계에서의 중국어 글쓰기는 부담을 갖지 말고 편한 마음으로 시작해야 한다. 중요한 것은 자신이 평소에 관심이 있던 분야의 글이나 책을 필사해야 한다는 것이다. 긴 글이 부담스럽다면 짧은 시나 광고 문구를 옮겨 써도 된다. 사자성어나 속담도 좋고 이미 알고 있는 세계명작동화(중국어판)도 좋은 선택이 될 수 있다.

"한자가 많아서 내용을 모르는데 무작정 필사를 한다고 도움이 될까요? 지루하지 않을까요?"라고 시작하기도 전에 벌써 걱정하시는 분들이 계신다. 걱정만 하다가 금쪽같은 시간을 다 보낼 수는 없다. 때로는 미련하고 우직하게 밀고 나가는 자세가 필요하다. '우공이산(愚公移山)', 즉 어리석어 보이는 일일지라도 꾸준히 한다면 큰일을 해낼 수 있다는 말도 있지 않은가? 중국어 베껴 쓰기를 하다 보면 우리의 손가락은 한자, 단어와 문장을 마디마디에 기억한다. 다만 쓰는 순간에 우리는 그것을 느끼지 못할 뿐이다. 베껴 쓰기를 계속하다 보면 글쓰기에 대한 감각이 생긴다. 눈으로 한번 쓱 보고 지나가면 많은 것을 놓치지만 한 글자 한 글자, 한 문장 한 문장 필사하다 보면 글의 골격이 눈에 들어오게 될 것이다.

2013년 조정래 작가의 장편소설 『정글만리』가 출간 석 달 만에 80만 부가 팔렸다는 기사를 본 적이 있다. 조정래 작가는 한중수교가 이루어지기도 전인 1990년에 처음으로 이 책 집필을 구상했다고 한다. 작가의 직감과 선견지명으로 23년 전부터 중국에 관심을 두고 공부를 하기 시작했다. 조정래 작가는 기자와의 인터뷰에서 이렇게 말했다.

"중국을 이야기하려고 20년간 노력했습니다. 중국 관련 서적을 닥치는 대로 읽고 그 가운데 80권을 추려 포스트잇을 붙여가며 마치 대학입시나 고시 공부하듯 했습니다. 공부를 마친 후에 현장 취재를 하러 갔습니다. 20년간 여덟 번 중국에 가서 숱한 사람을 만났고, 중국 기사 스크랩만 노트로 90권입니다. 작가의 일은 언어와의 싸움입니다. 뭐든 그렇게 최선을 다하는 것이 중요합니다."[23]

이렇듯 조정래 작가는 7만 5,000장에 달하는 원고를 직접 손으로 원고지에 써 내려가는 수고를 마다하지 않았다. 『태백산맥』을 집필할 때에는 몸이 깨지고 바스러지는 느낌까지 받았다고 한다. 그렇다면 중국어라는 언어를 공부하는 어학도들은 중국어 공부를 위해 어느 정도의 노력을 했는가? 과연 "최선을 다했다."라고 자신 있게 말할 수 있을 정도로 열심히 했는가? 『칼의 노래』, 『남한산성』으로 유명한 김훈 작가는 "재주가 없으면 부지런해야 된다."라고 말했다. 중국어 글쓰기 재주와 실력이 없으면 생길 때까지 계속 쓰고 훈련해라. 시간이 없으면 한 줄이라

---

[23] 인터뷰 제목은 '유인경이 만난 사람'의 소설 '정글만리' 작가 조정래 "뗄 수 없는 한·중 젊은 층의 관계에 양국 미래 달려"이다.

도 좋다. 늦더라도 전혀 하지 않는 것보다 낫다. 언젠가는 글쓰기의 황홀함을 만끽하게 될 것이다.

$$\blacklozenge \; \blacklozenge \; \blacklozenge \; \blacklozenge \; \blacklozenge$$

중·고급 단계에서는 일기와 독후감을 써라

나는 중·고급 단계의 학습자라면 일기와 독후감을 중국어로 과감하게 써 내려가야 한다고 생각한다. 언제까지 시험을 위한 얄팍한 문제 풀이와 문법 공부에만 매달릴 것인가? 음식도 먹어 본 사람이 안다고 일기, 요약문 또는 독후감도 써본 사람은 그 효과에 대해 입을 모아 극찬한다.

중국어 일기 쓰기를 어렵게 생각할 필요가 없다. 자신이 그날 그날 겪은 일들과 생각을 정리하면 된다. 편폭은 길지 않아도 된다. 작가들처럼 "눈은 온다."로 쓸지 "눈이 온다."로 쓸지 토씨 하나 놓고 고민할 필요도 없다. 죽이 되든 밥이 되든 일단 써야 한다. 그리고 자신이 없다면 선생님의 첨삭지도를 받아야 한다. 일기는 자신만의 비밀이라고 생각하면서 첨삭 받기를 꺼리는 사람들도 있다. 다른 사람이 보면 그게 무슨 일기냐고 반박하기도 할 것이다. 일기 내용은 꼭 자신의 비밀이어야 할 이유는 없다. 하루 24시간 동안 벌어진 일 중 의미 있고 기록으로 남길 가치가 있는 부분을 요약하면 된다. 일기라는 용어가 부담스럽다면 '나의 일과'라고 제목을 붙여도 된다. 중국어로 뭐든 써야 한다는 것이 핵심이다. 쓰는 것까지는 좋은데 아직은 실력이 부족해서 틀렸는지 맞는지 감이 안 올 때 무조건 평가와 안내를 받아야 한다. 틀리는 것을 부끄러워할 필요 없다. 틀려야 정확한 것을 배울 수 있다.

여기서 잠깐 조선 제22대 왕 정조의 이야기를 하고 넘어가려고 한다. 현재 국보 제153호 및 유네스코 세계기록유산으로 등재된 『일성록(日省录)』의 모태는 정조가 왕세손 시절 쓰기 시작한 '존현각일기(尊贤阁日记)'이다. 존현각은 조선 5대 궁궐 중 하나였던 경희궁에 있던 건물이다. 바로 여기서 정조는 9살이라는 어린 나이에 일기를 쓰기 시작했다. 『논어』를 읽다가 공자의 제자인 증자(曾子)의 말, "나는 날마다 세 가지 기준을 가지고 스스로에 대해 반성한다(吾日三省吾身)."에서 영감을 받은 것이다. 나중에는 정조의 일기가 국가의 공식적인 업무 기록 일지로 변모한다. 한 나라의 왕의 일기도 결국에는 이렇게 공개가 되지 않는가? 여러분들도 좋은 중국어 글귀, 의미심장한 명언 명구들을 모아 이 세상에 하나밖에 없는 자신만의 '중국어 보물 창고'를 만들어라. 나중에 이런 주옥같은 문장들을 패러디하고 자신의 생각을 불어넣는다면 온전히 자신만의 감성 수필이 될 수도 있다.

무(无)에서 유(有)를 창조하는 것에는 언제나 고통이 따르는 법이다. 아직 중국어로 일기를 쓰는 것이 여전히 부담스럽다면 요약문을 쓰거나 독후감을 써도 된다. 다른 사람의 글을 보고 다시 재창조하는 과정이기 때문에 직접 글을 쓰거나 일기를 쓰는 것보다는 훨씬 쉽다. 만약 이것조차도 어렵다고 고개를 절레절레 흔든다면 아예 이 책을 덮어도 된다.

요약문과 독후감을 쓸 때, 항상 자기만의 기준을 세울 필요가 있다. 예를 들면 다음과 같다.

1) 제목 만들기
2) 200자 또는 500자로 글쓰기
3) 사자성어나 속담 1~2개 꼭 사용하기
4) 원문의 표현을 그대로 베끼지 않기
5) 핵심 주제를 정확하게 집어내기

요약문과 독후감을 쓰는 것만으로도 어휘력이 폭발적으로 늘어나고 논리력이 좋아진다. 중국어 실력은 기본이고 인문학적 지식과 교양을 덤으로 얻어갈 수 있다. 성인뿐만 아니라 중국어 특기생으로 대학 진학을 목표로 하는 학생들, 중국 유학을 꿈꾸는 학생들도 중국어 글쓰기로 중국어 실력을 향상할 수 있다. 수능에서 영어만 어려운 게 아니다. 국어도 어렵다. 제2외국어인 중국어 시험도 어렵다. 읽었는데 이해가 안 된다거나 앞뒤 문맥 흐름과 작가의 의도가 무엇인지 파악이 안 되는 경우가 많다.

아이들은 손으로 글쓰기를 하도록 유도해야 한다. 스마트폰, 컴퓨터, 음성 인식 기술은 글쓰기의 오묘한 쾌락을 소리 없이 가로챘다. 전문가들에 따르면 글쓰기는 정신과 육체가 상호작용을 하는 과정이라고 한다. 결국, 글을 쓰는 과정에서 좌우 두뇌를 동시에 사용하기 때문에 사고력 발달에 큰 도움이 된다고 한다. 요즘 수학 문제도 숫자와 규칙만 가지고 풀 수 없다. 서술형 문제가 등장함에 따라 국어를 제대로 읽고 이해하지 못하면 틀릴 확률이 높아진다. 국어를 잘하려면 한자어를 많이 알아야 한다. 중국어를 공부하면 한자어 실력이 높아질 수밖에 없다. 중국어 글쓰기는 눈으로 보고 머리로 생각하고 손으로 쓰는 삼위일체의 공부법이다.

공부해야 할 것이 많아 싫증이 나더라도 어쩔 수 없다. 현실에 안주하면 도태되는 것은 순식간이다. 모든 학문은 서로 연결되어 있다고 한다. 수능시험에서 국어가 아무리 어렵다고 아우성쳐도 만점자는 어김없이 나온다. 중국어가 어렵다고 해도 유학 한 번 가지 않고도 잘하는 사람은 부지기수이다. "독한 사람들이라서 그렇다."라는 말로 그 사람들이 그동안 쏟은 시간, 열정, 노력, 정성, 희생과 금전적 투자를 평가하는 것은 너무나도 불공평하다. 중국어 듣기, 쓰기, 말하기를 제대로 해보지 않은 사람들은 이런 말을 쉽게 내뱉을 자격조차 없다. "이 정도 중국어 실력이면 뭐 괜찮겠지."라는 생각은 상당히 위험하다. 중국어에 '뛰는 놈 위에 나는 놈이 있고, 산 넘어 산이 있다(人外有人, 山外有山).'라는 말이 있다. 항상 '천 리를 내다보고자 한층 더 높이 올라가자(欲窮千里目, 更上一層樓).'라는 마음가짐으로 중국어를 공부해야 한다.

나는 중국어가 됐든 영어가 됐든 뭔가를 읽으면 꼭 기록을 남긴다. 우리는 살면서 "남는 것은 사진밖에 없다."라는 말을 많이 한다. 글도 마찬가지다. 우리는 정보의 홍수 속에서 머리만 믿고 모든 것을 다 기억할 수 없다. 항상 메모하고 기록하고 쓰는 습관을 길러야 한다. 남는 것은 결국 기록밖에 없다. 인간이 다른 동물과 달리 손을 사용했기 때문에 뇌가 진화했다고 배우지 않았는가? 손으로 글을 쓰는 인간의 수동적인 행동과 문명의 이기가 조화를 이뤄야 시너지 효과를 기대할 수 있다.

08

프리토킹(회화), 30분을
어려움 없이 말할 수 있는가?

◆ ◆ ◆ ◆ ◆

프리토킹, 의사소통만 하면 된다

프리토킹은 중국어를 공부하는 모든 학습자의 희망 사항이 아닐까 싶다. 중국어 듣기, 쓰기와 읽기 실력은 바로 눈에 띄지 않기 때문이다. 초면에 한 사람의 중국어 실력을 가늠하는 가장 직관적인 방법은 바로 프리토킹이다. 프리토킹은 다른 말로 바꿔 말한다면 유창한 회화 실력이라고도 할 수 있다. 사람들은 흔히 프리토킹을 잘하면 중국어를 잘한다고 믿는다. 물론 중국어 회화를 잘하는 사람들이 많은 것은 사실이다. 그러나 프리토킹을 할 때 오히려 비문(문법에 맞지 않는 틀린 문장)이나 문장의 어순 뒤바뀜 현상이 자주 나타난다. 그런데도 자연스럽게 느껴지는 것은 다소 문법적 오류가 있어도 별문제가 되지 않기 때문이 아닐까?

단어를 많이 알고 문법을 꿰뚫었다고 프리토킹을 잘하는 것은 아니다. 회화는 문법과 달리 무한 반복과 연습만이 살길이다. 말은 머리로 생각하고 번역해서 나올 수 있는 영역이 아니다. 상대방의 말을 들으면서 바로 이해하고 입으로 답이 튀어나와야 한다. 문법을 꼬치꼬치 따지고 생각하는 과정을 거치면서 머뭇거리는 순간 프리토킹은 물 건너간다. 처음으로 중국인과 중국어로 대화할 때 한국어로 먼저 생각하고 번역해서 말하는 것은 어찌 보면 당연하다. 이런 본능은 중국어뿐만 아니라 모든 언어를 공부하면서 양날의 칼로 작용한다. 다시 말해 단어 암기나 독해 공부에서는 유리할 수 있지만, 프리토킹 공부는 더욱 어렵게 만드는 걸림돌이 될 수도 있다는 뜻이다.

통·번역을 하다 보면 학술적 용어나 국제회의 전문용어가 일반적인 회화보다 다루기 더 쉽다는 것을 느끼게 된다. 국제적으로 통용되는 기술용어와 전문용어들은 한번 정해지면 쉽게 바뀌지 않는다. 한 분야의 전문 지식을 갖추고 그 용어를 알고 있다면 중국어로 계약서와 기술 문서를 번역하는 일이 오히려 회화보다 더 쉽다. 중국어로 농담(가벼운 대화, small talk)을 주고받는다거나 같은 말이라도 센스 있게 하는 것이 더 힘들다.

공자는 "아는 것은 좋아하는 것만 못하고 좋아하는 것은 즐기는 것만 못하다(知之者不如好之者, 好之者不如乐之者)."라고 했다. 중국어가 궁금하고 재미있어서 공부해야 하는데 대부분은 그렇지 못하다. 당장 눈앞의 시험점수를 위해서, 또는 발등에 불이 떨어져서야 어쩔 수 없이 중국어를 공부한다. 마음이 급한 나머지 다짜고짜 어떻게 하면 단기간에 프리토킹을 할 수 있냐고 묻는다. 그런 이들에게 나는 항상 똑같은 말을 반복한다. "시간이 해결해줄 것입니다. 연습이 완벽함을 만드는 법입니다. 조급함을 버리세요."

"안녕하세요", "잘 가세요." 등의 간단한 중국어 표현은 지금 당장이라도 배울 수 있다. 그러나 단기간에 중국어 회화를 정복하려고 생각한다면 결국 쉽게 포기하고 말 것이다. 그 어떤 언어라도 짧은 몇 개월 안에 프리토킹을 기대할 수 없다. "한두 달 만에 프리토킹 할 수 있다."라고 하는 사람은 이미 내공이 쌓일 대로 쌓였는데 그동안은 누군가가 도화선에 불을 지펴주지 않았기 때문이다. 실력이 있는 사람이 "몇 달 만에 프리토킹을 할 수 있다."라고 초보자들을 부추기는 것은 무책임한 행동이라고 생각한다.

영어 토익 만점자가 많듯이 중국어 HSK 만점자도 적잖다. 그런데 회화는 전혀 안 되는 아이러니한 상황은 어떻게 설명할 수 있을까? 그래서 회화 시험을 또다시 공부한다. HSK(중국어 한어수평고시) speaking, BCT(상무 한어 고시) Speaking, Opic(국제공인 외국어회화시험) 중국어, TSC(중국어 말하기 능력 평가시험), CPT(중국어실용능력시험) 등 다양한 회화 시험이 존재한다. 회사별로 취업 및 승진 시 참고하는 중국어 시험이 제각각이다 보니 응시자들은 한 시험이 끝나면 또 다른 회화 시험공부에 대비한다. 안타깝다. 시간 낭비다. 다람쥐 쳇바퀴

돌듯 계속 시험을 위한 찍기 공부를 이어가고 그 악순환은 끊이지 않는다.

회화를 잘하기 위해서 문장 암기는 중요하다. 문장을 외운다는 것은 단어, 덩어리, 문법과 표현을 다 외우는 것이기 때문이다. 나중에는 단어만 바꾸면 응용도 가능해진다. 하지만 문장을 무턱대고 외우기만 하고 실제로 활용하지 못한다면 그것은 살아 있는 언어가 아니다. 학생 자녀를 둔 부모님들이 종종 이렇게 말한다. "우리 아이는 중국어 교과서나 영어 교과서를 아주 유창하게 잘 읽어요. 그런데 회화는 잘 안 되는 것 같아요. 왜일까요?" 그냥 틀리지 않고 유창하게 읽어 내려가는 것과 알고 있는 문장을 활용하는 것은 별개의 문제이다.

다시 정리하자면 이미 알고 있는 문법 지식에 발목을 잡히지도 말고 완벽한 프리토킹에 목매지 말라. 모든 주제를 문법 오류가 없이 완벽하게 이야기하는 것은 불가능하다. 원어민들도 사실 100%로 다 맞는 말을 하는 것이 아니다. 정확하지 않더라도 많은 사람이 사용하면 그게 정답이 되고 새로운 길이 되는 것이다. 프리토킹은 그냥 의사소통만 할 수 있으면 된다는 생각으로 부담 없이 시작하자.

♦♦♦♦♦♦
한 가지 표현도 여러 가지로 알아둬라

프리토킹을 잘하려면 문장 패턴을 익히는 것이 중요하다. 문장 패턴을 능수능란하게 다룰 수 있다면 어휘만 교체하여 자신이 하고 싶은 말을 자유롭게 표현할 수 있다. 그래서 중국어 어휘를 공부할 때 '유의어와 반의어'를 많이 외워두라고 강조한다. 다시 말해 한 가지 단어, 한 가지 표현도 여러 가지로 알아둬야 임기응변을 잘할 수 있기 때문이다.

『대통령의 글쓰기』의 저자 강원국은 '강원국의 글쓰기' 칼럼에서 '나는 김훈 작가가 부럽지 않다.'라는 제목으로 다음과 같은 경험과 노하우를 적었다. 2007년 대통령을 수행해 2차 남북정상회담차 평양에 갔을 때 연설문을 쓰기 위해 '말하다'의 동의어 30여 개를 미리 준비해갔다고 한다. 그중 일부를 적어보면 '언급했다', '설명했다', '표명했다', '주장했다', '강조했다', '대화를 나눴다', '뜻을 같이했다', '설득했다', '공감했다', '호소했다' 등이 있다. 이렇게 준비해간 유의어 덕분에 대통령의 연설문을 무탈하게 마무리 지을 수 있었고 위기를 모면했다고 이야기한다.

중국어든 한국어든 회화나 글쓰기에서 똑같은 단어를 반복해서 사용하는 것을 별로 선호하지 않는다. 같은 뜻이 있는 유의어나 표현들을 다양하게 활용하는 것이 바람직하다. 예를 들어 속담 '번데기 앞에서 주름잡는다.'를 중국어로 말할 때 '在孔夫子面前卖文章(공자 앞에서 문자를 쓴다.)'는 문장 외에도 '孔夫子面前讲论语(공자 앞에서 논어를 강의하다.)', '教鱼游泳(물고기에게 수영 방법 가르치기.)', '班门弄斧(노나라 장인 노반의 집 앞에서 도끼질한다.)', '在行家面前卖弄本领(업계 전문가 앞에서 재주를 뽐낸다.)', '圣人门前卖孝经(부처님한테 설법)' 등 다양한 표현이 있다는 것을 알면 품격이 있어 보인다.

학습자들은 중국어로 자기 생각을 표현하고 싶어 한다. 용기는 가상하나 어휘 선택에 가로막혀 늘 제자리걸음이다. 현장에서 중국어를 가르치다 보면 생기는 안타까운 부분이다. 난도가 있는 중국어 속담 표현은 차치하고 그나마 좀 쉬운 부사 '매우'를 예로 들어보자. 한국어의 경우 '매우'와 비슷한 뜻을 가진 어휘는 '몹시', '잘', '아주', '퍽', '정말', '대단히', '십분', '심히', '꽤', '충분히' 등 적잖이 있다. 그런데 중국어로는 '很(hěn)'이라는 부사어 하나만을 달랑 외워놓고 만능소스처럼 모든 곳에 집어넣으려고 한다. 중국어의 경우 '매우'의 의미를 나타내는 어휘는 '太', '非常', '特別', '极', '贼', '甚', '十分', '真', '老', '尤其', '格外', '相当', '万分', '可', '挺' 등으로 어림잡아도 10개가 훌쩍 넘는다. 수준급 중국어를 구사하려면 다양한 어휘가 가장 먼저 뒷받침되어야 한다. 어휘라고 하면 낱말에만 국한되어서는 안 된다. 관용구, 속담, 사자성어, 숙어 등 다양한 표현들이 모두 망라된다. 영어 단어 공부에는 열을 올리는 것의 반만이라도 중국어 어휘 실력 향상에 노력을 기울였으면 좋겠다.

요즘은 '헐'과 '대박'이라는 단어가 거의 모든 감탄사와 느낌을 대신하는 것 같아 듣는 입장에서는 그다지 편하지는 않다. 한국어 어휘력의 향상도 걱정되는 상황에서 중국어의 다양한 표현을 기대하는 것이 나만의 욕심인 것 같아 씁쓸하기도 하다. 그래도 중국어의 다양한 표현은 평소에 잘 수집해두어야 한다. 언젠가는 꼭 써먹는 날이 온다. 같은 주제로 된 기사문도 신문사별로 찾아서 보는 노력을 기울여야 한다. 평론가, 논객과 기자마다 사용하는 어휘와 표현들이 다양하므로 가능한 한 많은 단어를 끌어 모아야 한다. 이것이 바로 한 가지 단어와 문장을 다양한 방법으로 표현할 수 있는 가장 효과적인 방법이다.

♦ ♦ ♦ ♦ ♦

프리토킹을 잘하려면 토크쇼, 리얼리티쇼와 드라마를 봐라

프리토킹을 잘하려면 기본적으로 갖춰야 하는 몇 가지 조건이 있다. 풍부한 어휘량, 탄탄한 문법과 대화 주제와 관련된 배경지식이다. 그러나 뭐니 뭐니 해도 가장 중요한 것은 실제 상황과 비슷한 환경 속에서 간접적인 경험을 해보는 것이 아닐까 생각한다. 영어의 경우 프리토킹을 잘하기 위한 조언으로 많은 전문가는 미국 드라마나 영화를 통한 공부를 추천한다. 희곡이나 소설로 공부하는 방법도 있다. 정말로 좋은 방법들이다. 자신의 중국어 프리토킹 실력이 조금이라도 향상되기를 원하는가? 그렇다면 나는 토크쇼, 리얼리티쇼와 드라마로 중국어 회화 공부하는 것을 추천한다. 이 세 가지 방법의 공통점은 바로 다음과 같다. 첫째, 말을 서로 주고받는 대화의 형식을 띠고 있다. 둘째, 학습자들에게 직간접적으로 다양한 배경과 상황을 경험해볼 기회를 제공한다. 셋째, 기사문이나 교과서의 정제된 텍스트들과는 달리 실제 프리토킹에서 바로 써먹을 수 있는 어휘와 회화 패턴을 알려줄 수 있다.

먼저 토크쇼와 관련해서 이야기해보자. 토크쇼는 여러 사람이 모여 진행자가 내주는 화제에 관해 이야기를 나누는 프로그램으로 자유분방함과 유머러스한 것이 그 특징이라 할 수 있다. TV 프로그램도 좋고 라디오 프로그램도 좋다. 실력이 뛰어나면 라디오만 들어도 이해할 수 있지만, 아직 그 단계가 아니라면 TV를 보면서 자막과 함께 공부하는 것이 바람직하다.

일단 한국만 놓고 봐도 방송사별로 진행하는 토크쇼 프로그램들은 많고도 많다. 음식 토크쇼, 음악 토크쇼, 영화 토크쇼, 여행 토크쇼, 고민 상담 토크쇼, 정치 풍자 토크쇼 등이 있다. 중국은 한국보다 더하면 더했지 절대 뒤지지 않는다. 일단 중국 중앙방송국(CCTV)의 채널 숫자만 40개가 넘는다. 국토 면적이 넓은 것은 두말하면 잔소리이고 34개의 성급(省级) 행정구역을 가지고 있으므로 전국에 퍼져 있는 방송 채널은 어림잡아도 500개 이상은 넘어간다. 선택의 폭이 이렇게나 넓은데 설마 참고할 만한 토크쇼 프로그램 하나 없을까? 오히려 너무 많아서 선택과 집중이 필요할 지경이다. 게다가 학습자마다 성향과 목표가 다 다르므로 섣불리 어떤 프로그램을 추천하기도 쉽지 않다. 다만 토크쇼 프로그램을 선택할 때 한국인들이 받아들이기에 거부감이 없는 것 위주로 선택하는 것이 힌트다.

가장 쉬운 방법은 바로 한국의 인기 프로그램 포맷을 도입하여 중국판으로 만든 토크쇼를 선택하는 것이다. 나는 학습자들에게 중국판 '비정상회담(世界青年说)' 토크쇼를 많이 추천하는 편이다. 그 이유는 외국인 출연자들의 중국어 실력이 수준급인데다가 중국어를 공부하는 학습자들에게 자극제가 될 수 있기를 바라는 마음에서이다.

리얼리티쇼도 마찬가지이다. 한국 판권의 구매 여부를 떠나서 우리의 목적은 중국판 리얼리티쇼로 중국어를 공부하는 것이다. 중국판 '1박 2일(两天一夜)', '히든싱어(谁是大歌神)', '러닝맨(奔跑吧兄弟)', '너의 목소리가 보여(看见你的声音)', '미운 우리 새끼(我家那小子)', '아빠 어디가(爸爸你去哪儿)', '윤식당(中餐厅)', '삼시 세끼(向往的生活)', '무한도전(我们的挑战)' 등이 있다. 시즌 1의 1회부터 볼 필요는 없다. 본인이 관심이 가는 내용만 골라서 보면 된다.

드라마나 영화 또한 더할 나위 없이 좋은 회화 공부 자료이다. 학부 시절 러시아어를 공부할 때 영화나 드라마의 스크립트를 구하기 어려워 애먹었던 기억이 난다. 영어와 중국어는 그래도 러시아어보다 자막과 스크립트를 구하기 쉽다. 문제는 어떤 장르를 선택하느냐이다. 초반에는 전쟁, 사극, 판타지, 공포, 공상과

학 등의 장르보다 무난하고 재미있는 만화, 시트콤, 로맨틱 또는 고전 영화가 좋다.

이미 알고 있을 수도 있겠지만 거의 모든 중국 드라마에는 자막이 나온다. '보통화'라는 표준어가 보급되었음에도 연세가 많으신 어르신들과 방언을 사용하는 지역이 많으므로 표준어의 발음과 대사를 제대로 이해하는 데 어려움이 있기 때문이다. 게다가 표준어 발음이 좋지 않거나 지역 사투리를 쓰는 배우들도 있어 지금도 드라마나 영화를 찍고 나면 배우 또는 성우가 바로 더빙(재녹음) 작업에 들어간다. 발음이 같거나 비슷하지만, 한자가 다른 경우 오해의 소지를 불러올 가능성도 크다. 이러한 중국어 고유의 특징으로 인해 자막은 시청자들의 이해를 돕는 중요한 수단으로 자리매김했다. 그리고 더 중요한 것은 자막에 교육의 목적이 있다는 점이다. 우리는 가끔 화려한 장면에 현혹되거나 감미로운 소리에 정신이 팔려 본질을 놓치는 경우가 종종 발생한다. 자막을 통해 다시 한번 드라마를 보면 자신이 잘못 이해하고 있었거나 놓쳤던 부분들을 발견하기도 한다.

2011년 2월 18일, 중국의 라디오·영화산업·TV 등을 관리 감독하는 국무원 직속 기관인 중국 광전총국(广电总局办公厅)은 전국적으로 '드라마 자막 품질 관리 강화에 대한 통지(广电总局办公厅关于进一步加强电视剧文字质量管理的通知)'를 발표했다. 이 통지는 드라마 등 영상작품 사업이 폭발적으로 성장하면서 국민의 인기를 얻고 있는 반면에 자막 품질 향상에 대한 각계각층의 의견이 날이 갈수록 높아지고 있다고 언급했다. 중국 정부는 자막의 품질은 국가와 민족 언어의 규범 및 정확도와 관련된 문제일 뿐만 아니라 대중매체의 이미지와 사회 전반에 미치는 영향과도 직결된 문제라고 내다본다. 한마디로 드라마를 제작하고 방송하는 매체와 기관들은 자막의 품질에도 신경을 써야 하고 기본적인 사회적 책임과 도의를 다해야 한다고 강조하는 것이다. 중국 정부는 자막에 대한 관리 감독을 위해 다음과 같은 몇 가지 요구를 제시했다.

하나, 드라마 제작사는 자막 품질에 대한 검사를 진행해 정확성 및 규범성을 확인함과 동시에 오탈자, 부정확한 발음이나 부적절한 언어 사용을 최대한 줄여야 한다.

둘, 드라마를 상급 관련 부처에 심사받을 때 별도로 '드라마 자막 품질에 대한 자체 검열 확인서(制作机构电视剧文字质量自检承诺书)'를 제출해야 한다. 위 확인서는 바로 전문가가 국가언어문자규범표준에 따라 자막을 검토했으며 만약 요구 조건에 부합되지 않으면 처벌을 받을 것이고 나쁜 결과는 본인이 감당한다는 승낙서이다.

셋, 중국 중앙방송국(CCTV)과 성급(省级)방송국 위성채널의 경우 자막 품질 제고에 있어서 타 기관의 본보기가 되어야 한다. 황금시간대에 방송 예정인 드라마가 편당 기준 오탈자가 2개일 경우 다시 돌려보내 수정하게 하고 당연히 계약 조항에 근거하여 그에 따른 책임을 져야 한다.

넷, 만약 이미 방송된 드라마에서 오탈자가 여전히 많이 발견된다면 광전총국은 법에 따라 해당 드라마 업체 또는 방송 기관에 상응하는 책임을 묻는다.

수업 중에 이런 이야기를 하면 중국 정부가 지나친 간섭을 하는 게 아니냐고 말하는 학습자도 있다. 하지만 신중하고 깐깐한 심의 규정을 통해 우리에게 전달되는 한자 자막이니만큼 어린아이들과 학습자들에게는 더없이 좋은 자료가 아닐 수 없다. 애초부터 틀린 것을 배우는 것보다 천배 만배 낫다.

5장

중국어 공부,
일단 따라 해보기

공부에 필요한 준비물을
제대로 갖춰라

　학창 시절을 되돌아보면 수업 시간에 꼭 다른 사람의 지우개나 펜을 빌리는 학생이 있었다. 심하면 아예 필통조차 집에 놓고 오는 친구도 있었다. "아이들이 그럴 수도 있지."라고 별거 아닌 것처럼 생각할 수 있지만, 공부에 필요한 준비물이 제대로 갖춰지지 않았다는 것은 군인이 총알이 없는 총을 들고 전쟁터에 나가는 것과 같다.

　"공부하는데 그냥 연필과 공책만 있으면 된다."라고 여길지 모르겠다. 하지만 사실 그렇게 간단하지 않다. 특히 요즘과 같은 시대에 "서툰 목수가 연장 탓한다."라는 말은 100% 적용이 되지 않는 것 같다. 훌륭하고 잘나가는 목수는 연장 탓을 하지 않을 수 있다. 왜냐하면, 이미 자기한테 맞는 최고의 연장을 찾았거나 관리를 잘하고 있기 때문이다. 예체능의 경우 장비는 그래도 상급으로 제대로 맞춰야 한다. 그래야 장비 탓보다는 자신의 실력을 탓할 수 있으니까.

　『조선의 잡지』라는 책을 보면 조선 시대 양반들도 장비에 대한 욕심이 만만치 않았다는 것을 알 수 있다. 문인의 서재를 차지하고 있는 네 친구, 즉 문방사우(文房四宝)[24]만 놓고 보더라도 명품을 선호하고 경쟁이 치열했던 것으로 전해진다. 문방사우는 옛날부터 사람들이 글을 쓰고 그림을 그리는 데 없어서는 안 될 네 가지 필기구인 종이, 붓, 벼루, 먹을 가리킨다. 종이의 품질, 갈린 먹의 상태와 붓의 재질에 따라 결과물이 달라지기 때문에 매우 중요했다. 오늘날 공부에 필요한 준비물은 조선 시대 문방사우처럼 최상급은 아니더라도 기본으로 갖출 것은 갖춰야 한다. 그럼 어떤 도구가 필요한지 간단히 살펴보도록 하자.

볼펜

뭐니 뭐니 해도 필기감이 좋은 펜을 추천한다. 나는 제브라 사라사 볼펜과 제트스트림 볼펜을 좋아한다. 밖에서 사용하는 휴대용 볼펜은 ZEBRA SARASA 3+S이다. 3가지 색(검정, 파랑, 빨강)의 볼펜과 샤프를 혼합한 일체형 복합 필기구로 손에 착 감기는 느낌이 좋다. 게다가 손잡이 쪽은 고무 재질로 처리하여 땀이 나도 미끄러지지 않고 손의 피로가 덜하다.

---

24) 중국의 경우 문방사우 중에서 선지(宣纸), 호필(湖笔), 단연(端砚), 휘묵(徽墨)이 가장 유명하다. 선지는 한지처럼 장력이 세고 오래 보관할 수 있으며 벌레도 잘 먹지 않는다고 한다. 붓은 동물의 털과 대나무로 만들어진다. 한 자루의 좋은 붓은 70여 차례의 생산 공정 과정을 거쳐야 한다. 붓을 만드는 장인들은 양털, 족제비털과 토끼털 가운데서 상태가 좋은 털들을 한 가닥씩 선별하여 조합한다. 장인의 이런 피나는 노력이 있어야만 비로소 최상급의 붓이 만들어지는 것이다. 호필은 중국에서 가장 유명한 붓으로 알려져 있다. 호필은 그 가짓수만 해도 200여 개나 된다고 한다. 중국에서 가장 유명한 벼루는 바로 단석(端石)으로 만든 단연이다. 단연은 먹이 잘 갈리고 먹물이 쉽게 마르지 않는 특징이 있다. 단연은 황제에게도 진상될 만큼 중요한 공물이기도 했다. 휘묵은 중국에서 품질이 가장 좋은 먹으로 알려져 있다.

집에서는 일체형이 아닌 제트스트림 볼펜을 색깔별로 갖춰놓고 사용한다. 용도에 따라 심의 두께도 달라진다. 학습자들을 위해 한자 병음과 성조를 달아줄 때는 0.38을 사용하고 간단한 메모와 밑줄을 그을 때는 보통 0.5와 0.7을 사용한다. 한자 연습을 하거나 필사를 할 때에는 두께감이 있는 1.0을 선호한다. 보다 경제적으로 사용하기 위해 교체용 리필 심을 대량으로 구매해놓는다. 한 가지 덧붙인다면 한자 연습을 할 때는 만년필을 사용하는 것도 나쁘지 않다.

타이머

시험을 준비하는 사람이라면 누구나 타이머 하나쯤은 다 가지고 있을 것이다. 만약 없다면 스마트폰에 있는 타이머나 애플리케이션을 다운받아 사용해도 상관없다. 그냥 마음속으로 1시간 또는 2시간 설정해놓고 무조건 공부하는 것보다 타이머를 설정해놓고 정해진 시간 안에 공부하는 것이 더 효율적이다. 타이머를 설정해놓고 공부하다 보면 알게 모르게 집중력도 생기고 시간 안에 공부를 마무리하려는 욕심이 생긴다. 나는 보통 45분을 정해놓고 공부를 하거나 책을 본다. 타이머가 울리면 바로 멈추고 휴식한다. 타이머를 사용하는 것도 적응 시간이 필요하다.

휴대용 메모 노트

나는 연초가 되면 꼭 휴대용 메모 노트를 장만한다. 디자인이 귀엽고 예쁠 필요가 없다. 가격이 비쌀 필요도 없고 재질이 너무 좋을 필요도 없다. 그냥 가볍고 한 손에 들어오는 정도의 크기면 된다. 요즘은 스마트폰에 메모장도 다 설치되어 나오지만 나는 손으로 기록하는 것을 좋아한다. 작은 메모 노트에 펜을 끼워 가방이나 옷 주머니에 넣고 다니면서 필요할 경우 그때그때 꺼내서 메모한다. 보통은 갑자기 떠오르는 생각, 눈에 띄는 광고 문구, 또는 책을 뒤적이다가 감명 깊은 구절들을 적어둔다. 그리고 여유시간이 생기면 바로 메모 노트에 적은 내용을 다시 정리하는 작업을 한다.

스터디 플래너

공무원 시험 준비생들이 많이 사용하는 플래너도 공부를 효율적으로 하는 데 도움이 된다. 날짜별, 주별, 월별로 계획을 짜놓으면 자신의 공부 흐름과 패턴을 파악할 수 있다.

공책

공책도 종류별로 갖추는 것이 바람직하다. 한자 공부의 경우 부록에 첨부한 '한자 전용 시트'를 출력해서 사용하면 좋다. 나는 두꺼운 종이보다는 얇고 가벼운 재질의 종이를 좋아한다. 그래서 옥스퍼드 노트를 종류별로 또는 크기별로 구매해서 용도

(필사용, 정리용, 오답 노트용)에 맞춰 사용한다. 다 사용한 공책들은 월별 또는 연도별로 묶어 클리어 파일에 보관한다. 두툼한 메모리 카드도 필수로 챙겨야 한다.

이 외에도 책상, 의자, 탁상 등, 이어폰, 지우개 등 다양한 준비물들이 있지만, 가장 필수인 준비물만 우선적으로 다뤄봤다. 각자의 상황에 맞게 공부에 필요한 준비물들을 잘 갖추길 바란다.

02

잰말 놀이로 발음을 연습하라

"내가 그린 기린 그림은 잘 그린 기린 그림이고 네가 그린 기린 그림은 잘못 그린 기린 그림이다", "간장 공장 공장장은 강 공장장이고 된장 공장 공장장은 공 공장장이다." 등의 잰말 놀이를 누구나 한 번쯤은 다 해본 적이 있을 것이다. TV 예능에서 종종 게임의 소재로 사용되기도 하고 아나운서 지망생들은 발음 교정을 위해 연습용으로 많이 한다.

한국어와 마찬가지로 영어에는 '텅 트위스터(tongue twister)', 중국어에는 '라오커우링(绕口令)'이라는 잰말 놀이가 있다. 단어나 발음 낱개로 놓고 보면 그다지 어렵지 않다. 그러나 비슷하지만 서로 다른 소리의 단어들을 교대로 나열하여 단숨에 정확하게 그리고 빨리 읽어내려면 쉽지 않다. 간단한 잰말은 그래도 무난하게 넘어갈 수 있지만, 난도가 높아질수록 혀가 꼬이고 버벅거리게 된다. 그래도 하면 할수록 묘한 중독성이 있다.

중국에서도 아이들이 병음과 성조를 연습할 때 정확한 발음 교정을 위해 잰말 놀이를 자주 한다. 아예 문장을 통째로 외워버리기도 한다. 중국어를 처음 공부하거나 발음이 좋지 않은 학습자들은 중국식 잰말 놀이로 정확한 발음 교정을 기대해볼 수 있다.

한국에서는 잰말 놀이 전용 사전이나 책을 찾아보기 힘들다. 그러나 중국에서는 잰말 놀이와 관련된 책과 사전들이 많이 팔리고 있다. 5~8세를 위한 잰말 놀이 300(『童谣·绕口令300首』)에서부터, 초등학생을 위한 발음 전용 잰말 놀이(『小学生绕口令谜语手册』), 1,300개의 잰말 놀이를 수록한 사전(『绕口令小辞典』)과 아나운서와 방송인들의 훈련 수첩 전용 잰말 놀이 책(『绕口令播音员主持人训练手册』)에 이르기까지 다양하게 출판물들이 독자들의 수요를 만족시키고 있다. 중국어 발음연습이 필요한 학습자들은 자신의 수준에 맞는 책을 사서 연습하면 된다. 많고 많은 중국식 잰말 놀이 중에서 몇 개만 소개하고자 한다.

1) 吃葡萄不吐葡萄皮儿, 不吃葡萄倒吐葡萄皮儿。

병음: [chī pú táo bù tǔ pú táo pír, bù chī pú táo dào tǔ pú táo pír]
해석: 포도를 먹을 때 포도 껍질을 뱉지 않고, 포도를 먹지 않을 때 오히려 포도 껍질을 뱉는다.

2) 大兔子, 大肚子, 大肚子的大兔子, 要咬大兔子的大肚子。

병음: [dà tù zi, dà dù zi, dà dù zi de dà tù zi, yào yǎo dà tù zi de dà dù zi]
해석: 큰 토끼, 큰 배, 큰 배를 가진 큰 토끼가 큰 토끼의 큰 배를 물려고 한다.

3) 妈妈骑马，马慢，妈妈骂马。

병음: [mā ma qí mǎ, mǎ màn, mā ma mà mǎ]
해석: 엄마가 말을 탄다. 말이 느리게 달리자 엄마는 말을 혼낸다.

4) 这是蚕，那是蝉，蚕常在叶里藏，蝉常在林里唱。

병음: [zhè shì cán, nà shì chán, cán cháng zài yè lǐ cáng, chán cháng zài lín lǐ chàng]
해석: 이것은 누에이고 저것은 매미이다. 누에는 숲속에 숨고, 매미는 숲속에서 노래한다.

5) 四是四，十是十，十四是十四，四十是四十，四十四是四十四。

병음: [sì shì sì, shí shì shí, shí sì shì shí sì, sì shí shì sì shí, sì shí sì shì sì shí sì]
해석: 4는 40이고, 10은 100이며, 14는 140이고 40은 400이며 44는 440이다.

한자는 '한자 전용 공책(田子本)'에 쓰면서 연습하라

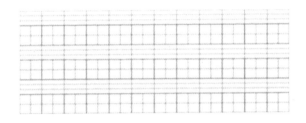

위 그림은 실제로 중국에서 학생들이 한자와 병음을 공부할 때 사용하는 노트의 일부이다. 가로줄만 있는 곳에는 병음을 쓰고, 그 밑에 상응하는 한자를 적는다. 영유아 단계 또는 초등학교의 경우 선생님들은 보통 한 줄에 하나의 한자를 쓰도록 지도한다. 적어도 10번 이상 손으로 쓰면서 한자의 획순과 형태를 익힐 수 있을 뿐만 아니라 손끝을 통해 한자를 외울 수도 있다. 나중에는 머리가 아닌 손이 한자를 기억하는 경우가 더 많음을 느끼게 된다. 때문에 한자를 처음 접하거나 배울 때에는 전용 한자 공책을 사용하는 것을 추천한다.

한자 전용 공책은 한자를 쓰고 공부하는 과정에서 우리에게 도움을 주는 보조적인 참고 도구이다. 글씨를 잘 쓰는 것만으로도 상대방에게 좋은 인상을 줄 수 있다. 성인이 되어서도 한자를 예쁘게 잘 쓰지 못하는 이유에는 여러 가지가 있다. 어릴 때부터 굳어진 잘못된 글쓰기 자세와 필기구 잡는 방법, 글을 쓸 때 필요한 손의 압력과 근육의 미발달, 그리고 한자 글꼴의 형태와 조합에 대한 이해도의 부족 등 여러 가지 이유가 있다. '악필이 명필이다.' 또는 '천재는 악필이다.'라는 등의 구차한 변명으로 자신을 감싸지 말자.

그렇다면 왜 한자 전용 공책인가? 한자는 '사각형의 글자(方塊字)'라는 별칭을 가지고 있다. 전통적으로 봤을 때 한자를 이루는 기본 획수(필획)에는 8가지가 있다. 구체적으로 살펴보면 점, 가로선, 세로선, 삐침, 파임, 치침, 꺾음, 갈고리 등이다. 다시 말해 한자는 이 8가지의 요소들이 정방형이라는 평면 공간에 담기게 된다. 학습자들이 참고할 수 있는 기준 격자를 갖춘 한자 전용 공책은 한자를 쓸 때 부수나 필획들이 모두 자신의 자리를 찾아갈 수 있도록 도와주는 역할을 한다. 한자를 너무 작게 써도 안 되고 너무 크게 써도 안 되며 적당한 크기로 채워 넣는 일이 처음에는 그렇게 쉽지만은 않을 것이다. 그래도 꾸준히 전용 공책에 쓰기 연습을 하다 보면 어느새 한자의 달인이 되어 있는 자신을 발견하게 될 것이다.

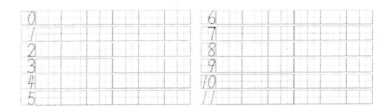

여담이긴 하지만 중국에서는 아이들이 아라비아숫자를 연습할 때 한자 전용 공책을 활용하기도 한다. 한자 전용 공책의 용도는 실로 다양하다. 또한 한자 전용 공책을 사용하면 문장부호의 쓰기 표준도 덤으로 공부할 수 있다.

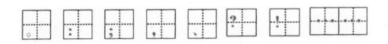

그러나 아직도 한자 전용 공책 사용이 어렵다고 느껴지면 우리에게 익숙한 모눈 노트를 대신 활용해도 된다. 모눈 노트의 가로세로 선이 한자 전용 공책과 비슷하므로 대체할 수 있다.

O4

중국 문학을 공부하라

"외국어를 공부할 때 그 나라의 문화도 함께 공부해야 한다." 라는 말을 귀에 딱지가 앉을 정도로 들어왔을 것이다. 문화, 짧은 두 글자지만 한마디로 정의를 내리기란 결코 쉬운 일이 아니다. 이 책 1장에서 중국 문화사학자의 말을 빌려 문화에 대해 정의를 내렸다면 이번에는 국립국어원 표준국어대사전이 '문화'에 대한 정의를 어떻게 내렸는지 살펴보자.

> 자연 상태에서 벗어나 일정한 목적 또는 생활 이상을 실현하고자 사회 구성원에 의하여 습득, 공유, 전달되는 행동 양식이나 생활 양식의 과정 및 그 과정에서 이룩하여 낸 물질적·정신적 소득을 통틀어 이르는 말. 의식주를 비롯하여 언어, 풍습, 종교, 학문, 예술, 제도 따위를 모두 포함한다.

그야말로 포괄적인 개념이 아닐 수 없다. 이렇게 방대한 문화를 도대체 어떻게 공부한단 말인가? 중국 현지에서 살면서 자연스럽게 문화를 경험하고 배울 수 있다면 더할 나위 없이 좋겠지만 현실에서는 쉽지 않다. 앞에서는 드라마나 TV 프로그램을 통한 문화 공부를 제안했다면 이번에는 중국 문학 공부를 이야기해보고자 한다.

중국 문화 중에서 하나를 꼽으라고 하면 나는 단연 문학을 고르겠다. 문학은 비록 글로 써졌지만, 그 속에는 살아 숨 쉬는 생명이 깃들어 있다. 겉으로는 조용하고 평온하지만, 그 속에는 중국의 역사와 국민들의 삶에 얽힌 희로애락이 녹아 있다.

중국 문학은 크게 고전문학, 현대문학과 당대문학으로 나눌 수 있다. 중국의 고대문학은 고대 신화에서부터 시작하여 사서오경(四书五经), 남북조 시대의 민가(民歌), 당나라의 시가(唐诗), 송사(宋词), 원나라의 잡극(杂剧),[25] 명나라와 청나라 시대의 소설(明清小说), 민간전설(民间传说)에 이르기까지 수천 년의 역사를 아우르면서 다양한 문학 장르를 탄생시켰다. 이 기나긴 역사 속에서 동서고금을 막론하고 명성을 널리 알린 수많은 문학가가 등장했고 후세들을 위해 불후의 명작들을 남겼다.

학계에서는 보통 1919년 5.4운동 전후로부터 신(新)중국이 탄생한 1949년까지의 약 30년의 문학 발전을 현대문학이라고 부른다. 중국의 대문호 루쉰을 비롯해 많은 지식인과 작가들이 현대문학의 발전을 이끌었다. 현대문학은 당시 급변하던 중국 사회가 외국 문학의 영향을 받으면서 형성된 새로운 문학이었다.

---

25) 원나라의 잡극은 음악, 노래, 춤, 연기 및 대사가 어우러진 희곡으로 중국 희곡 역사에 있어서 황금시대라고 불린다.

이 시대의 문학은 봉건주의 타파, 혁명, 민주, 과학, 항전, 해방, 자유 등을 주제로 연극, 소품(小品), 백화시,26) 잡문(雜文), 산문(散文), 산문시, 현대소설, 기록문학(르포르타주) 등 참신한 문학 장르를 만들어냈다.

당대문학은 1949년부터 오늘날에 이르기까지의 중국 문학을 가리킨다. 중국의 당대문학 발전은 크게 다섯 가지로 분류해볼 수 있다. '사회주의 초기문학', 개혁개방 후의 '새로운 시기 문학', '중국 선봉 문학(中国先锋文学)', '중국 자유문학' 및 '통속문학' 등이다. 20세기 말부터 자아의식이 강하고 독창적이며 자기만의 특색을 가진 자유문학파들이 등장하면서 중국의 당대문학은 중국을 넘어 세계 선진문화 행렬에 당당히 합류했다.

중국 문학은 오랜 세월을 묵묵히 버텨오면서 중국의 이모저모를 예술의 경지로 승화시켰다. 중국 문학이 품고 있는 사람, 시간, 공간은 비록 지금의 우리와 다를지라도 이 세상을 살아가는 삶의 지혜와 앞으로 나아갈 방향을 제시해줄 수 있다.

마음만 먹으면 중국 문학을 다룬 책은 얼마든지 구할 수 있다. 중국과 중국어를 깊이 있게 이해하고 공부하기 위해서는 한국어로 된 중국 문학 입문서를 구매하여 가볍게 정독하길 바란다. 거시적인 관점에서 중국 문학의 전체 흐름을 살펴본 후 구체적으로 문학작품을 선별해서 공부하는 것이 바람직하다. 문학

---

26) 글자 수와 운율을 강조하던 전통적인 시의 형식에서 벗어나 백화문으로 쓴 시를 가리킨다. 주로 당시 중국 사회의 생활상과 사람들의 감정, 생각 및 사상을 반영한 작품들이 많다.

의 장르를 불문하고 중국인들이 자신의 언어로 한 시대를 살아
가면서 남긴 문학 작품들이야말로 중국 문화를 제대로 이해하
는 지름길이기 때문이다.

단어 공부는 전방위적으로 해라

　또 단어공부냐고 할지 모르겠다. 이번에는 단어를 공부할 때 참고할 만한 사이트와 활용 가능한 애플리케이션을 추천하고자 한다. 일일이 두꺼운 사전을 찾으면서 우직하게 공부하는 방법이 가장 고전적이고 정통적인 방법이다. 하지만 안타깝게도 요즘은 이렇게 단어를 외운다고 하면 '무식하다'라는 소리를 듣기 십상이다. 새로운 방법으로 단어를 공부한다 해도 고전적인 방법을 멀리해서는 안 되고 전방위적으로 쓸 수 있는 수단은 총동원해야 한다. 누누이 강조하지만 힘들고 어렵게 배운 단어가 기억에 오래 남는다. 그냥 눈으로 한번 쓱 훑어보고 지나간 단어는 나중에 다시 등장해도 전혀 기억나지 않는다.

　자, 그럼 내가 단어를 공부할 때 사용했던 방법들을 공유해보고자 한다. 중국어 단어 하나를 공부하더라도 여러 단계를 거치다 보니 시간이 좀 걸리는 편이다. 예를 들어 '사군자(四君子)'라는 단어를 중국어로 공부한다고 치자.

1단계: 엑셀 파일에 중국어로 ‘四君子’를 입력한다. 네이버 중국어 사전을 활용하여 병음과 한국어 뜻을 적는다.

2단계: 중국 포털사이트 바이두(百度)에서 ‘사군자’의 의미를 검색한 후 엑셀에 중국어로 정리한다.

3단계: 『현대한어사전』에서 ‘사군자’의 정의를 다시 한번 찾아 비교해본다. 같은 의미이지만 전달하는 표현 방식이 어떻게 다른지 살펴보기 위함이다. 만약 해석이 똑같으면 넘어가고 서로 다른 부분이 있으면 그 부분을 또 엑셀에 정리한다.

4단계: ‘사군자’라는 단어를 활용한 좋은 문구나 예문이 있으면 정리한다. 1부터 4단계까지 정리하면 아래와 같은 표가 만들어진다.

5단계: 기본적인 정리가 끝났으면 구글 이미지 검색을 통해 ‘사군자를 그림으로 공부한다.’

중국어	병음	한국어	중중 뜻풀이
四君子	[sìjūnzǐ]	사군자(매화·국화·난초·대나무)	1. 明代黄凤池辑有《梅竹兰菊四谱》，从此，梅、兰、竹、菊被称为“四君子”，世人常用“四君子”来寓意圣人高尚的品德。 2. 国画中对梅、竹、兰、菊四种花卉题材的总称。

예문
1. “花中四君子”成为中国人借物喻志的象征，也是咏物诗文和艺人字画中常见的题材。
2. 梅兰竹菊“四君子”，千百年来以其清雅淡泊的品质，一直为世人所钟爱，成为一种人格品性的文化象征。
3. “四君子”题材始终伴随着中国花鸟画的发展。

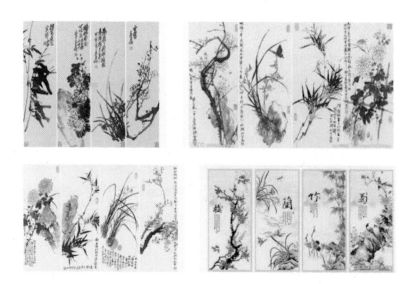

출처: Google 이미지 '四君子'

6단계: 엑셀 단어 정리가 끝나면 퀴즐렛(Quizlet) 애플리케이
션에 나만의 단어 학습 세트를 만든다. 낱말카드, 받아
쓰기, 카드 맞추기, 주관식 문제 풀이 등 여러 가지 형
식으로 단어를 재미있게 공부할 수 있는 좋은 프로그
램이다. 다른 학습자들이 이미 만들어놓은 자료로 학
습할 수 있다. 컴퓨터와 스마트폰으로 연동할 수 있기
때문에 이동 중이거나 책을 볼 수 없을 때 요긴하게
활용할 수 있다.

퀴즐렛(Quizlet)

이렇게 총 6단계의 과정을 거쳐서 단어를 공부하다 보면 자기도 모르는 사이에 자연스럽게 외우게 된다. 외운다는 표현보다는 사진을 찍듯이 눈이 단어와 이미지를 찍어 머릿속에 저장해둔다는 말이 맞겠다. 이런 방식으로 단어를 공부하면 머릿속에 오랜 잔상이 남는다. 이 외에도 정리한 내용을 필사하거나 자기의 목소리로 녹음해서 들어본다면 훨씬 더 큰 효과를 볼 수 있다.

맺음말

　몇 년 동안 준비한 노력의 결실이 드디어 한 권의 책으로 엮어져 세상의 빛을 보게 되었다. 오래전부터 쓰고 싶었던 책이었기에 이렇게 출판되니 감개무량하다. 그동안 강의해오면서 언젠가는 독자들에게 알리고 싶은 마음에 짬짬이 기록해두었던 일지와 자료들, 그 밖에 훌륭한 참고서들 덕분에 이 책을 마무리할 수 있었다.

　오늘날 중국어 공부는 필수이자 대세로 떠올랐다. 중국어를 공부하는 이유는 각자 다르겠지만, 본문에서도 다뤘듯이 중국어의 중요성은 아무리 강조해도 지나치지 않다. 게다가 한국과 중국은 역사적으로나 문화적으로나 관계가 밀접해 이것만으로도 중국어를 배워야 하는 이유는 충분하다고 생각한다. 특히 1992년 맺어진 한중수교는 서로에게 모든 분야에서 비약적인 발전을 가져왔다. 한중 양국 관계는 지금도 중요하지만 사실 앞날이 더 기대된다.

　또한 중국어는 세계에서 사용 인구가 가장 많은 언어이자, 유엔 6대 공용어 중 하나이다. 그러나 중국어에 대한 전반적인 이해는 아직도 부족해서 때로는 '가까이하기엔 너무 먼 당신'처럼 느껴지기도 한다. 설령 중국어를 접하더라도 잘못된 정보와 학습 방법 때문에 쉽게 포기하는 경우가 적지 않다. "지피지기면 백전백승"이라고 했다. 중국어도 아는 만큼 보이고, 보이는 만큼 느낄 수 있다.

그래서 나는 학습자들이 열정만 앞세워 무작정 공부하는 것을 추천하지 않는다. '중국어란 무엇인가?', '중국어는 어떤 특징이 있는가?', '중국어를 배울 때 주의사항은 무엇인가?', '중국어를 어떻게 배울 것인가?' 등 가장 기본적인 내용을 숙지하고 배워야 바람직하다고 생각한다. 이런 취지에서 중국어 학습자들에게 진심 어린 조언을 전달하고자 노력했다. 이 책을 통해 중국어라는 꿈을 좇아가는 학도들에게 믿고 의지할 수 있는 등대를 만들어드리고 싶었다.

무엇이든 첫술에 배부를 수는 없다. 중국어도 마찬가지다. 그러나 첫 단추를 제대로 끼면 절반은 성공한 것이나 마찬가지다. 이 책을 읽고 중국어를 공부할 준비가 됐다면 자신감을 가지고 오늘부터라도 당장 시작해도 좋다. 시간은 우리를 기다려주지 않는다.

이 책과 함께 여러분들의 중국어 공부가 힘찬 날갯짓을 시작할 수 있기를 희망한다. 때로는 지치고 힘들어 마음이 흔들리더라도 쉽게 포기하지 않기를 바란다. 중국어를 포함한 모든 외국어 공부에는 꾸준함과 노력이 절대적으로 필요하다. 여기에 효율적이고 올바른 방법까지 더해진다면 결과는 금상첨화가 될 것이다. 하루빨리 중국어의 매력에 빠져 또 다른 세상에서 새로운 기회를 잡을 수 있기를 기대해본다.

마지막으로 이 책을 완성하기까지 늘 응원을 아끼지 않았던 가족과 친구들에게 감사의 마음을 전한다. 이담북스 출판사 여러분들의 창의적인 생각과 조언도 많은 힘이 되어주었다. 이 자리를 빌려 책의 출간을 흔쾌히 허락해준 이담북스 출판사 직원들에게 다시 한번 감사드린다.

정미선

부 록

반드시 알아야 할 양사 150개

반드시 알아야 할 다음자 130개

한자 전용 공책(田字表) 시트 샘플

반드시 알아야 할 양사 150개

분류별 양사 명칭	양사	예문
가정용품을 나타내는 양사	张 [zhāng]	一张床、一张桌子
	把 [bǎ]	一把椅子、一把牙刷、一把雨伞
	条 [tiáo]	一条绳子、一条毛巾
	块 [kuài]	一块香皂、一块手表、一块抹布
	个 [gè]	一个灯泡、一个脸盆、一个电冰箱
	根 [gēn]	一根火柴、一根蜡烛
	台 [tái]	一台电视、一台电脑、一台摄像机
	盏 [zhǎn]	一盏灯
건축물을 나타내는 양사	栋 [dòng]	一栋房子
	幢 [zhuàng]	一幢楼房
	座 [zuò]	一座寺庙、一座大楼、一座桥
	条 [tiáo]	一条大道、一条马路
	面 [miàn]	一面墙
	间 [jiān]	一间房、一间客厅、一间教室
	扇 [shàn]	一扇门、一扇窗户
	堵 [dǔ]	一堵墙
공구나 도구를 나타내는 양사	把 [bǎ]	一把刀, 一把剪刀, 一把锤子

분류별 양사 명칭	양사	예문
과일을 나타내는 양사	个 [gè]	一个草莓、一个橘子、一个苹果
	粒 [lì]	一粒葡萄
	根 [gēn]	一根香蕉
교통수단을 나타내는 양사	辆 [liàng]	一辆汽车、一辆自行车
	架 [jià]	一架飞机
	列 [liè]	一列火车
	艘 [sōu]	一艘船、一艘军舰
	枚 [méi]	一枚火箭
길이를 나타내는 양사(도량사)	寸 [cùn]	一寸光阴、一寸长
	尺 [chǐ]	一尺一寸、一尺长
	毫米 [háomǐ]	一毫米、十毫米
	厘米 [límǐ]	一厘米、几厘米
	米 [mǐ]	一米长、几十米
	里 [lǐ]	一里路、一里长
	公里 [gōnglǐ]	一公里、几十公里
동물을 나타내는 양사	只 [zhī]	一只猫、一只狗、一只鸡
	头 [tóu]	一头牛、一头猪、一头驴
	匹 [pǐ]	一匹马
	条 [tiáo]	一条鱼、一条龙、一条蛇
	峰 [fēng]	一峰骆驼

분류별 양사 명칭	양사	예문
면적을 나타내는 양사(도량사)	亩 [mǔ]	一亩地、一亩田
	公顷 [gōngqǐng]	一公顷土地
	平方米 [píngfāngmǐ]	一平方米的房间
	平方公里 [píngfānggōnglǐ]	960万平方公里
무기를 나타내는 양사	枚 [méi]	一枚导弹、一枚炸弹、一枚炮弹
	门 [mén]	一门炮
	把 [bǎ]	一把刀
	张 [zhāng]	一张弓
	支 [zhī]	一支枪、一支箭
	发 [fā]	一发子弹、一发炮弹
문구를 나타내는 양사	张 [zhāng]	一张纸
	块 [kuài]	一块黑墨
	支 [zhī]	一支笔
	方 [fāng]	一方砚台
문예작품을 나타내는 양사	个 [gè]	一个字、一个词、一个句子
	支 [zhī]	一支曲子、一支歌、一支乐曲
	张 [zhāng]	一张照片、一张明信片
	篇 [piān]	一篇文章、一篇故事
	首 [shǒu]	一首歌、一首诗
	则 [zé]	一则日记、一则新闻、一则寓言
	封 [fēng]	一封信、
	幅 [fú]	一幅画、一幅对子

분류별 양사 명칭	양사	예문
부피를 나타내는 양사(도량사)	立方厘米 [lìfānglímǐ]	cm³
	立方米 [lìfāngmǐ]	m³
사건이나 동작을 나타내는 양사	阵 [zhèn]	一阵掌声、一阵风、一阵雨
	件 [jiàn]	一件事、一件交通事故、
	顿 [dùn]	一顿吵架、一顿臭骂
	场 [chǎng]	一场比赛、一场风波、一场战争
	通 [tōng]	一通电话、一通报告、一通电报
	个 [gè]	一个案例、一个小动作、一个事件
사람과 동물의 몸·기관 부위별 양사	个 [gè]	一个鼻子、一个舌头、一个耳朵
	只 [zhī]	一只眼睛、一只手、一只脚
	颗 [kē]	一颗牙、一颗心、一颗脑袋
	根 [gēn]	一根头发、一根眉毛、一根胡子
	张 [zhāng]	一张脸、一张嘴、
	片 [piàn]	一片嘴唇
	条 [tiáo]	一条腿
사람을 나타내는 양사	个 [gè]	一个人、一个警察、一个女人
	位 [wèi]	一位领导、一位客人、一位老师
식기를 나타내는 양사	根 [gēn]	一根筷子
	把 [bǎ]	一把叉子、一把汤匙
	张 [zhāng]	一张餐巾纸
식물을 나타내는 양사	棵 [kē]	一棵树
	株 [zhū]	一株小草、一株水稻

분류별 양사 명칭	양사	예문
식물의 부위를 나타내는 양사	朵 [duǒ]	一朵花、一朵红玫瑰
	片 [piàn]	一片叶子
	条 [tiáo]	一条树根
	颗 [kē]	一颗种子
옷, 장신구 또는 장식품을 나타내는 양사	枚 [méi]	一枚胸针、一枚戒指、一枚胸章
	只 [zhī]	一只耳环、一只眼镜、一只鞋
	个 [gè]	一个口袋
	顶 [dǐng]	一顶帽子
	件 [jiàn]	一件衣服、一件风衣、一件上衣
	条 [tiáo]	一条围巾、一条裤子、一条裙子
용량을 나타내는 양사	毫升 [háoshēng]	mL
	升 [shēng]	L
음식(물)을 나타내는 양사	顿 [dùn]	一顿早饭、一日三顿
	道 [dào]	一道炒菜、一道汤
	片 [piàn]	一片牛肉、一片面包、一片饼干
	块 [kuài]	一块猪肉、一块羊肉
	根 [gēn]	一根油条、一根香肠、一根棒棒糖
	个 [gè]	一个包子、一个馒头、一个三明治
	粒 [lì]	一粒糖果
	份 [fèn]	一份午餐、一份西餐

분류별 양사 명칭	양사	예문
중량을 나타내는 양사	两 [liǎng]	一两米饭
	斤 [jīn]	一斤猪肉、一斤酱油
	克 [kè]	十克一包
	公斤 [gōngjīn]	十公斤大米
	吨 [dūn]	一百吨吊车
천문·기후를 나타내는 양사	颗 [kē]	一颗星星
	道 [dào]	一道闪电
기타 중요한 양사	线 [xiàn]	一线光明、一线希望
	贴 [tiē]	一贴药膏
	滴 [dī]	一滴水、一滴眼泪、一滴酒水
	声 [shēng]	哼一声、一声雷鸣、一声大叫
	席 [xí]	一席话、一席酒桌
	册 [cè]	第五册
	期 [qī]	一期杂志、分期付款
	类 [lèi]	第一类、第二类
	种 [zhǒng]	几种情况、各种条件
	部 [bù]	一部电影、一部电话
	届 [jiè]	第一届、第二届
	门 [mén]	一门技术、一门课
	名 [míng]	一名职员、一名老师

분류별 양사 명칭	양사	예문
기타 중요한 양사	口 [kǒu]	一口猪、一家五口人、一口锅
	项 [xiàng]	一项任务、几项措施、一项声明
	度 [dù]	一年一度的会议、再度重逢
	段 [duàn]	一段相声、一段时间、一段路程
	层 [céng]	一层层的乌云、十层大楼、一层冰
	捆 [kǔn]	一捆报纸、一捆柴、一捆草
	桩 [zhuāng]	一桩小事、一桩婚事、一桩桩让人心烦的事情
	挂 [guà]	两挂辣椒、一挂鞭炮、一挂玉米
	点 [diǎn]	一点建议、十点半、几点希望
	笔 [bǐ]	一笔巨款、谈一笔生意、写几笔
	派 [pài]	一派胡言、一派新气象、一派大好形势
	所 [suǒ]	一所房子、一所学校、一所医院
	家 [jiā]	一家旅行社、一家饭店、一家公司
	款 [kuǎn]	一款新衣服、几款好吃的点心
	回 [huí]	一回事、两回事
	股 [gǔ]	一股香气、一股咖啡香、一股味道
	套 [tào]	一套餐具、一套家具、一套房子
	束 [shù]	一束鲜花、一束阳光、一束头发
	轮 [lún]	第一轮比赛、第一轮谈判、一轮明月
	副 [fù]	一副对联、一副手套、一副表情

분류별 양사 명칭	양사	예문
기타 중요한 양사	批 [pī]	一批小学生、一批货物
	伙 [huǒ]	一伙小偷、一伙歹徒、一伙流氓
	帮 [bāng]	一帮人群、那帮人、这帮人
	串 [chuàn]	一串珍珠、一串葡萄、一串羊肉
	遍 [biàn]	看过一遍、说一遍、读一遍
	趟 [tàng]	走一趟、去一趟
	番 [fān]	一番滋味、费一番心思、大闹一番
	局 [jú]	下一局棋、第二局比赛
	步 [bù]	走一步看一步、一步一步地走、两步棋

반드시 알아야 할 다음자 130개

다음자 및 발음	예문
假 [jiǎ/jià]	假(jiǎ)如儿童节学校不放假(jià)，我们怎么办？
茄 [jiā/qié]	我不喜欢抽雪茄(jiā)烟，但我喜欢吃番茄(qié)。
觉 [jué/jiào]	我觉(jué)得睡午觉(jiào)后工作效率会更高。
干 [gān/gàn]	穿着干(gān)净的衣服干(gàn)脏活，真有点不协调。
看 [kān/kàn]	看(kān)守大门的保安也很喜欢看(kàn)小说。
间 [jiān/jiàn]	他们两人之间(jiān)的友谊从来没有间(jiàn)断过。
喝 [hē/hè]	武松大喝(hè)一声：“快拿酒来!我要喝(hē)十二碗。” 博得众食客一阵喝(hè)彩。
强 [qiáng/qiǎng/jiàng]	小强(qiáng)很倔强(jiàng)，做事别勉强(qiǎng)他。
降 [jiàng/xiáng]	我们有办法使从空中降(jiàng)落的敌人投降(xiáng)。
结 [jié/jiē]	你付出的努力一定会有结(jié)果的。这张椅子做得很结(jiē)实。
劲 [jìn/jìng]	球场上遇到劲(jìng)敌，倒使他干劲(jìn)更足了。
系 [xì/jì]	你得系(jì)上红领巾去学校联系(xì)少先队员来参加活动。
空 [kōng/kòng]	有空(kòng)闲就好好读书，尽量少说空(kōng)话。
冠 [guān/guàn]	他得了冠(guàn)军后就有点冠(guān)冕堂皇了。
校 [xiào/jiào]	上校(xiào)到校(jiào)场找人校(jiào)对材料。
教 [jiào/jiāo]	我们的新教(jiào)室，既暖和，又舒适。 她教(jiāo)我弹钢琴。

다음자 및 발음	예문
卷 [juàn/juǎn]	考卷(juàn)被风卷(juǎn)起，飘落到了地上。
圈 [quān/juān]	我把这个错字圈(quān)了。 他已被圈(juān)在监狱里。
几 [jī/jǐ]	这几(jǐ)张茶几(jī)几(jī)乎都要散架了。
禁(jìn/jīn)	严禁(jìn)走私! 那部电影非常感人，我不禁(jīn)泪如雨下。
给 [gěi/jǐ]	请把这封信交给(gěi)团长，告诉他，前线的供给(jǐ)一定要有保障。
奇 [qí/jī]	数学中奇(jī)数是最奇(qí)妙的。
担 [dān/dàn]	这学期由我担(dān)任班长。 他从小就担负起了生活的重担(dàn)。
单 [dān/shàn/chán]	单(shàn, 姓)老师说，单(chán: 匈奴族首领)于只会骑马， 不会骑单(dān)车。
沓 [tà/dá]	他把纷至沓(tà)来的想法及时写在一沓(dá)纸上， 从不见他有疲沓(ta)之色。
答 [dá/dā]	不管老师提出什么问题，她总能对答(dá)如流。 父母答(dā)应了我的要求，暑假带我去济州岛旅游。
大 [dà/dài]	她钱不多，但花钱却总是大(dà)手大(dà)脚的。 大(dài)夫劝我多喝热水。
倒 [dǎo/dào]	瓶子倒(dǎo)了，水倒(dào)了出来。
度 [dù/duó]	度(dù姓)老师宽宏大度(dù名词)，一向度(duó动词)德量力， 从不以己度(duó动词)人。
都 [dū/dōu]	大都(dū名词)市的人口都(dōu副词)很多。
囤 [dùn/tún]	大囤(dùn)、小囤(dùn)，都囤(tún)满了粮食。
同 [tóng/tòng]	我们同(tóng)住一个宿舍。 北京有很多胡同(tòng)。
得 [dé/děi/de]	你得(děi必须)把心得(dé)体会写得(de)具体、详细些。

다음자 및 발음	예문
落 [là/luò/lào]	你这个马大哈, 总是丢三落(là)四。 又到了一个落(luò)叶纷飞的季节。 落(lào)枕是因睡眠姿势不良所致。
拉 [lā/lá]	他用金钱去拉(lā)拢关系。 手上拉(lá)了个口子。
凉 [liáng/liàng]	下雨后天变凉(liáng)了。 这道汤太烫, 凉(liàng)一凉(liàng)再喝吧。
量 [liáng/liàng]	有闲心思量(liáng)她, 没度量(liàng)宽容她。 野外测量(liáng)要量(liàng)力而行。
俩 [liǎng/liǎ]	他兄弟俩(liǎ)耍猴的伎俩(liǎng)不过如此。
露 [lòu/lù]	小杨刚一露(lòu)头, 就暴露(lù)了目标。
论 [lùn/lún]	这两个问题不能相提并论(lùn)。 《论(lún)语》是孔子和其弟子的语录结集。
弄 [nòng/lòng]	别在弄(lòng)堂在玩弄(nòng)小鸟。
了 [liǎo/le]	他对我早已了[liǎo]如指掌了[le]。
累 [lèi/lěi/léi]	最近经常加班, 感觉好累(lèi)。 学习要靠日积月累(lěi), 不能急于求成。 秋天, 果树上果实累(léi)累(léi), 一派丰收的景象。
埋 [mái/mán]	他自己懒散, 却总是埋(mán)怨别人埋(mái)头工作。
模 [mó/mú]	这两件瓷器模(mú)样很相似, 像是由一个模(mó)型做出来的。
没 [méi/mò]	驾车违章, 证件被交警没(mò)收了, 他仍像没(méi)事一样。
泊 [bó/pō]	小船漂泊(bó)在湖泊(pō)里。
薄 [báo/bó/bò]	薄(bò)荷油味不薄(báo), 很受欢迎, 但要薄(bó)利多销。
胖 [pàng/pán]	肥胖(pàng)并不都是因为心宽体胖(pán), 而是缺少锻炼。
膀 [páng/pāng]	膀(páng)胱炎会使人膀(pāng)肿吗?

다음자 및 발음	예문
背 [bèi/bēi]	传统韩屋一般建在背(bèi)山临水的地方。 我不想让别人替我背(bēi)黑锅!
扒 [bā/pá]	他扒(bā)下皮鞋，就去追扒(pá)手。
伯 [bó/bǎi]	我是她的大伯(bó)，不是她的大伯(bǎi)子。
别 [bié/biè]	有相逢就有离别(bié)。 事情搞砸了，她心里很别(biè)扭。
屏 [píng/bǐng]	他屏(bǐng)气凝神躲再屏(píng)风后面。
缝 [féng/fèng]	这台缝(féng)纫机的台板有裂缝(fèng)。
伺 [sì/cì]	边伺(cì)候他边窥伺(sì)动静。
舍 [shě/shè]	我真舍(shě)不得离开住了这么多年的宿舍(shè)。
削 [xuē/xiāo]	公司从下个月开始要削(xuē)减不必要的开支。 如何削(xiāo)苹果才能让苹果皮不断呢?
散 [sàn/sǎn]	我收集的材料散(sàn)失了，散(sǎn)文没法写了。
相 [xiāng/xiàng]	春节期间，亲戚朋友欢聚一堂，互相(xiāng)拜年。 人品比相(xiàng)貌更重要。
丧 [sāng/sàng]	他穿着丧(sāng)服，为丧(sāng)葬费发愁，神情沮丧(sàng)、 垂头丧(sàng)气。
塞 [sāi/sài/sè]	塞(sài)外并不闭塞(sè)，塞(sāi)子塞(sāi)不住小漏洞。
扇 [shàn/shān]	他拿着扇(shàn)子却扇(shān)不来风。
盛 [shèng/chéng]	盛(shèng)老师盛(shèng)情邀我去她家做客，并帮我盛(chéng)饭。
省 [shěng/xǐng]	湖北副省(shěng)长李大强如能早些省(xǐng)悟，就不致于丢官弃职、 气得不省(xǐng)人事了。
率 [shuài/lǜ]	他办事从不草率(shuài)，效率(lǜ)一向很高。
数 [shù/shǔ/shuò]	两岁能数(shǔ)数(shù)的小孩已数(shuò)见不鲜了。

다음자 및 발음	예문
宿 [sù/xiǔ/xiù]	小明在宿(sù)舍说了一宿(xiǔ)有关星宿(xiù)的常识。
匙 [chí/shi]	汤匙(chí)、钥匙(shi)都放在桌子上。
乐 [lè/yuè]	教我们音乐(yuè)的老师姓乐(yuè)，他乐(lè)于助人。
恶 [è/wù/ě]	这条恶(è)狗真可恶(wù)，满身臭味，让人闻了就恶(ě)心。
轧 [zhá/yà]	轧(zhá)钢车间的工人很团结，没有相互倾轧(yà)的现象。
压 [yā/yà]	现在的孩子们学习压(yā)力很大。 我压(yà)根儿就没听说过这件事。
艾 [ài/yì]	他在耆艾(ài)之年得了艾(ài)滋病，整天自怨自艾(yì)。
烊 [yáng/yàng]	商店晚上也要开门，打烊(yàng晚上关门)过早不好，糖烊(yáng溶化)了 都卖不动了。
与 [yǔ/yù]	这件事与(yǔ)我无关。 与(yù)会人员必须准时报到。
拗 [ǎo/ào/niù]	这首诗写得太拗(ào)口了，但他执拗(niù)不改， 气得我把笔杆都拗(ǎo)断了。
要 [yào/yāo]	我想要(yào)一台新电脑。 尽量满足顾客的要(yāo)求。
为 [wéi/wèi]	他为(wéi)人正直善良。 你昨天为(wèi)什么没有来上班?
殷 [yīn/yān]	老林家境殷(yīn)实，那清一色殷(yān)红的实木家具令人赞叹不已。
应 [yīng/yìng]	我们应(yīng)该珍惜时间! 爸爸平时应(yìng)酬很多，每天很晚才回来。
咽 [yān/yàn/yè]	我感冒了，咽(yān)喉疼得厉害。 他饿极了，狼吞虎咽(yàn)地吃了两碗面条。 主持人因为激动而哽咽(yè)说不出话来。
卡 [qiǎ/kǎ]	这辆藏匿毒品的卡(kǎ)车在过关卡(qiǎ)时被截住了。
藏 [cáng/zàng]	西藏(zàng)的布达拉宫是收藏(cáng)大藏(zàng)经的宝藏(zàng)。

다음자 및 발음	예문
脏 [zāng/zàng]	我不小心把他的衣服弄脏(zāng)了。 麻雀虽小五脏(zàng)俱全。
长 [cháng/zhǎng]	中国的万里长(cháng)城是世界文化遗产。 她长(zhǎng)得真漂亮。
载 [zǎi/zài]	据史书记载(zǎi)，王昭君多才多艺，每逢三年五载(zǎi)汉匈首脑聚会， 她都要载(zài)歌载(zài)舞。
挣 [zhèng/zhēng]	为了挣(zhèng)钱养家糊口，他只好背井离乡。 她为了摆脱现在的困境而苦苦挣(zhēng)扎。
宁 [níng/nìng]	尽管他生活一直没(níng)静过，但他宁(nìng)死不屈，也不息事宁 (níng)人。
传 [chuán/zhuàn]	《鸿门宴》是汉代传(zhuàn)记而不是唐代传(chuán)奇。
颤 [chàn/zhàn]	听到这个噩耗，小刘颤(zhàn)栗，小陈颤(chàn)抖。
折 [zhē/zhé/shé]	这两批货物都打折(zhé)出售，严重折(shé)本， 他再也经不起这样折(zhē)腾了。
粘 [nián/zhān]	胶水不粘(nián)了，书页粘(zhān)不紧。
正 [zhèng/zhēng]	他正(zhèng)在开会。 正(zhēng)月十五韩国人一般吃五谷饭和干菜。
朝 [zhāo/cháo]	我朝(zhāo)气蓬勃朝(cháo)前走。
调 [tiáo/diào]	出现矛盾要先调(diào)查，然后调(tiáo)解。
重 [zhòng/chóng]	老师很重(zhòng)视这个问题，请重(chóng)说一遍。
尽 [jìn/jǐn]	我尽(jìn)力而为吧。 写文章要尽(jǐn)量简明一些。
澄 [chéng/dèng]	澄(dèng)清混水易，澄(chéng)清问题难。
差 [chà/chā/chāi]	他每次出差(chāi)差(chà)不多都要出点差(chā)错。
着 [zhuó/zháo/ zhāo/zhe]	你这着(zhāo名词)真绝，让他干着(zháo动词)急， 又无法着(zhuó)手应付，心里老是悬着(zhe)。

다음자 및 발음	예문
扎 [zā/zhā/zhá]	鱼拼命挣扎(zhá), 鱼刺扎(zhā)破了手, 他随意包扎(zā)一下。
参 [cān/shēn/cēn]	人参(shēn)苗长得参(cēn)差不齐, 还让人参(cān)观吗。
创 [chuàng/chuāng]	勇于创(chuàng)造的人难免会遭受创(chuāng)伤。
涨 [zhǎng/zhàng]	我说她涨(zhǎng)了工资, 她就涨(zhàng)红着脸摇头否认。
处 [chǔ/chù]	教务处(chù)正在处(chǔ)理这个问题。
畜 [xù/chù]	畜(xù)牧场里牲畜(chù)多。
冲 [chōng/chòng]	汽车被冲(chōng)洗后, 跟新的一样。 他不知道女朋友为什么冲(chòng)他发脾气。
臭 [chòu/xiù]	臭气熏天的臭(chòu)是指气味难闻, 无声无臭的臭(xiù)是泛指一般气味。
称 [chēng/chèn/chèng]	称(chèng同"秤")杆的名称(chēng)、实物要相称(chèn)
打 [dǎ/dá]	明天我再给你打(dǎ)电话。 我买了一打(dá)袜子。
弹 [dàn/tán]	这种弹(dàn)弓弹(tán)力很强。
把 [bǎ/bà]	你把(bǎ)水缸把(bà)摔坏了, 以后使用没把(bǎ)柄了。
便 [biàn/pián]	局长大腹便便(pián), 行动不便(biàn)。
脯 [pú/fǔ]	胸脯(pú)、果脯(fǔ)不是同一个读音。
炮 [páo/bāo/pào]	能用打红的炮(pào)筒炮(bāo)羊肉和炮(páo)制药材吗?
荷 [hé/hè]	荷(hé)花旁边站着一位荷(hè)枪实弹的战士。
吭 [háng/kēng]	小李一声不吭(kēng), 小王却引吭(háng)高歌。
咳 [ké/hāi]	咳(hāi)!你怎么又咳(ké)起来了?

다음자 및 발음	예문
行 [háng/xíng]	银行(háng)发行(xíng)股票，报纸刊登行(háng)情。
吓 [xià/hè]	敌人的恐吓(hè)吓(xià)不倒他。
好 [hǎo/hào]	好(hào)逸恶劳、好(hào)为人师的做法都不好(hǎo)。
号 [hào/háo]	受了批评，那几名小号(hào)手都号(háo)啕大哭起来。
哄 [hōng/hǒng/hòng]	他那像哄(hōng)小孩似的话，引得人们哄(hōng)堂大笑，大家听了一哄(hòng)而散。
和 [hé/hè/huó/huò/hú]	天气暖和(huo)，小和(hé)在家和(huó动词)泥抹墙；他讲原则性，是非面前从不和(huò)稀泥，也不随声附和(hè动词)别人，更不会在麻将桌上高喊："我和(hú)了。"
还 [huán/hái]	下课后我还(hái)要去图书馆还(huán)书。
会 [huì/kuài]	今天召开的会(kuài)计工作会(huì)议一会(huì)儿就要结束了。
兴 [xīng/xìng]	近年来，新兴(xīng)事物和技术如雨后春笋般涌现出来。 难怪爸爸这么高兴(xìng)，原来他升职加薪了。
待 [dài/dāi]	地铁上设置的专座是对老、弱、病、残及孕妇的优待(dài)。 我手上有急事要办，有话待(dāi)会儿再说。

원출처: 인민일보(人民日报)

http://china.huanqiu.com/mrwx/2017-02/10154664.html

한자 전용 공책(田字表) 시트 샘플

참 고 문 헌

1) 단행본, 번역본

D. 셀레스코비치 저, 정호정 역,『국제회의통역에의 초대』(서울: 한국문화사, 2011).

롬브 커토 저, 신견식 역,『언어 공부』(서울: 바다출판사, 2017).

박희병,『선인들의 공부법』(파주: 창비, 2013).

세바스티안 라이트너 저, 안미란 역,『공부의 비결』(파주: 들녘, 2016).

송숙희,『최고의 글쓰기 연습법, 베껴쓰기』(서울: 대림북스, 2013).

안정효,『안정효의 영어 길들이기(번역편)』(서울: 현암사, 2006).

_____,『안정효의 영어 길들이기(영역편)』(서울: 현암사, 1998).

_____,『안정효의 영어 길들이기(영작편)』(서울: 현암사, 1997).

이광희,『영어공부 어떻게 할까(영어 사용 설명서)』(서울: 한국문화사, 2018).

이승훈・변가영・이서연,『공부철칙 실전편』(서울: 지상사, 2017).

이인호,『인트로 차이나』(서울: 천지인, 2008).

조승연,『영어 정복기술』(서울: 랜덤하우스코리아, 2004).

지노 에이이치 저, 김수희 역,『외국어 잘 하는 법』(서울: 에이케이커뮤니케이션즈, 2016).

최정화,『통역 번역사에 토전하라』(서울: 넥서스, 2004).

하워드 가드너,『인간은 어떻게 배우는가?』(서울: 사회평론, 2015).

허용 외,『외국어로서의 한국어 교육학 개론』(서울: 박이정, 2005).

후루이치 유키오 저, 이진원 역,『1일 30분 (인생 승리의 공부법 55)』(파주: 이레, 2007).

张亚军,『怎样教外国人学汉语』(北京: 华语教学出版, 2013).

梁鴻雁,『HSK应试语法』(北京: 北京大学出版社, 2004).

李珠・姜丽萍, 『怎样教外国人汉语』(北京: 北京语言大学出版社, 2008).

张宁志, 『国际汉语教师手册: 新教师必备81问』(北京: 商务印书馆有限公司, 2012).

≪学汉语≫编辑部 编, 『外国人汉语学习难点全解析(第1册)』(北京: 北京语言大学出版社, 2012).

_____, 『外国人汉语学习难点全解析(第2册)』(北京: 北京语言大学出版社, 2012).

李大忠, 『外国人学汉语语法偏误分析』(北京: 北京语言文化大学出版社, 2007).

叶盼云・吴中伟, 『外国人学汉语难点释疑』(北京: 北京语言大学出版社, 1999).

田然, 『国际汉语教学: 读写教学方法与技巧』(北京: 北京语言大学出版社, 2014).

姜丽萍・赵秀娟・吴春仙, 『国际汉语教学: 综合课教学方法与技巧』(北京: 北京语言大学出版社, 2014).

苏英霞, 『国际汉语教学: 语法教学方法与技巧』(北京: 北京语言大学出版社, 2015).

_____, 『国际汉语教学: 词汇教学方法与技巧』(北京: 北京语言大学出版社, 2015).

_____, 『国际汉语教学: 汉字教学方法与技巧』(北京: 北京语言大学出版社, 2015).

胡波, 『国际汉语教学: 听说教学方法与技巧』(北京: 北京语言大学出版社, 2014).

国务院侨务办公室, 『中国文化常识』(北京: 外语教学与研究出版社, 2007).

2) 인터넷 및 기타

HSK시험센터, http://www.hsk-korea.co.kr

여시재 공식 홈페이지, https://www.yeosijae.org/vision

『人民日报』, http://web.peopledaily.com.cn

『新华网』, http://news.xinhuanet.com

人民教育出版社, http://www.pep.com.cn

Quizlet(퀴즐렛), https://quizlet.com

정미선

■ 학력사항

2003-2007: 중국 상해외국어대학교 러시아어학과 문학학사
2005-2006: 러시아 모스크바국립외국어대학교 국비 연수
2007-2010: 북한대학원대학교(서울 종로구 삼청동 소재) 정치통일 석사

■ 경력사항

(현) 당근영어 소속 출강강사
　　중국어 HSK, TSC, BCT, 가이드면접 등 자격시험, 외고 및 대입 내신 대비 1:1 과외
　　CJ대한통운 임원 중국어 1:1 중 -고급 및 그룹 회화 강의
　　세아홀딩스 임원 중국어 1:1 초 -중급 회화 강의
　　미성형외과 원장 중국어 1:1 중 -고급 회화 강의
(전) YBM교육(옛 YBM시사) 주니어 및 성인 중국어 전담 교사
　　[2013-2017]현대번역통번역어학원 중국어가이드면접 대표 강사(합격자 500여 명)
　　㈜올엠 해외사업팀 출장회의 통역/게임 관련 기술, 기획 번역
　　외교부, CJ CGV, 코웨이, 한온시스템, 아모레퍼시픽, SK E&S, 한국마즈, 포스코
　　경영연구소, 삼성화재(본사), 삼성전자(수원), 동부제철, 두산전자(두산기술원),
　　대성 등 임원 및 임직원 중국어 강의(2008-2018)

■ 한국번역가협회 중한 번역사 자격증 취득(3급)
■ 공자아카데미 어린이 중국어교사 자격증 취득

왜 공부해도 중국어는 그대로일까?

초판인쇄 2019년 5월 24일
초판발행 2019년 5월 24일

지은이 정미선
펴낸이 채종준
펴낸곳 한국학술정보㈜
주소 경기도 파주시 회동길 230(문발동)
전화 031) 908-3181(대표)
팩스 031) 908-3189
홈페이지 http://ebook.kstudy.com
전자우편 출판사업부 publish@kstudy.com
등록 제일산-115호(2000. 6. 19)

ISBN 978-89-268-8822-3 03720